Klaus D. Biedermann

Die Kunst des Seins
Coaching für ErwachsenDe

AF792802

Klaus D. Biedermann

Die Kunst des Seins

Coaching für ErwachsenDe

EchnAton Verlag

EchnAton-Verlag
Diana Schulz e.K. Frankfurt/a.M.
Alle Rechte vorbehalten. Das Werk darf
- auch teilweise - nur mit Genehmigung
des Verlages wiedergegeben werden.
Copyright © 2006 EchnAton-Verlag
1. Auflage
Covergestaltung: Raphaela Näger
Coverbild: PixelQuelle.de
Lektorat: Angelika Funk
Gesamtherstellung: Diana Schulz
Printed in Germany
ISBN 3-937883-09-6

Wenn sich eine Tür vor uns schließt,
so öffnet sich dafür eine andere.
Die Tragik jedoch ist, dass man meist
nach der geschlossenen Tür blickt
und die geöffnete nicht beachtet.
(André Gide)

Dank an alle Teilnehmerinnen und Teilnehmern meiner Seminare, danke meinen Klienten, ohne die dieses Buch nicht hätte entstehen können, denn ich habe von ihnen lernen dürfen.
Ich danke allen, die mir bei der Organisation meiner Seminare und Praxis geholfen haben: Angelika Rückwald, Katharina Kolerus, Doris Schummer, meiner Schwester Sonja, Britta Müller-Sieben, Manuela Kaiser, Anke Lehmann, Gabriele Klaubert und Nicole Spitzenberg.

Inhalt Seite

Auf ein Wort

Der Mensch ist dazu geboren, seinem Leben einen Sinn zu geben und es mit diesem zu erfüllen. Dabei kommt es ganz allein auf ihn selber an. Damit Ihr Leben mit dem Sinn erfüllt sein kann, von dem Sie träumen, ist es wichtig, dass Sie sich einige grundlegende Gedanken über sich selbst und Ihr Dasein in dieser Welt machen. Dieses Buch kann Ihnen dabei helfen.

Das bedeutet manchmal Arbeit, denn alles verändert sich Schritt für Schritt und es kann sein, dass Sie hin und wieder Geduld aufbringen müssen. Wer Ihnen erzählt, dass durch eine plötzliche Verwandlung, praktisch wie durch Zauberhand, das Schicksal ohne Arbeit auf einen phantastischen Streich verändert werden kann, den dürfen Sie getrost einen Scharlatan nennen, von denen sich viele unverdrossen unter uns herumtreiben. Sie versprechen den totalen Wandel ohne viel Aufwand - Reichtum, Gesundheit und Ekstase - und finden damit natürlich immer ihre Anhänger. Alles im Leben aber hat seinen Preis und dies spiegelt die tiefe Gerechtigkeit wieder, die das Leben bestimmt. Billige Lösungen schwächen, Schwierigkeiten stärken.

Kunst kommt von *Können*, und Coaching besteht aus Handeln. Mit diesem Buch möchte ich Sie zum Denken anregen, ob Sie dem Denken Handlungen folgen lassen, überantworte ich Ihrer Intelligenz.

Sie können dieses Buch lesen und es danach in ein Regal stellen - zu all den anderen. Sie haben die Wahl, es beim Wissen zu belassen. Ein berühmter Koch sagte einmal: »Wer lesen kann, kann auch kochen.« Im Unterschied zu einem Kochbuch gibt es hier allerdings keine Rezepte - nur Anregungen. Wie viel Sie von welcher Zutat nehmen, überlasse ich Ihrer Phantasie, Ihrer Kreativität und Ihrem guten Geschmack. Wenn Ihnen etwas, von dem was Sie hier lesen, nicht

schmeckt, geben Sie es jemand anderem - bekanntlich sind die Geschmäcker ja verschieden.
Während meiner fast 30-jährigen Laufbahn als Therapeut, Coach und Seminarleiter habe ich die Erfahrung gemacht, dass man keinem anderen Menschen helfen kann, wenn es dieser nicht aus seiner Tiefe heraus wirklich will und geschehen lässt, erst recht nicht mit einem Buch.
Aber fast jeder Mensch kann sich selbst helfen. Auch das habe ich erfahren dürfen: Es bedarf dazu manchmal nur eines kleinen Hinweises, der im richtigen Augenblick gegeben, auf fruchtbaren Boden fällt. Der Begriff Coaching kommt von dem Wort »Kutsche«. Der Kutscher hat die Aufgabe, die Kutsche mit Hilfe der Pferde sicher ans Ziel zu bringen. Ein guter Kutscher, der seine Pferde kennt, braucht dazu nur ab und zu eine kleine Korrektur mit den Zügeln vorzunehmen. Er weiß, er kann den Pferden vertrauen. Nur der Kutscher, der kein Vertrauen in seine Pferde hat, oder sie gar nicht kennt, wird an den Zügeln reißen und immer wieder viel Kraft aufbringen, um ihnen seinen Willen aufzuzwingen.
Betrachten Sie den Kutscher als Ihr Ego, die Kutsche als Ihr Lebensgefährt und die Pferde als Ihre innere Weisheit, eine Ihnen innewohnende Kraft, die das Ziel kennt und Sie auch dort hin bringen kann.
Wenn Sie es wirklich *wollen,* dann wird es funktionieren, und dabei möchte ich Sie mit diesem Buch unterstützen. Vielleicht kann ich damit einen Teil von Ihnen erreichen, der die Fähigkeit besitzt, Ihr Leben als das zu verstehen, was es ist, nämlich IHR Leben.
Versetzen Sie sich in die Lage, Ihr Dasein so lebenswert zu gestalten, wie es für Sie gedacht ist. Manchmal kann das an Ihrem Verstand vorbei geschehen und ganz im Stillen wirken. Damit das so sein kann, ist ein Großteil dieses Buches auch metaphorisch zu verstehen. Oft sind die kleinen und zarten Veränderungen die stärksten und wirken am nachhaltigsten.
Das Weiche besiegt das Harte. Fragen Sie den Sand im Meer.
Der Verstand, der seit früher Kindheit programmiert wird, ist meist

der große *Verhinderer*, der sich lieber mit dem zufrieden gibt, das er kennt, als sich auf Neues einzulassen. Wenn Sie dies spüren, kämpfen Sie nicht dagegen an, sondern beobachten Sie einfach seine Tricks. Er wird Ihnen wahrscheinlich pausenlos einreden, warum etwas nicht funktioniert und warum die heimische bekannte Küche die beste ist. Gründe dafür wird er genug finden und für Neues wird er Beweise fordern.

Es gibt Menschen, die über einer neuen Suppe so lange ihren Kopf schütteln, bis ein Haar hineinfällt.

Dies ist eine Folge der Programmierungen, aus denen im Laufe der Zeit sogar Überzeugungen werden. Um Programme löschen zu können, muss man sie aber kennen und man muss verstehen, wie sie entstanden sind. Ich werde auch darauf eingehen.

Wenn Sie ein skeptischer Mensch sind und hier von bestimmten »Zutaten« zum ersten Mal lesen, seien Sie es getrost weiterhin - denn Skepsis bedeutet ja nichts anderes als genaues Hinschauen. Ein Skeptiker (griechisch: skeptikós) ist wörtlich übersetzt ein Ausschau haltender oder Untersuchender. Skepsis heißt also zunächst nichts anderes als eingehende Untersuchung. Im engeren Sinne wird damit eine erkenntniskritische Haltung bezeichnet, die der Möglichkeit endgültig gesicherten Wissens 'skeptisch' gegenübersteht. Meist wird Skepsis allerdings mit Vorverurteilung verwechselt. Oft genug habe ich Menschen erlebt, die stolz auf ihre »Skepsis« und überhaupt nicht bereit waren, etwas Neues aufzunehmen. Nach dem Motto: Was ich nicht verstehe, gibt es auch nicht, und ich kann nur die Dinge verstehen, die ich auch sehen und anfassen kann. Das ist schade, denn mit dieser Haltung versperrt man sich viele Wege. Und allen Ernstes - wer kann schon von sich behaupten, die Welt zu verstehen? Albert Einstein sagte einmal: »Man muss die Welt nicht verstehen, mann muss sich nur in ihr zurechtfinden.«

Für das, was ich in diesem Buch schreibe, gibt es eine Regel: *Glauben Sie nichts.*

Glaube ersetzt immer Erfahrung. Erinnern Sie sich an Ihre innere Weisheit, denn ich ermutige Sie dazu, Erfahrungen zu machen und diese zu reflektieren. Weisheit kommt nämlich nicht durch Erfahrung, sondern durch die Reflexion darüber. Sonst wäre ja jeder alte Mensch automatisch weise. Im Leben geht es aber nicht ums Älterwerden, das kann jedes Tier. Es geht um das Erlangen von Reife - und das ist alleine dem Menschen vorbehalten. Heranzureifen bedeutet, mehr und mehr in das Prinzip des Lebens hineinzutauchen. Was Sie erfahren und reflektiert haben, brauchen Sie nicht mehr zu glauben. Geglaubt haben Sie in Ihrem Leben genug. Lassen Sie sich ein und betrachten Sie dieses Buch als Tür - vielleicht in eine neue Küche.

Nehmen Sie versuchsweise einmal an, dass Sie *etwas* in sich haben, das alles, was Ihr eigenes Leben betrifft, verstehen kann und nur *für* Sie da ist - und zwar jenseits des Verstandes. Nennen Sie es: *Unbewusstes*, *Unterbewusstsein*, *kreative Intelligenz* oder *Höheres Selbst*. Dieses *Etwas* gehört zu Ihnen wie ihr Herz oder Ihre Lungen.

Vielleicht werden beim Lesen einige Ihrer Glaubenssätze ins Wanken gebracht. Aber überlegen Sie einmal, wie oft Sie in Ihrem Leben schon Glaubenssätze verändert haben. Oder haben Sie als Kind etwa nicht an den Weihnachtsmann geglaubt? Auf ein paar mehr oder weniger kommt es da sicher nicht an.

Wenn Sie sich einlassen, kann dieses Buch ein Freund sein.

In jedem Menschen steckt die Schöpferkraft, ein lebenswertes Leben frei von Unterdrückung und Manipulation, ein Leben in Liebe, vollkommener Gesundheit und innerem und äußerem Frieden zu leben. Mögen Sie erkennen, dass Sie dazugehören!

Um den Lesefluss zu gewährleisten, habe ich meist die männliche Form der Anrede verwendet. Ich hoffe, verehrte Leserin, Sie verzeihen mir das.

Teil 1
Die elementaren Geistigen Gesetze

»Es gibt nur zwei Dinge, die unendlich sind: Das Universum und die Dummheit des Menschen ... und beim Universum ist man sich noch nicht sicher ...« (Albert Einstein)

Selbstverständlich können Sie denken, was immer Sie wollen. Mein Vorschlag für ein Leben, das Sie selbst weitgehend in der Hand haben und gestalten können, ist die Verinnerlichung und das Befolgen der folgenden Geistigen Gesetze oder »Prinzipien«, die ich zunächst einmal nur erkläre, damit Sie sie dann beim Weiterlesen immer wiederfinden werden. So kann dieses Buch einem aufmerksamen Leser auch ein Arbeitsbuch auf seinem ganz persönlichen Weg zur Erleuchtung sein.
Die italienische Renaissance war ein fruchtbarer Nährboden für die Synthese platonischer Ideen und spätantiker okkulter Philosophien. So ist zum Beispiel die umfangreiche Zahlenmystik in der Alchemie auf das Einfließen der Kabbala in den Neuplatonismus zurückzuführen. Den »elementaren« Grundstein zur spirituellen Suche nach dem Stein der Weisen aber legte die *Tabula Smaragdina*. Sie spielte seit Jahrhunderten bereits eine zentrale Rolle und wurde Hermes Trismegistos, dem dreimal großen Hermes, einem mystischen Weisen aus Ägypten, zugeschrieben, welcher schon Platon maßgeblich beeinflusst haben soll. Hermes soll vor oder zu Moses Zeit gelebt haben, daher galten im alchemistischen Umfeld die hermetischen Texte als gleichwertig mit der Genesis - also auch mit der biblischen Schöpfungsgeschichte und den Zehn Geboten. Große Gelehrte wie Paracelsus und der Neuplatoniker Marsilio Ficino, dem wir die Übersetzung des »Corpus Hermeticum« ins Lateinische und damit die Verbreitung der hermetischen Lehren im Abendland verdanken,

wussten um die Bedeutung dieser universellen Lehre für den Menschen.
Angeblich wurde dieses Wissen im Grab des Hermes gefunden. Schon in der Antike sahen viele Gelehrte den Hermes Trismegistos als jemanden an, der die Menschen belehrt und geheimnisvolle Bücher verfasst habe. Ferner entstand durch die Vermischung griechischer und ägyptischer Anschauungen eine große Anzahl von Schriften, welche ihm zugeschrieben wurden und teilweise noch erhalten sind, darunter eben die *Tabula Smaragdina*, die die sieben Hermetischen Axiome enthält und die das Zusammenwirken des gesamten Universums erklärt. Diese wurden auch als das »Kybalion« bekannt. Hermes Trismegistos galt ebenso als Erfinder der Alchemie und der Magie, wie die Bezeichnung »Hermetische Kunst« für Alchemie belegt.
Als Bewahrer der altägyptischen Legenden um Hermes Trismegistos wirkten griechische Gelehrte bis zur Eroberung Konstantinopels 1453 durch die Türken. Auch im Judentum wurden Teile davon weitergegeben - zwar nicht im Talmud, wohl aber in der Kabbala und insbesondere im Sohar. Auch im Islam fanden diese griechisch-ägyptischen Anschauungen Eingang und blieben dort in mehrfachen Fassungen und vermischt mit anderen Traditionen lange erhalten.
Vom alten Ägypten aus ging das Wissen in den arabischen Raum und wurde über Córdoba aber auch über Harran, der Stadt Abrahams, in das Europa des ersten Jahrtausends gebracht. Durch den Absolutheitsanspruch der katholischen Kirche jedoch wurde die Lehre der Hermetik - und die damit verbundene Lehre der Magie - als teuflisch bezeichnet: Die katholische Kirche konnte und wollte es nicht zulassen, dass es Weisheiten und Wahrheiten außerhalb ihrer eigenen Organisation gab. Der erste Einschnitt in dieser Richtung erfolgte 325 auf dem Konzil von Nicäa, wo die Reinkarnationslehre aus dem Kontext der Bibel gestrichen wurde. Ein zweiter Einschnitt erfolgte 1227, als die Astrologie als »teuflisch« gebannt wurde. Aufgrund dieses Verhaltens seitens der katholischen Kirche wagten viele Weise und Gelehrte nicht mehr, ihr Wissen um die hermetische Lehre offen

darzulegen, sondern »versiegelten« es buchstäblich - woraus sich die Bezeichnung »etwas ist hermetisch verschlossen« entwickelte.
Und dies sind die sieben Hermetischen Axiome:

1. Ein Schöpfergeist ist die Quelle des Lebens.
Dieses Prinzip enthält die Wahrheit: »Alles ist Geist.« Es besagt, dass das All die substanzielle Realität ist, welche allen äußerlichen Manifestationen und Erscheinungen zugrunde liegt, die wir unter den Bezeichnungen »materielles Universum«, »Erscheinungsformen des Lebens«, »Materie«, »Energie« kennen, kurz allem, was für unsere materiellen Sinne in Erscheinung tritt, dass alles materialisierter Geist ist, der selbst unerkennbar und unerklärbar ist, der aber als universal und schöpferisch angesehen und gedacht werden kann. Das erklärt auch, dass die ganze Erscheinungswelt oder das Universum eine geistige Schöpfung des Alls ist, unterworfen den Gesetzen aller geschaffenen Dinge, und dass das Universum als Ganzes und auch in seinen Teilen seine Existenz dem Geist verdankt. Ebenso wie auch unser Leben.
Dieses Prinzip erklärt, indem es die geistige Natur des Universums festlegt, alle verschiedenen geistigen und seelischen Phänomene, die die öffentliche Aufmerksamkeit in so großem Maße beschäftigen und die ohne solche Erklärung unverständlich sind und sich einer wissenschaftlichen Behandlung entziehen. Das Verständnis dieses großen Hermetischen Prinzips der Geistigkeit befähigt den Menschen, die Gesetze des geistigen Universums leichter zu begreifen und sie zu seinem Wohlbefinden und Vorwärtskommen anzuwenden. Damit ist er in der Lage, die großen Geistigen Gesetze verständnisvoll anzuwenden, anstatt ihre Anwendung dem Zufall zu überlassen. Mit dem Hauptschlüssel in der Hand kann jeder die vielen Tore des geistigen und psychischen Tempels des Wissens öffnen und ihn frei und verständnisvoll betreten. Dieses Prinzip erklärt die wahre Natur von »Energie«, »Kraft«, »Stoff« und warum und wie alles der Herrschaft des Geistes unterworfen ist.
Vor langer Zeit schrieb einer der hermetischen Meister:

»Derjenige, der die Wahrheit der geistigen Natur des Universums begreift, ist weit auf dem Wege zur Meisterschaft fortgeschritten.«
Der Geist ist also der Schöpfer aller Dinge. Alles, was Sie in Ihrer Umgebung, in Ihrem Heim und in der Welt sehen können, jeder Gegenstand Ihres Haushaltes, Ihr Auto, die Straße, durch die Sie fahren, die Häuser - kurz alles, was von Menschen geschaffen wurde - war irgendwann einmal zunächst in der geistigen Vorstellung vorhanden. Wenn Sie wissen, dass Sie der Schöpfer Ihrer Welt sind, können und brauchen Sie sich nicht mehr vor der Verantwortung zu drücken. Selbst die großen Dinge wie Frieden oder die Erhaltung der Umwelt, die man scheinbar alleine nicht verändern kann, beginnen beim Individuum selbst.

2. Jede Ursache hat ihre Wirkung; jede Wirkung hat ihre Ursache; alles geschieht gesetzmäßig.
Zufall ist nur der Name für ein unbekanntes Gesetz. Es gibt viele Ebenen der Ursächlichkeit, aber nichts entgeht dem Gesetz. Mit der »Schwarz-Weiß-Brille« werden Sie dieses Gesetz nicht entdecken.
Das Prinzip besagt: Alles geschieht gesetzmäßig, nichts ereignet sich zufällig, es gibt keinen Zufall. Es gibt verschiedene Ebenen von Ursache und Wirkung, die höheren beherrschen die niederen Ebenen und nichts kann völlig dem Gesetz entgehen. Beispiele für so genannte Zufälle finden Sie im Kapitel über Zufall. Diejenigen, die dieses Prinzip verstanden haben und danach leben, verstehen die Kunst, sich über die gewöhnliche Ebene von Ursache und Wirkung zu erheben. Indem sie sich geistig auf eine höhere Ebene erheben, werden sie Ursache statt Wirkung. Solche Menschen werden nicht mehr von äußeren Ursachen wie Figuren auf dem Schachbrett des Lebens bewegt, sondern haben Selbstbeherrschung erlangt und werden Spieler statt Figur. Sie haben gelernt, das Spiel des Lebens zu spielen, anstatt dass mit ihnen gespielt wird und sie durch einen anderen Willen oder durch ihre Umgebung bewegt werden. Wer diesen Gedankengang zu Ende denkt und das Erkannte anwendet, verfügt über einen unermesslichen Reichtum an hermetischem Wissen.

3. Die Dinge hängen über Analogien zusammen: wie oben, so unten; wie innen, so außen; wie im Großen, so im Kleinen.

Dieses Prinzip enthält die Wahrheit, dass es zwischen den Gesetzen und Erscheinungsformen der verschiedenen Ebenen des Seins und Lebens eine Entsprechung gibt. Der alte hermetische Grundsatz lautete: »Wie oben, so unten; wie unten, so oben.« Und das Begreifen dieses Prinzips gibt einem die Mittel an die Hand, manchen Widerspruch zu lösen und manch verborgenes Geheimnis der Natur zu lüften. Es gibt Ebenen jenseits unseres Wissens, aber wenn wir das Prinzip der Entsprechung auf sie anwenden, können wir vieles verstehen, was sonst unbegreiflich für uns wäre. Dieses Prinzip tritt auf den verschiedenen Ebenen des materiellen, geistigen und rein geistigen Universums in Anwendung und Erscheinung - es ist ein universales Gesetz. Die alten Hermetiker (Anhänger der hermetischen Lehre) betrachteten dieses Prinzip als eines der wichtigsten geistigen Werkzeuge, mit denen der Mensch die Hindernisse beiseite räumen konnte, die das Unbekannte dem Blick entzogen. Wie die Kenntnis des Prinzips der Geometrie den Menschen befähigt, weit entfernte Sonnen und ihre Bewegungen - in seinem Observatorium sitzend - zu erkennen, so befähigt die Kenntnis des Prinzips der Entsprechung den Menschen, verständnisvoll vom Bekannten zum Unbekannten seine Schlüsse zu ziehen.

4. Gleiches hängt mit Gleichem zusammen und verstärkt sich, Ungleiches stößt sich ab.

Nichts ist in Ruhe, alles bewegt sich, alles ist in Schwingung. Tatsachen, denen die moderne Wissenschaft beipflichtet und die jede neue wissenschaftliche Entdeckung bestätigt. Und doch war dieses hermetische Prinzip schon vor Tausenden von Jahren von den alten Meistern verkündet worden. Dieses Prinzip besagt, dass alle Unterschiede zwischen den verschiedenen Manifestationen des Stoffes, der Energie, der Gedanken und sogar des Geistes im weitesten Sinne von den verschiedenen Graden der Schwingung abhängen. Vom reinen Geist bis hinunter zur gröbsten Form der Materie ist alles in

Schwingung - je höher die Schwingungszahl, desto höher ihre Position auf einer gedachten Skala. Die Schwingung des Geistes hat einen so unendlichen Stärkegrad und eine solche Schnelligkeit, dass sie sich praktisch in Ruhe befindet - genauso wie ein sehr schnell rotierendes Rad bewegungslos zu sein scheint. Am anderen Ende der Skala finden sich die groben Formen der Materie, deren Schwingungen so langsam sind, dass auch sie in Ruhe zu sein scheinen. Zwischen diesen Polen gibt es Millionen über Millionen verschiedener Grade von Schwingung. Vom Körperlichen im Elektron, Atom und Molekül bis hin zu Welten und Universen ist alles in schwingender Bewegung. Dies ist auch auf den Ebenen von Energie und Kraft - die nur verschiedenartige Grade von Schwingung sind - wahr, ebenso auf den geistigen Ebenen - deren Zustände von der Schwingung abhängen - und schließlich auf den rein geistigen Ebenen. Das Verständnis dieses Prinzips befähigt Sie, Ihre eigenen geistigen Schwingungen zu beherrschen. Die Meister wenden dieses Prinzip auch in verschiedener Weise an, um Naturphänomene zu überwinden. So ging Jesus über Wasser. Ich selbst habe auf einer Indienreise Folgendes erlebt: In der Nähe von Bombay lebte eine alte Frau in einem Dornbusch. Von ihr hieß es, sie sei eine erleuchtete spirituelle Meisterin und Heilerin. Mit einigen Freunden besuchte ich diese Frau, deren Namen ich inzwischen vergessen habe. Viele Leute waren dort versammelt und hörten ihren Ausführungen zu, die wir nicht verstanden, da sie Hindi sprach. Sie verbot allerdings, sie zu fotografieren, was auch auf einem Schild in englischer Sprache stand. Heimlich taten wir es aber dennoch, weil es wirklich faszinierend war, wie sie dort lebte. Als wir in Deutschland unsere Fotos vom Entwickeln abholten, war zwar der Dornbusch auf den Bildern, kein einziges Foto zeigte aber die Frau.
»Derjenige, der das Prinzip der Schwingung versteht, hat das Zepter der Macht ergriffen«, schrieb einer der alten Meister.

5. Alles unterliegt einem Kommen und Gehen, alles hat Gezeiten.
Alles fließt aus und ein, alle Dinge steigen und fallen, das Schwingen des Pendels zeigt sich in allem; der Ausschlag des Pendels nach rechts ist das Maß für dessen Ausschlag nach links.
Dieses Prinzip enthält die Wahrheit, dass sich in allem eine abgemessene Bewegung zeigt, hin und her; ein Hin- und Zurückfließen, eine pendelgleiche Bewegung, eine gezeitengleiche Ebbe und Flut, ein hoher und ein niedriger Stand, und zwar immer zwischen den beiden Polen, die gemäß dem Prinzip der Polarität bestehen, das soeben beschrieben wurde. Es gibt immer eine Aktion und eine Reaktion, ein Vorwärtsschreiten und ein Zurückgehen, ein Steigen und ein Fallen. Dies gilt für die Geschehnisse des Universums, die der Sonnen, der Welten, der Menschen, Tiere, des Geistes, der Energie und der Materie. Dieses Gesetz offenbart sich im Entstehen und Vergehen von Welten, im Aufstieg und Untergang von Nationen, im Leben aller Dinge und auch in den geistigen Zuständen der Menschen. Im Hinblick auf letztere finden die Hermetiker das Verständnis dieses Prinzips ganz besonders wichtig. Wenn Sie dieses Prinzip erkannt haben, können Sie lernen, es auszunutzen, statt von ihm ausgenutzt zu werden. Auf dieser und ähnlichen Methoden beruht die Kunst der Hermetiker. Der hermetische Meister polarisiert sich selbst an dem Punkt, wo er zu ruhen wünscht, und dann neutralisiert er den rhythmischen Schwung des Pendels, der ihn sonst zum anderen Pol hintragen würde. Alle Menschen, die ein gewisses Maß an Selbstbeherrschung erreicht haben, tun dies bis zu einem gewissen Grade mehr oder weniger unbewußt, der Meister aber tut das bewusst und unter Anwendung seines Willens und erreicht damit eine Gewichtigkeit und geistige Festigkeit, die nahezu unmöglich erscheint.

6. Alles besitzt jeweils ein Paar von Gegensätzen oder Polen; Gleich und Ungleich ist dasselbe; Gegensätze tragen nur entgegengesetzte Vorzeichen.
Alles ist zwiefach, alles hat zwei Pole; Gleich und Ungleich ist dasselbe; Gegensätze sind identisch in der Natur, nur verschieden im

Grad; Extreme berühren sich; alle Wahrheiten sind nur halbe Wahrheiten; alle Widersprüche können miteinander in Einklang gebracht werden.
Dieses Prinzip enthält folgende Wahrheit: »Alles ist zweifach; alles hat zwei Pole; alles hat sein Paar von Gegensätzlichkeiten.« Es erklärt die alten Paradoxe, die so viele in Erstaunen versetzt haben und die folgendermaßen aufgestellt wurden: These und Antithese sind identisch in der Natur; Gegensätze können in Einklang gebracht werden; Extreme berühren sich; alles ist und ist nicht zu gleicher Zeit; alle Wahrheiten sind bloß halbe Wahrheiten; jede Wahrheit ist zur Hälfte falsch; jedes Ding hat zwei Seiten. Dieses Prinzip besagt, dass in allem zwei Pole sind oder gegensätzliche Aspekte und dass die Gegensätze in Wirklichkeit nur die Extreme ein und desselben Dinges sind mit verschiedenen Graden dazwischen. Beispielsweise Hitze und Kälte, obgleich »Gegensätze«, sind in Wirklichkeit dasselbe, der Unterschied besteht lediglich in den verschiedenen Graden desselben Dinges. Betrachten Sie ein Thermometer und schauen Sie, ob Sie entdecken können, wo die »Hitze« aufhört und die »Kälte« beginnt. Es gibt nicht so etwas wie »absolute Hitze« oder »absolute Kälte«, die beiden Ausdrücke »Hitze« und »Kälte« bezeichnen lediglich verschiedene Grade desselben Dinges und dieses »eine Ding«, das als »Hitze« bzw. »Kälte« in Erscheinung tritt, ist nur eine Form, ein Grad der Schwingung. So stellen »Hitze« und »Kälte« nur die beiden Pole dessen dar, was wir »Wärme« nennen - und die Erscheinungen, die sich daraus ergeben, sind nur Manifestationen des Prinzips der Polarität. Wo hört die Dunkelheit auf und beginnt das Licht? Was ist der Unterschied zwischen »groß« und »klein«, zwischen »hart« und »weich«, zwischen »schwarz« und »weiß«, zwischen »scharf« und »stumpf«, zwischen »laut« und »leise«, zwischen »hoch« und »niedrig«, zwischen »positiv« und »negativ«? Das Prinzip der Polarität erklärt diese Widersprüche - und kein Prinzip kann es ersetzen. Dasselbe Prinzip wirkt auf der geistigen Ebene. Lassen Sie mich das Gesagte anhand des Beispiels von Liebe und Hass verdeutlichen: Liebe und Hass sind für uns extreme Begriffe für zwei augen-

scheinlich völlig unterschiedliche geistige Zustände. Und doch stellen auch sie nur Grade eines einzigen Zustandes dar, denn zwischen den beiden Extremen kennen wir auch einen »mittleren Punkt«, von dem ausgehend wir Ausdrücke wie »Zuneigung« und »Abneigung« gebrauchen. Zwischen diesen »Graden« besteht ein solch allmählicher und fließender Übergang, dass wir manchmal unsicher werden und nicht wissen, ob wir »gern mögen« oder »nicht mögen« oder ob vielleicht keine von beiden Aussagen zutrifft. Bei alldem handelt es sich demnach lediglich um Grade derselben Sache, was bei näherem Hinsehen erkennbar wird. Und was von den Hermetikern für noch wichtiger gehalten wird: Es ist sogar möglich, die Schwingungen von Hass in Schwingungen von Liebe zu verwandeln, bei sich wie bei anderen. Sicher haben auch Sie schon persönliche Erfahrungen mit dem unfreiwillig schnellen Übergang von Liebe in Hass und umgekehrt gemacht. Und Sie werden daher die Möglichkeit erkennen, dass dies durch Einsatz des Willens bewirkt werden kann, durch Anwendung der hermetischen Formeln. »Gutes« und »Böses« sind nur die Pole ein und desselben Dinges, und der Hermetiker versteht die Kunst, Böses in Gutes zu verwandeln durch Anwendung des Prinzips der Polarität. Kurz, die »Kunst der Polarisation« ist ein Teil der »geistigen Alchemie«, gekannt und angewandt von den alten und neuen Meistern. Das Verständnis dieses Prinzips befähigt einen Menschen, seine eigene Polarität zu ändern sowie die von anderen. Und zeigt uns nicht auch unsere Erde dieses Prinzip durch ihre zwei Pole, zwischen denen alles liegt?

7. Alles hat männliche und weibliche Prinzipien. Sie offenbaren sich auf allen Ebenen.

Diesen Prinzipien begegnen wir nicht nur auf der physischen, sondern auch auf der geistigen Ebene. Auf der physischen Ebene offenbart sich das Prinzip als Geschlechtlichkeit und auf den höheren Ebenen nimmt es höhere Formen an, aber das Prinzip bleibt immer dasselbe. Keine Schöpfung physischer, geistiger oder rein geistiger Art ist möglich ohne dieses Prinzip. Das Verständnis dieses Gesetzes

wirft Licht auf manche Frage, die die Menschen in Erstaunen versetzt hat. Dieses Prinzip arbeitet stets nach den Gesetzen der Schöpfung im Wechselspiel zwischen Entstehen und Vergehen, Leben und Tod. Wir finden es in unserem Ein- und Ausatmen, in Ebbe und Flut, in den Jahreszeiten mit dem Blühen und Vergehen der Pflanzen. Wir finden es im Rhythmus der Tage im Wechsel zwischen Sonne und Mond.
Harmonie und Ausgleich zwischen diesen beiden Kräften sind in der chinesischen Philosophie ein zentraler Punkt und als die Elemente Yin (weiblich-passiv) und Yang (männlich-aktiv) bekannt. Auch in der traditionellen chinesischen Medizin finden wir diese Prinzipien wieder. Yang steht dort für die Fülle und Hitze, Ying für Leere und Kälte.
Wenn man die Philosophie der geistigen und rein geistigen Schöpfung, Zeugung und Wiedererzeugung verstehen will, muss man dieses hermetische Prinzip kennen. Es enthält die Lösung vieler Mysterien des Lebens.
Die größte Kraft, die diese Welt so sein lässt, wie sie uns erscheint, ist *Bewusstsein.*
Zu Beginn der meisten Bibelübersetzungen steht: »Am Anfang war das Wort, und aus dem Wort wurde Fleisch«, was nichts anderes meint, als dass jeder Gedanke die Tendenz hat, sich zu materialisieren. Vor jedem Wort muss aber ein Gedanke stehen, denn das Wort ist ja bereits der materialisierte Gedanke, der wiederum Bewusstsein voraussetzt.
Wenn man das weiß und befolgt, schützt man sich vor unbewussten Äußerungen. Wie oft sagen Sie: »Das habe ich ja nicht so gemeint.« Das mag zwar stimmen, aber die Macht, die alles erschaffen kann, hat nicht die Aufgabe, zu kontrollieren und zu bewerten, sondern eben nur die Aufgabe, zu materialisieren.
Diese Energie ist die stärkste Kraft im gesamten Universum und gilt für den Makrokosmos wie für den Mikrokosmos. Vielleicht ist diese Kraft so groß, weil sie nicht denkt, sondern nur ausführt.
Es gibt zwei wichtige Instanzen in Ihnen.
Den *Denker* - er kann denken, was er will - und den *Beweisführer* - er

wird alles daransetzen, Beweise für die Richtigkeit des Denkens zu erbringen. Die neuere Hirnforschung ist zwar dabei zu beweisen, dass wir in Wirklichkeit gar nicht denken, aber ich lade Sie ein, davon auszugehen, dass wir es manchmal doch tun. Was immer der Denker also denkt, wird der Beweisführer beweisen. In der Psychologie nennt man dieses Phänomen in Anlehnung an die griechische Mythologie den »Pygmalion-Effekt«.

Einst lebte auf Zypern ein großartiger Bildhauer mit Namen Pygmalion. Er beschloss, sich ganz und gar seiner Kunst zu widmen, da er keine Frau finden konnte, die seiner Vorstellung von Schönheit entsprach. Bald darauf hatte er in seinem Atelier ein Stück sehr reinen weißen Marmors, aus dem er eine wunderschöne Frau formte - eine Gestalt, die all das verkörperte, was er für schön hielt. Pygmalion war so ergriffen von seiner eigenen Schöpfung, dass er die Göttin Aphrodite bat, ihm bei der Suche nach einer Frau zu helfen, deren Schönheit seiner Skulptur ebenbürtig war. Aphrodite wusste, dass nur die Statue selbst Pygmalion genügen würde, und so hauchte sie dem Marmor das Leben ein, nach dem Pygmalion so glühend verlangte. Pygmalion nannte sie Galatea und heiratete seine eigene Schöpfung.

Die Geschichte des Pygmalion wurde von Ovid, einem der bedeutendsten römischen Schriftsteller der Nachwelt überliefert. Sie finden sie aber auch in der moderneren Fassung zum Beispiel in dem Musical »My fair Lady« wieder. Professor Higgins, der sich mit Phonetik beschäftigt, trifft auf dem Blumenmarkt in London die Blumenverkäuferin *Eliza Doolittle*, die ihn wegen ihrer kraftvoll-vulgären Sprache fasziniert und gleichzeitig abstößt. Er überredet sie, sein Sprachlabor aufzusuchen und verspricht dort, ihr den Weg zu den besten Kreisen zu bahnen, wenn sie bei ihm Sprachunterricht nähme. Sie müht sich mit nur mäßigem Erfolg ab und provoziert bei dem von Higgins inszenierten Versuch, die nur oberflächlich angelernte »feine Lebensart« beim Pferderennen in Ascot den Leuten vorzuführen, einen Skandal. Higgins findet trotzdem immer mehr Gefallen an seinem »Objekt«. Auf dem Diplomatenball im

Buckingham Palace kann sie sich aber beweisen, obwohl ein Phonetiker anwesend ist, der für Geld die wahre Herkunft von Personen errät. Er denkt allerdings wegen ihres reinen Englisch, dass sie eine Ungarin mit königlichem Blut sei. Am gleichen Abend beglückwünschen sich Higgins und Colonol Pickering, aber keiner beglückwünscht Eliza.

Sie jedoch sagt dem Professor sehr deutlich, wie sehr sie sich vorgeführt und erniedrigt fühlt und verschwindet am nächsten Morgen. Professor Higgins fordert Eliza erfolglos auf, zurückzukommen, dann erst versteht er: Er vermisst sie, weil er sie trotz der großen Unterschiede zwischen sich und ihr gelernt hat als Person zu schätzen, sogar zu lieben. Professor Higgins hatte, wie auch Pygmalion, versucht, eine Frau vollkommen nach seiner Vorstellung zu schaffen, glücklicherweise aber noch die »Kurve bekommen«.

Wir sehen an diesen Beispielen, dass man keinen anderen Menschen nach seinen eigenen Idealvorstellungen formen kann. Viele Beziehungen scheitern an diesem Irrglauben. Aber es gibt eine gute Nachricht: Sich selbst kann man sehr wohl verändern.

Die Sozialwissenschaftler Ellen Key, Robert King-Merton und Robert Rosenthal haben sich intensiv mit diesem Phänomen beschäftigt und teils spektakuläre Versuche unternommen.

Es gab unter anderem ein Schulexperiment, in dem mehreren Lehrern einer für sie neuen Klasse gesagt wurde, mit wem sie es in der nächsten Zeit zu tun haben würden. Die Klasse wurde ihnen gegenüber aufgeteilt in die sehr motivierten intelligenten und in die eher faulen oder dummen Schüler.

Tatsache aber war, dass diese Einteilung rein willkürlich vorgenommen worden war, was die neuen Lehrer natürlich nicht wussten. Das Ergebnis beeindruckte sogar die Versuchsleiter. Beim nächsten Zeugnis waren die Noten der vermuteten guten Schüler besser, die der angeblich schlechten Schüler schlechter. Die Schüler hatten sich also »erwartungsgemäß« verhalten, und die Lehrer hatten wiederum darauf reagiert.

Das Erstaunlichste beim Pygmalion-Effekt ist also, dass sich die

Menschen in Ihrer Umgebung so verhalten werden, wie es Ihrer Einstellung entspricht. Glauben Sie das nicht?

Machen Sie doch einmal den folgenden Versuch:

Gehen Sie an einem beliebigen Tag aus dem Haus mit der Einstellung, dass Sie liebenswert und erfolgreich sind und viele gute Begegnungen haben werden. (Das müssen Sie aber wirklich glauben, versprochen?)

An einem anderen Tag denken Sie das Umgekehrte. Ich wette mit Ihnen, dass Sie den zweiten Versuch nach kurzer Zeit abbrechen werden - es sei denn, es spiegelt Ihre normale Haltung wider. Der Engländer Sir Francis Galton brach den Versuch jedenfalls ab, nachdem er von Passanten angerempelt und beschimpft worden war. Er war im Selbstversuch eines Morgens aus dem Haus gegangen mit dem Glaubenssatz: »Ich bin der meist gehasste Mann Englands.«

Sie erleben Ihr Leben so, dass es Ihrem Glauben Recht gibt. Wie ein Radio empfangen Sie das, worauf Sie eingestellt sind. Sie empfangen das, mit dem Sie in Resonanz sind. Seien Sie mutig, und drehen Sie an dem Einstellknopf!

Unsere Welt ist unendlich bunt und vielfältig. Unermesslich viele einzelne Teile ergeben die gesamte Welt, und alles ist miteinander verwoben, niemand ist eine Insel.

Glauben Sie das auch? Wenn nicht, tun Sie so, als würden Sie es glauben. Es ist längst eine wissenschaftlich erwiesene Tatsache, dass sich der Mikrokosmos vom Makrokosmos kaum unterscheidet. Dass jede ihrer Millionen Zellen die Informationen des gesamten Organismus in sich trägt - und vieles darüber hinaus. Das hieße also, dass die gleiche bunte Vielfalt in Ihnen ist.

Jesus sagte einmal: »In meines Vaters Haus sind viele Räume.« Das Haus Gottes auf dieser Erde sind Sie. Sie sind der lebendige Tempel Gottes. Das zu wissen, ist wichtig.

Lassen Sie mich an dieser Stelle den Talmud zitieren:

Achte auf deine Gedanken,
denn sie werden Worte.
Achte auf deine Worte,
denn sie werden Handlungen.
Achte auf deine Handlungen,
denn sie werden Gewohnheiten.
Achte auf deine Gewohnheiten,
denn sie werden dein Charakter.
Achte auf deinen Charakter,
denn er wird dein Schicksal.

Ist es nicht erstaunlich, dass ein solch altes Wissen, das sich seit Jahrtausenden durch alle Weisheitslehren zieht und auch noch die nächsten Tausend Jahre wahr sein wird, heute so wenig öffentliche Beachtung erfährt?

Schritte zur Erleuchtung

Ich glaube, dass wir einen Funken
jenes ewigen Lichtes in uns tragen,
das im Grunde des Seins leuchten muss
und das unsere schwachen Sinne nur
von Ferne ahnen können. Diesen Funken
in uns zur Flamme werden zu lassen und
das Göttliche in uns zu verwirklichen,
ist unsere höchste Pflicht.
(Johann Wolfgang von Goethe)

Alle paar Jahre wird uns suggeriert, dass es wieder einmal um die »entscheidende Wahl« geht. Als wenn wir dann wirklich eine Wahl hätten - da lachen ja sogar die Hühner. O.K., wir können wählen, ob wir die Bohnen mit Speck oder mit Zwiebeln mögen.
Aber einmal Spaß beiseite: Sie haben tatsächlich eine Wahl - immer - nicht nur alle vier Jahre. Ihr Leben hat nämlich immer nur den Sinn, den Sie ihm geben.
Wenn Sie mit Ihrem Leben zufrieden sind, werden Sie mir wahrscheinlich zustimmen; sind Sie aber unzufrieden, wird Ihr Verstand protestieren, wenn Sie hören, dass Sie sich dieses Leben ausgesucht haben, dass Sie es genau so gewählt haben, wie es ist. Sie haben es gewählt, um erleuchtet zu werden.
Sie kamen auf diese Welt, um sich zu entwickeln, um zu entdecken, dass Sie erleuchtet sind. Um dieses Ziel zu erlangen, erhielten Sie einen Körper, oder besser gesagt, Sie suchten sich einen aus. Vorher waren Sie reines Bewusstsein, unkörperlich, eine Seele. Diese Seele trägt die Erfahrungen aller vorherigen Inkarnationen in sich. Sie »weiß«, was sie gelernt hat und was sie noch lernen muss, um ihr Ziel

zu erreichen. Die Menschheit ist in ihrer Entwicklung an einem entscheidenden Punkt angekommen. Der Weg, auf dem wir gehen, gabelt sich in zwei Richtungen, und wir haben die Wahl. Entweder gehen wir den Weg in den globalen Selbstmord oder wählen den Weg zu einer Veränderung des Bewusstseins.
Die Welt steckt in einer Energie-Blockade, die sich in der Verknappung der Rohstoffe auch im Außen zeigt. Alle schauen auf das Symptom und die Folgen, aber kaum jemand sucht die Ursache dort, wo sie ist: Im menschlichen, schöpferischen Bewusstsein selbst.
Wir können den Weg der Symptombehandlungen und vermehrten Ausbeutung, den Weg immer zahlreicherer und härterer Konflikte weitergehen. Wir können beschließen, noch mehr Leid in dieser Welt zu verbreiten und die wenigen Reichen noch reicher werden zu lassen. Wir können noch mehr Armut produzieren, weiterhin Menschen verhungern lassen - und das bei einem täglichen Militärbudget von mehreren hundert Millionen Dollar! Wir können diese Erde weiterhin als unser Eigentum betrachten, mit dem wir machen können, was wir wollen, oder wir können sie als eine wunderschöne Leihgabe für unsere gewählte Daseinsform ansehen.
Zwar führen viele Wege nach Rom, aber wir haben leider nicht so viele Wahlmöglichkeiten.
Der Weg, den wir gehen können - und wir haben das Potenzial dazu -, ist der des Friedens und der Liebe, der Erleuchtung und des Wissens. Erleuchtung ist das eigentliche Ziel unseres Seins. Wir sind auf dieser Welt, um unser gesamtes Potenzial kennen zu lernen und daraus zu schöpfen. Die Schritte dahin sind so simpel und so klar. Es sind nur wenige. Sie sind wirkungsvoll, weil sie so einfach sind. Die Lösungen für die schwierigsten Probleme sind meist einfach.
Zufällig waren meine Frau und ich zum Zeitpunkt der Papstwahl in Rom. Als Kardinal Ratzinger als Papst auf den Balkon trat, konnte man sehen, dass er *angekommen* war. Ich bezweifle allerdings, ob die katholische Kirche weiß, dass sie einen Erleuchteten zum Papst hat, und ich hoffe, dass er sich gegen die konservativen Politiker, von denen er ja auch einer war, durchsetzen kann, um der Kirche die

Reformen zu bescheren, die notwendig geworden sind. Ein schönes Wort: notwendig. Es heißt nichts anderes, als dass man aus einer Not heraus eine Wende nehmen sollte. Es bleibt allerdings abzuwarten, ob seine Erleuchtung ausreicht, Jahrtausende alte Machtstrukturen derart aufzuweichen, wie dies nötig wäre. Derjenige, auf den sich die Kirche aufbaut und beruft, Jesus Christus, hat es ja auch nicht geschafft. Auch er fiel diesen Strukturen letztlich zum Opfer.

Kennen Sie den?
Der Papst stirbt und kommt an das Himmelstor, um Einlass ins Paradies zu erlangen. Petrus kommt an die Tür und fragt nach seinem Begehr. »Ich möchte ins Paradies, denn ich bin der Papst.« »Papst?«, überlegt Petrus. »Das sagt mir jetzt im Moment nichts. Wer oder was soll das sein?« »Ich bin das Oberhaupt der katholischen Kirche«, antwortet der Papst. »Katholische Kirche? Sagt mir auch nichts, tut mir wirklich Leid. Aber warten Sie bitte einen Moment hier, ich muss den Chef fragen.«
»Draußen steht jemand, der behauptet, Papst und Oberhaupt der katholischen Kirche zu sein. Sagt dir das etwas?«, fragt Petrus den Lieben Gott. Gott überlegt und sagt: »Tut mir Leid, habe ich noch nie gehört. Aber lass uns Jesus fragen, immerhin war der schon einmal auf der Erde, vielleicht weiß er etwas.« Jesus wird gerufen und mit dem Auftrag zum Himmelstor geschickt, doch nachzusehen, ob er etwas herausbekomme.
Nach zehn Minuten kommt Jesus laut lachend zurück, sich die Tränen aus den Augen wischend. »Was ist los?«, fragen Petrus und der Liebe Gott wie aus einem Munde. Nachdem er nach Luft geschnappt hat, kann Jesus endlich sagen: »Erinnert ihr euch an den Fischerverein, den ich vor ungefähr 2000 Jahren gegründet habe? Den gibt es immer noch.«
Wie viel wurde und wird in Jesus hineininterpretiert! Es wird noch lange Zeit dauern, bis die Menschen die Wahrheiten um und über diesen Mann erfahren dürfen. Was in seinem Namen geschaffen wurde - dieses heute so mächtige und reiche Kirchengebilde - resul-

tiert nicht aus seinem Wirken und lag sicher nicht in seiner Absicht. Jesus, der gekommen war, den Menschen Licht zu bringen, wurde missbraucht, um ein Trugbild aufzubauen, das Trugbild einer Märtyrerschaft und des Leids. Jesus wird in der Regel in seiner wohl leidvollsten Stunde angebetet, am Kreuze hängend, und es wird erzählt, dass er für uns dort auch gestorben sei. Kann man jemandem ein schlechteres Gewissen machen als mit solch einer Aussage?

Wer ein schlechtes Gewissen hat, wird sich immer schuldig fühlen und wird gerne alles tun, was angeblich nötig ist, um von seiner Schuld befreit zu werden.

Es gibt genügend Hinweise darauf, dass Jesus nicht dort auf Golgatha am Kreuz gestorben ist. Den Menschen aber wurde gesagt: »Leiden sind Lehren«, und man predigte ihnen Entsagung. Damit konnte man sie ausbeuten und unterjochen - zu allen Zeiten. Die Prachtbauten der Kirche wurden nur dadurch möglich, und niemanden kümmerte es, wenn bei diesen Bauten Hunderte von Arbeitern ums Leben kamen und viele ihr letztes Hemd gaben, damit die Kuppeln auch noch mit Gold verkleidet werden konnten. Das hätte dem Mann, der die Händler aus dem Tempel vertrieb, sicher nicht gefallen, das hätte er nicht gewollt. Kein Religionsgründer hätte so etwas gewollt. Und wer Jesus so versteht, hat ihn nicht verstanden. Er kam, um die Liebe zu bringen und uns erkennen zu lassen, dass Gott auch in jedem von uns ist, dass der Schöpfer und sein Geschöpf Eins sind - er kam, uns zu erleuchten. Er wollte sicher nicht, dass wir ihn anbeten. Er hätte gewollt, dass wir ihn in uns selbst finden.

Wie weit der Weg zur Erleuchtung ist, bestimmt jeder ganz allein für sich. Es ist ein Weg mit vielen großen und kleinen Stationen. Manchmal halten wir uns länger auf, wie in einer erfüllenden Beziehung, die manchmal sogar ein Leben lang dauern darf. Oder wir verweilen kürzer, zum Beispiel in einem Job, den wir nur machen, weil wir eine Fähigkeit lernen müssen, die wir gerade dort lernen können. Jede dieser Stationen ist wichtig auf dem Weg zu Ihrer Erleuchtung - auch die Stationen, die sie nicht so mögen. Aber auch diese haben Sie sich - meist unbewusst - ausgesucht, um aus ihnen zu lernen. Dass diese Behauptung wahr ist, können Sie daran erkennen, dass so genannte »negative« Umstände sich oft im Nachhinein als durchaus »positiv« herausstellen. Wenn wir zurückblicken, sagen wir oft: »Damals war es schlimm, aber heute kann ich das Gute darin sehen und bin im Nachhinein froh, dass es genau so passiert ist.« Der bekannte deutsche Fußballtrainer, der wegen seiner Kokainaffaire hierzulande keinen Job mehr bekam, ist nach eigener Aussage in dem Land, in dem er heute zu den erfolgreichsten Trainern gehört, sehr zufrieden. Sicherlich muss man aber kein Kokain nehmen, um sein Glück zu finden - wenn auch viele das zu glauben scheinen.

Das, was Sie am meisten daran hindert, erleuchtet zu sein, ist einesteils Ihre Vorstellung davon, was Erleuchtung ist, und auf einer anderen Ebene Ihre Angst davor. Wie bei vielen Ihrer Vorstellungen handelt es sich auch hierbei um übernommene Darstellungen eines anderen Menschen, dem Sie glauben. Eine Vorstellung oder Erwartung ist immer auch ein Hindernis, was in dem Wort »Vorstellung« schon zum Ausdruck gebracht wird. Die Vorstellung ist Ihre Idee von etwas, das Sie vor Ihr Erleben stellen. Vorstellungen können aber immer nur begrenzt sein. Jetzt frage ich Sie: Kann man das Grenzenlose eingrenzen?

Sie gehen beispielsweise zu einer Party, machen sich vorher eine Vorstellung von der Party, haben vielleicht Erwartungen an jemanden, den Sie dort treffen werden, usw. und können dadurch die Party nicht mehr so erleben, wie sie ist. Ihre Vorstellungen verhindern ein direktes Erleben von dem, was ist.

Es gibt drei Worte, die den Zustand der Erleuchtung am besten charakterisieren: *Liebe, Akzeptanz und Einssein.*

Je unnatürlicher Ihr Bild von Erleuchtung ist - sofern Sie überhaupt eines haben -, desto weiter schieben Sie diesen Zustand von sich weg. Selbstverständlich haben Sie einen guten Grund, das zu tun; denn erleuchtet zu sein heißt, die Verantwortung für sein Erleben zu übernehmen und zu erkennen, dass man sie immer hatte.

Mit unserer Erleuchtung gehen wir so um wie die Bürger von Schilda, die Licht in Säcken in ein dunkles Haus bringen wollten. Wir versuchen mit Hilfe aller möglichen Techniken, unter Anleitung von Gurus, Übungen, Ernährungsplänen und vielem anderem mehr, das Licht von draußen hereinzuholen. Der Gipfel von allem sind eloquente Motivationstrainer, die von Firmen und sogar Fußballvereinen für viel Geld engagiert werden. Es hat sich scheinbar noch nicht herumgesprochen, dass man niemand anderen motivieren kann. Die andere Seite der Medaille ist: Was ist das für ein Unternehmen, das seine Mitarbeiter derart »motivieren« muss? Man kann ganze Abteilungen über Feuer oder Glasscherben laufen lassen, man kann sie mit dem Hals Eisenstangen verbiegen lassen. Man kann sie auch pausenlos »Jacka« rufen lassen. Dies alles wird, außer natürlich für den Motivationstrainer, nichts bringen. Solange die Mitarbeiter nicht wirklich »in der Firma sind«, solange Respekt und Achtung im Unternehmen keinen Platz haben und *Geben* und *Nehmen* nicht im Ausgleich sind, ergeben solche Aktionen keinen Sinn - aber wenn diese Voraussetzungen geschaffen sind, gehen die Leute auch so für ihr Unternehmen durchs Feuer.

Und was die Fußballvereine angeht: Sind ein paar Millionen Euro Jahresgehalt nicht Motivation genug?

Wir übersehen, dass der Schalter zur Erleuchtung in uns ist. Es genügt, diesen einen, alles entscheidenden Lichtschalter umzulegen. Finden müssen und können Sie diesen nur selbst. Jetzt sagen Sie vielleicht: »Nur die Meister konnten das.« Dann frage ich Sie: »Warum beanspruchen Sie die Meisterschaft nicht für sich? Warum stellen Sie ihr Licht unter den Scheffel?«

Die Qualität Ihres Lebens wächst direkt proportional zur Anzahl der Lehrer und Lehrerinnen, die Sie in Ihrem Leben haben. (Ron Smothermon)

Es ist vollkommen in Ordnung und wichtig, Lehrer zu haben, denn warum soll man durch den Fluss schwimmen, wenn man ebenso gut eine Brücke benutzen kann. Es ist auch sicherlich sinnvoll, Übungen oder Techniken anzuwenden oder seine Ernährung umzustellen, weil es uns diszipliniert, und Disziplin ist notwendig. Im Denken und im

Tun. Aber kein Guru, keine Technik, keine Ernährungsweise wird Sie erleuchten. So wie auch niemand einen anderen heilen kann. Heilung geschieht nur von innen, aus einer tiefen Bereitschaft heraus, das anzunehmen, was von außen angeregt wird, und in das eigene Leben zu integrieren.

Sokrates empfahl den Ärzten, jedem seiner Patienten zunächst die Frage zu stellen, ob dieser bereit sei, das Verhalten, das zu seiner Krankheit geführt hatte, in Zukunft zu meiden.

Wenn Sie das Licht angemacht haben, werden Sie selbstverständlich die Dinge ändern, die geändert werden müssen. Selbstverständlich: aus dem Selbst heraus verstanden.

Den »guten« Lehrer oder Meister erkennen Sie daran, dass er Ihnen nicht bei der Suche, sondern beim Finden *Ihres* Lichtschalters behilflich ist. Er weiß, dass man einen anderen Menschen nicht »verbessern« kann, weil ja jeder Mensch schon vollkommen erschaffen ist. Ein guter Lehrer wird ein Klima erschaffen, in dem es dem Schüler möglich wird, sich an seine eigene Vollkommenheit zu erinnern. Er wird Sie also nach Innen begleiten, weil er weiß, dass *Ihre* Wahrheit nur dort zu finden ist - und er wird sich im rechten Moment von Ihnen verabschieden. Denn die Wahrheit ist individuell. Sie liegt nicht in Schriften und Büchern, sondern im tiefsten und innersten Selbst eines jeden Menschen.

Die meisten Menschen aber wollen gar nicht finden, sondern suchen. Wir sind in der Regel problemorientiert und nicht lösungsorientiert.

Es lebte einmal ein Mann, der sein Leben der Suche nach Gott gewidmet hatte. Viele Jahre hatte er gesucht. Eines Tages gelangte er zu einem Haus, an dessen Türschild der Name »Gott« geschrieben stand. Leise zog er seine Schuhe aus und schlich davon.

Vor einem Lehrer, der Ihnen erzählt, er wisse genau, was für Sie richtig ist, sollten Sie schleunigst die Flucht ergreifen. So läuft es aber in unserer Welt. Ständig werden wir »verbessert«, erzogen und geformt. Uns wird vor Augen gehalten, wie unvollkommen wir sind und welchem Trend wir nun wieder nachzulaufen haben. Allen voran tun dies die Medien, wenn es um Äußerlichkeiten geht. Aber auch die großen Religionen, deren ursprüngliche, reine Lehren von ihren Anhängern dogmatisiert wurden, führen uns unsere Unvollkommenheit vor Augen. Es wurden Regeln aufgestellt, Formen erfunden und uns wurde genau gesagt, was getan werden muss, um auf den »rechten Weg« zu kommen. Dass da irgendetwas falsch läuft, beweisen die Kirchenaustritte und die seit Jahrhunderten stattfindenden Religionskriege.

Dass die Menschen aber gerade bei der Kirche etwas suchen, beweisen die über eine Million jugendlichen Be-*sucher* beim Weltkirchentag im Jahre 2005 in Köln. Es war ermutigend, anzuschauen und mitzuerleben, mit welcher Freude und mit welchem Enthusiasmus all die jungen Menschen aus der ganzen Welt friedlich und singend zusammengekommen waren, um die Antworten auf ihre vielen Fragen zu finden.

Ich bezweifle allerdings, dass sie von den Kirchen ihre Antworten erhalten, und sie werden dort auch nur finden, was sie suchen, wenn sie sich auf ihre eigene Reise nach innen begeben.

Rief die Jugend der 68er, zu der ich auch gehöre, noch den Slogan: »Unter den Talaren der Mief von tausend Jahren« und »Weg mit dem Establishment. Wir brauchen keine Autoritäten!«, so wies am 30. September 2005 der bayrische Ministerpräsident Edmund Stoiber anlässlich der Verleihung des Franz-Josef-Strauß-Preises der Hans Seidel-Stiftung an den früheren Bundeskanzler Helmut Kohl mit eindringlichen Worten darauf hin, dass unsere Jugend nach Führung und Autorität rufe und man sie ihr auch geben müsse. Da kann man sich doch nur fragen, warum sorgt er nicht dafür? Als langjähriger bayrischer Ministerpräsident und Minister hätte er doch sicherlich so manche Möglichkeit. Man kann darüber nachdenken, ob es eine Ironie ist, dass Helmut Kohl den Franz-Josef-Strauß-Preis bekommen hat, aber auch Edmund Stoiber hat sicherlich beobachtet, wie orientierungslos das Gros der heutigen Jugend ist und dass die Führung durch RTL, SAT1, Viva und VOX nicht ausreichen kann, einen mündigen Staatsbürger zu formen. Als wenn das wirklich jemand wollte - mündige Staatsbürger! Die Jugend braucht keinen

Führer, das hatten wir schon. Die Jugend der 68er hatte die Wahrheit erkannt, aber eben nur die halbe. Deswegen haben die meisten ja auch aufgegeben, weil sie in der falschen Richtung suchten und sich in Schuldzuweisungen verausgabten.
Was die Jugend braucht - und sicher nicht nur die Jugend - , ist das Wissen darum, dass sie in dem Moment geführt wird, in dem sie sich darüber klar werden darf, dass die größte Führung in jedem Menschen wohnt.
Sagt ein bekanntes Sprichwort nicht: »Jeder ist seines Glückes Schmied«? Also fangen Sie damit an, Ihr Glück zu schmieden - heute noch! In dieser Volksweisheit steckt doch der Hinweis, dass genau dies möglich ist. Erkennen Sie, was für Sie Glück bedeutet, und lassen Sie sich nicht von anderen sagen, was Glück ist. Glück ist so individuell, so vielfältig! Wie kann es sonst passieren, dass Menschen, die einen großen Lottogewinn erhalten hatten, damit sehr unglücklich wurden, andere dagegen sich und ihrer Familie damit die Bedingungen für ein glückliches Leben schaffen konnten? Vor einiger Zeit lehnte ein Mann seinen Lottogewinn von mehreren Millionen Euro ab, weil er befürchtete, dadurch unglücklich zu werden. Er begründete seine Haltung mit der Aussage: »Ich habe alles, was ich brauche.« Dieser Mann war sicher in einer gewissen Art erleuchtet.
Sie sehen, es geht kein Weg an der Selbsterkenntnis vorbei, und Sie werden nicht darum herumkommen, sich einige grundlegende Gedanken über sich zu machen. Schauen Sie in den Spiegel, und betrachten Sie sich selbst, mit allem, was Sie getan und unterlassen haben. *Kunst kommt von Können,* erinnern Sie sich?
Der Grad der Kunst hängt ab von der Art und Weise, in der Sie etwas tun. Ein Spiegel ist die Meditation - und dies ist der nächste Schritt zur Erleuchtung.
Neben einem meditativen Menschen haben Waffen keinen Platz. Alle Weisheitslehrer und Erleuchteten dieser Welt, ob sie Sokrates, Jesus, Buddha, Lao-Tse, Mohammed, Osho oder Gurdjeff hießen, haben uns aufgefordert, nach innen zu gehen und uns selbst zu erkennen.

Auf dem Weg nach innen werden Sie Facetten entdecken, die Sie entweder nie für möglich gehalten hätten oder die Sie vielleicht immer schon erahnt haben. In jedem Fall ist es ein interessanter Weg, und Ihre erwachte Neugierde wird Sie immer weiter vorantreiben. Dieser Weg ist eine Einbahnstraße.

Meditation ist der ehrlichste Spiegel, den es gibt, und wird vielleicht gerade deshalb von so vielen Menschen gemieden wie eine ansteckende Krankheit. Die Rationalisierungen und Ausreden, die Menschen finden, um nicht zu meditieren, sind enorm. Ein Grund dafür ist *Angst*.

Der Mensch hat ein Leben lang gebraucht, zu glauben, dass er fehlerhaft, schlecht, nicht liebenswert sei, und natürlich hat er Angst, diesem Wesen zu begegnen. Intuitiv weiß er, dass er sich in der Meditation selbst begegnet, also meidet er sie.

»Erkenne dich selbst, dann erkennst du das Universum und die Götter«, mahnte schon das Orakel von Delphi.

Wenn Sie in den Spiegel der Meditation schauen, begegnen Sie sich »pur«, ohne *Wenn* und *Aber*, ohne psychologische Erklärungsmodelle, ohne religiöse oder gesellschaftliche Raster und Muster. Sich »pur« begegnen heißt, dem göttlichen Kern in sich nahe zu sein; am Ende dieses Weges stehen - wie Buddha sagte - Licht und Ekstase.

Es gibt viele Gründe, diesen Weg zu meiden. Beispielsweise kann es unangenehm sein, sich selbst genauer zu betrachten, die Dinge zu sehen, die man für Fehler oder Schwäche hält. Das hatte ich vorhin mit der Angst auf einer tieferen Ebene gemeint. Denn das könnte Abstriche an einem Perfektheitsanspruch machen, der uns vermittelt wurde, oder uns aus unserer ach so geschätzten Bequemlichkeit herausreißen.

Meditation bedeutet auch, »sich leer zu machen«. Dieser Moment der Leere ist unendlich wichtig. Fast alle Meditationstechniken zielen auf diesen Zustand ab.

Meditation ist in ihrer höchsten Stufe ein Zustand jenseits des Denkens, ein Zustand reinen Bewusstseins ohne Inhalt. Das Ziel sollte sein, in einen Zustand der Akzeptanz des eigenen Lebens und das aller anderen Wesen zu gelangen. Meditation ist keine Geheimwissenschaft und ist alleine für sich genommen noch nicht einmal unbedingt ein spiritueller Vorgang. Das Wort kommt aus dem Lateinischen: meditari = nachsinnen. Meditation ist also erst einmal eine besinnliche Betrachtung.

Wissenschaftlich ist die positive Wirkung der Meditation längst bewiesen, und jeder, der meditiert, braucht diesen Beweis sowieso nicht mehr. Als Meditation werden Techniken bezeichnet, die von Heiligen aller Länder und Religionen entwickelt wurden, um seelische Leiden zu heilen und psychische und spirituelle Befreiung zu erlangen. Die Techniken variieren, doch sind die darunter liegenden Prozesse, die sich auf die spirituelle und psychische Entwicklung richten, mehr oder weniger gleich. Meditation kann eindrucksvolle Veränderungen im Bewusstsein auslösen. Sie wird als Kern der mystischen Wissenschaften angesehen, und Menschen, die meditieren, halten sich oft allein wegen dieser Praktik für »spirituell«.

Seit den frühen 60er Jahren erfreut sich die Meditation auch bei uns eines zunehmenden Zuspruchs und ist inzwischen bis in manche Vorstandsetage großer Firmen »salonfähig« geworden. Sie wurde außerdem zum Forschungsgegenstand, und den Wissenschaftlern ist es auch mit ihren Methoden gelungen, festzustellen, dass sie wirksam ist (hört, hört!). Das hat unsere moderne Wissenschaft herausgefunden: Meditation bewirkt physiologische Veränderungen im Zusammenhang mit Entspannung und psychologischen Erfolgen wie größere Ruhe und mehr Entspanntheit. Weiter führt Meditation zur Verbesserung des Allgemeinzustandes bei Bluthochdruck, Ängsten, Suchtverhalten und Phobien.

Allerdings kommen solche Wirkungen nur denjenigen zugute, die über einen längeren Zeitraum meditieren, und die meisten Menschen tun das nicht.

Die große Bedeutung der Meditation liegt darin, dass sie den Meditierenden allmählich die Wirklichkeit anders erfahren lässt, weil sich dessen Wahrnehmung und Verstehen durch sie verändert. Sicherlich ist Meditation als größter Beitrag der mystischen Traditionen zur heutigen Psychotherapie zu verstehen. Die Techniken der Meditation, die einer viel älteren Wissenschaft entspringen, erscheinen dem Verstand zunächst vielleicht sinn- oder bedeutungslos und erweisen sich erst nach jahrelanger Praxis als die ausschlaggebenden Dinge im Leben. Über eine der Funktionen des Verstandes sagte ich ja schon etwas.

Der indische Meister Osho hat einmal gesagt, dass Meditation das Ziel sei und jede Form von Therapie lediglich eine Vorbereitung sein könne. Einige Lehrer alter Traditionen sagen, dass Meditation eine Therapie allein für sich ist und dass mit gezielten Praktiken gewisse Zustände geheilt werden können. Durch Meditation kann man sicherlich inneren Frieden und Harmonie finden, es braucht oft allerdings Jahre an Training. Leider verbinden wir in unserem Kulturkreis den Begriff »Meditation« oft mit den bisweilen zu Unrecht negativ belegten Begriffen »Sekten« oder »Gurus« und Menschen, die meditieren, werden von den »Toughen« belächelt oder als »esoterische Spinner« bezeichnet. Dadurch werden viele Menschen von einer sinnvollen Technik ausgeschlossen. In unseren Selbst-Erfahrungs-Seminaren erlebe ich Meditation immer wieder als eine der effektivsten Methoden.

Das wichtigste Ziel der Meditation besteht in der Entwicklung des beobachtenden Selbst. Und dieser Punkt stellt sicherlich eine der größten Herausforderungen dar, weil Sie doch immer wieder dahingehend beeinflusst werden, die Dinge im Außen zu verändern. In der Meditation können Sie erleben, wie wichtig es ist, still zu werden, nach innen zu gehen und dort die Zeichen zu erkennen. Nach Ansicht vieler Mystiker sind andere Nutzen der Meditation wie größere Ruhe, bessere Gesundheit oder vermehrte Kreativität allerdings unbedeutend und können sogar zum Hindernis werden, wenn sie als Ziel definiert werden. Durch eine solche Zieldefinition würde die Wirksamkeit der Meditation für den eigentlichen Zweck abgeschwächt, sagen sie und sprechen von einem Missbrauch und einer Vergeudung des ihr innewohnenden Potenzials. Das sei, als faste man in erster Linie, um abzunehmen. Demnach sollte man also Meditation

zu therapeutischen Zwecken allerhöchstens begleitend einsetzen. Einen feinen Holzmeißel zum Dosenöffnen herzunehmen, ist ja auch nur dann sinnvoll, wenn man damit nicht mehr schnitzen möchte.
Wenn man Meditation nur für die Psychotherapie einsetzt, ist das, als sammle man Austernschalen und werfe die Perlen weg. Man neigt dann leicht dazu, von den relativ unwesentlichen Resultaten auf die mystische Wissenschaft zu schließen und man schaut nicht weiter. Der psychotherapeutische Nutzen der Meditation liegt sicher darin, dass der Meditierende allmählich seine Wirklichkeit anders erfährt, weil sich seine Wahrnehmung und sein Verstehen verändern. Man kann durch Meditation zum Beispiel mehr Distanz zu seinen Symptomen bekommen und aufspüren, was wirkt.
Wenn Ihnen gesagt wurde, Meditation sei gefährlich oder Spinnerei, und Sie glauben das, dann nennen Sie das Ganze einfach *beten*. Dieser Begriff ist uns in der Regel geläufiger, obwohl »Beten« eigentlich das Gegenteil von Meditation ist, weil Beten bitten heißt und »meditari« nach Innen gehen. Damit meine ich nicht, dass Beten wertlos ist. Medizinische Forschungen haben inzwischen gezeigt, dass Gläubige, die beten, eher und schneller geheilt werden als Menschen, die das nicht tun. Was aber meiner Meinung nach den Wert des Betens ausmacht ist der Glaube der Betenden. Auch Jesus hat gesagt: »Steh auf, dein Glaube hat dir geholfen.« Wenn Sie beten, brauchen Sie in keine Kirche und keinen Tempel zu gehen, obwohl diese Orte als Raum der Kontemplation durchaus dienen können. Das eigene Selbst ist der göttliche Tempel. Wenn Sie beten wollen, gehen Sie in Ihr eigenes Inneres, wo immer Sie gerade sind, und sprechen Sie mit Ihrer inneren Macht. Dies wird Ihnen Kraft und Frieden geben.
Das herkömmliche Beten ist für viele zu einer geistlosen rituellen Handlung geworden, die nach Dogmen praktiziert wird. Uns wurde gesagt, dass wir unvollkommen und klein seien und dass wir außerhalb von uns jemanden anbetteln müssten, der uns vergibt und errettet.
Wenn Sie jemanden anderen um Vergebung Ihrer Sünden bitten, werden Sie diese nie erhalten; denn niemand außer Ihnen selbst hat

die Macht, Ihnen zu vergeben. Vertrauen Sie darauf, dass der Gott, der Sie führt, in Ihnen wohnt, und werden Sie sich bewusst, dass Sie, wenn Sie beten, eigentlich ein Selbstgespräch führen.
In der Regel setzen sich die Menschen im Gebet nieder und präsentieren Gott eine Liste von dem, was nicht in Ordnung ist. So als wollten sie sagen: »Nun, lieber Gott, da haben wir dieses und jenes, bitte bring das doch in Ordnung ...«
Sie verstehen nur selten, dass Gott die ganze Zeit über bei ihnen gewesen ist, weil er ja in ihnen ist. Sie sind ein Teil von ihm. Er ist doch alles, oder? Wenn Sie also das nächste Mal beten, dann sagen Sie nichts. Seien Sie still, und wissen Sie, dass Sie Gott sind. Das ist Meditation. Meditation holt sich Hilfe von innen.
Meditation kann zunächst einmal heißen, täglich für eine gewisse Zeit, die Sie erübrigen können (können Sie?), an einem schönen Ort (nicht im Bett!) die Augen zu schließen, die Gedanken schweifen zu lassen und so zur Ruhe kommen - innerlich still zu werden. Lassen Sie die Gedanken einfach wie weiße Wolken am Himmel vorüberziehen, die Sie als stiller Zeuge lediglich beobachten.
Sie werden wahrscheinlich am Anfang viel Unordnung vorfinden, die Sie dazu verleiten wird, damit aufzuhören. Mit Unordnung meine ich eine pausenlose Flut von Gedanken aus Ihren unterschiedlichsten Lebensbereichen. Akzeptieren Sie diese Unordnung, und genau das wird Ihnen helfen weiterzumachen. Wenn Sie sich wehren, geben Sie Ihrem Verstand Energie, und damit haben Sie schon verloren.
Sie stärken das Objekt Ihrer Abwehr.
Siegmund Freud, der »Vater« der Psychoanalyse, hat dies erkannt: Impulse, die aus unbewussten Schichten nach außen drängen und von uns abgewehrt werden, weil wir sie uns nicht erlauben zu leben, gewinnen mehr und mehr Macht über uns. Wir benötigen mehr Energie, um diese Impulse abzuwehren.
Seien Sie also lediglich Zeuge und Beobachter Ihrer Gedanken. Das ist der Anfang. Mit der Zeit werden Sie einfach meditativer in allem, was Sie tun. Ob Sie Geschirr waschen, Auto fahren oder in einer Konferenz sitzen. Bedenken Sie: Meditation heißt nicht abschalten,

sondern ganz im Gegenteil: total bewusst in der eigenen Mitte ruhen, ganz im Hier und Jetzt.
Sie können aus einer Vielzahl unterschiedlicher Meditationstechniken auswählen. Es gibt stille Formen der Meditation, aber auch sehr dynamische, die den ganzen Körper miteinbeziehen. Zu Beginn sind die dynamischen Formen sehr zu empfehlen, da sie erst einmal den Körper anstrengen und es dadurch später leichter wird, zu entspannen.
Meditation ermüdet nicht, sondern ist die reinste Form der »wachen Entspannung«.
Irgendwann werden Sie dann für Meditation keine gesonderte Zeit mehr einräumen müssen, sondern Sie sind einfach zu einem meditativen Menschen geworden: ausgeglichen, in sich ruhend, liebevoll und friedlich.
Ein anderer Schritt zur Erleuchtung ist: Loslassen.
Der Spatz in der Hand ist uns oft lieber als die Taube auf dem Dach, von der wir genau wissen, dass sie da ist. Um diese Taube in die Hand nehmen zu können, müssen wir den Spatz loslassen, und vor diesem Moment der Leere in unserer Hand haben wir Angst.
Lassen Sie mich dazu eine kleine Geschichte wiedergeben:
Es lebte einmal ein Mann, der aß mit Leidenschaft Nusskuchen. Die Nüsse hierzu waren in einem Krug aufbewahrt. Eines Tages wollte seine Frau ihm Nusskuchen backen. Der Mann nahm den Krug vom Schrank, griff gierig hinein, packte eine Handvoll Nüsse, und als er seine Hand herausziehen wollte, blieb er stecken. Er zog und zerrte, es nutzte nichts, die Hand steckte fest. Als er um Hilfe rief, kam seine Frau herbeigelaufen und zog an dem Krug. So sehr sie sich auch bemühte, die Hand steckte fest. Inzwischen hatten sich, angelockt durch das laute Gezeter der beiden, einige Nachbarn und andere neugierige Zuschauer eingefunden. Immer mehr Ratschläge und Spott kamen aus der Menge, aber nichts half.
Endlich trat ein Fremder aus der Menge hervor und verschaffte sich Gehör: »Willst du genau befolgen, was ich dir sage, so werde ich dir helfen, deine Hand zu befreien.«

»Oh, ich tue alles, was du mir sagst, wenn ich nur meine Hand wieder losbekomme und endlich meinen Nusskuchen essen kann«, erwiderte der Mann.
»Gut, dann lasse die Nüsse, die du in der Hand hast, los.«
»Aber warum denn das, ich möchte sie ja herausholen?«, jammerte der Arme.
»Da du versprochen hast, meinen Rat zu befolgen, tue, was ich dir gesagt habe«, antwortete der geduldige Fremde.
Der Mann tat es, die Nüsse fielen in den Krug zurück, und er konnte seine Hand ganz leicht aus dem Krug herausziehen.
Daraufhin nahm der Fremde den Krug, kippte ihn so, dass genau die richtige Menge an Nüssen herausfiel, und verabschiedete sich mit folgenden Worten:
»Siehst du, so einfach ist Loslassen.«
Wie oft geht es uns wie diesem Mann! Mit aller Macht wollen wir etwas erreichen, setzen unsere ganze Energie daran und müssen bald merken, dass wir festsitzen. Wohl dem, zu dem dann jemand wie in der kleinen Geschichte kommt, mit dessen Hilfe aus der Distanz heraus die Lösung ganz einfach gefunden werden kann. Diese Helferlein gibt es aber nicht wie Sand am Meer. Wenn Sie also wieder einmal an solch einem Punkt in Ihrem Leben angekommen sind, entspannen Sie sich, lassen Sie los, treten Sie ein Stück zurück und betrachten die Situation, als seien Sie ein Fremder - sozusagen aus der Vogelperspektive. Sie werden erstaunt sein, wie viele Lösungen Ihnen einfallen.
Ein sehr erfolgreicher Unternehmer, der öfter meine Seminare besucht, sagte einmal: »Meine Geschäfte gehen am besten, wenn ich hier bin. Wenn ich abschalte, mich ganz um mich selbst kümmere, etwas für meine Entwicklung tue, wenn ich *loslasse.* Dann kommen zu Hause in der Firma die größten Aufträge herein.«
Wenn Sie jetzt allerdings zu einem Seminar kommen, damit zu Hause die Geschäfte besser laufen, wird es nicht funktionieren, weil Sie ja nicht wirklich loslassen, sondern mit einer Absicht da sind. Loslassen bedeutet: Absichtslosigkeit.

In einer Garnisonsstadt gab es ein Offizierskasino, in dem eine sehr attraktive junge Frau die Gäste bediente. Jeder der Offiziere wünschte sich, zumindest einmal mit ihr auszugehen. Alle Avancen, ob indirekter oder aufdringlicher Art, scheiterten. Es gab unter all diesen Männern einen, der sie nie angeschaut hatte und der sich immer mit dem Rücken zur Theke gesetzt hatte. Den, der so offensichtliches Desinteresse gezeigt hatte, den hat sie letztendlich geheiratet.

Das, was Sie halten wollen geht, das, was Sie loslassen kommt.

Im Besonderen gilt dieser Satz für Beziehungen. Ein Mensch, den ich halten möchte - oft mit allen Mitteln -, wird gehen (und sei es auch nur innerlich), ein Mensch, den ich frei sein lasse, kann bleiben, denn Liebe ist ein Kind der Freiheit. Der schlimmste Satz, den man einem anderen Menschen sagen kann, lautet: »Ohne dich kann ich nicht leben.« Damit sagen Sie dem anderen nichts anderes, als dass Sie sich abhängig machen von ihm und ihm die Verantwortung für Ihr Wohl übergeben. Einen Menschen, der das sagt oder einen das auch nur spüren lässt, kann man aber nicht lieben, den muss man eigentlich hassen.

Woran es hier hapert, wird manchmal in einer dramatischen Weise klar. Dramatisch deswegen, weil es nicht wenige Menschen gibt, die Suizid begehen, wenn sie verlassen werden. Anstatt den Umstand des Verlassenwerdens und der damit erlebten Kränkung als Chance zu sehen, um an sich zu arbeiten und den Eigenanteil zu betrachten, bringt man sich um und gibt dem anderen die Schuld daran. So ist dessen Leben in einer auch für ihn oft unerträglichen Weise belastet.

Schauen Sie sich einmal um. Wie viele Menschen bleiben in Beziehungen oder an ihrem Arbeitsplatz, weil sie nichts Besseres in Aussicht haben oder nicht glauben, dass es etwas Besseres für sie gibt? Das Bessere kann aber erst in Ihr Leben treten, wenn Sie das Alte losgelassen haben. Und wirklich besser ist es erst, wenn Sie gelernt haben, wofür das Alte gut war, und wenn Sie es gewürdigt haben. Sonst erleben Sie das gleiche Drama in der neuen Beziehung oder am neuen Arbeitsplatz. Wir bekommen nämlich so lange das Gleiche vorgesetzt, bis wir unsere Lektion gelernt haben. Dies gilt, wie schon gesagt, im Großen wie im Kleinen, innen wie außen. Zu diesem Lernprozess gehört auch, dass Sie schließlich die Bewertungskriterien »besser« und »schlechter« loslassen und wertfrei das sehen können, was Ihrer Entwicklung dient.

Das größte Loslassen ist der »Tod«. Ich setze das Wort Tod in Anführungszeichen, weil es in Wirklichkeit keinen Tod gibt. Vielleicht ist das unsere größte Illusion: glauben, dass es den Tod gibt. In diesem Universum kann nichts »sterben«. Fragen Sie einen Physiker. Nichts kann vernichtet werden, sondern es erfolgt nur eine Zustandsänderung. Der geschmolzene Eiswürfel, ist ja auch nicht tot. Die äußere Form des Eiswürfels existiert zwar nicht mehr, aber das, was ihn ausmacht, das, was er ist, seine Essenz also, existiert weiter.

Dieses Universum besteht aus Energie in unterschiedlichsten Schwingungsmustern und Formen. Der Tod bringt uns in eine andere Schwingung, in einen anderen Seinszustand. Selbst unser Körper, egal ob er begraben oder verbrannt wird, verwandelt sich lediglich in eine andere Materie. Das was wir sind, unsere Seele, unser Geist - ganz wie Sie wollen-, wandert weiter zu neuen Aufgaben und neuem Lernen.

Ich habe einige Menschen sterben sehen, und immer hatte ich das Gefühl, es war letztlich ein freudiges Loslassen, auch wenn das Ego manchmal bis kurz vor diesem Moment heftig und im Schmerz gekämpft hat. Oft können sich die Sterbenden nicht lösen, weil sie die Trauer und den Schmerz der Angehörigen nicht ertragen können oder weil sie glauben, nicht alles Irdische geregelt zu haben, oder denken, die anderen könnten ohne sie nicht klarkommen.

Alles in diesem Universum verläuft zyklisch, alles ist ein großes Ausatmen und Einatmen. So auch unser irdisches Leben, das wir bei der Geburt einatmen - manchmal unterstützt durch einen Klaps auf den Hintern - und im Moment des Sterbens ausatmen. Das Trauern um einen Verstorbenen ist natürlich und gewollt. Aber an der Art und Weise des Trauerns können die Hinterbliebenen auch feststellen, wie leicht oder schwer ihnen das Loslassen fällt. Für sie ist der Tod eine Prüfung und gleichzeitig eine Chance.

Schauen Sie einmal genau hin. Sehr oft ist es so, dass die Hinterbliebenen betrauern, dass sie verlassen wurden, sie versinken in Selbstmitleid und spüren ihren Schmerz. Dass dies über einen gewissen Zeitraum passiert ist normal, nicht umsonst spricht man von einem Trauerjahr. Alles, was darüber hinaus geschieht, ist dem Entwicklungsprozess sowohl für die Hinterbliebenen als auch für den Toten hinderlich. Der Tote kann nicht »gehen«, er kann nicht in die nächste Stufe seiner von ihm geplanten universellen Entwicklung eintreten, und die Hinterbliebenen können sich schlecht auf ihre eigenen Aufgaben und Entwicklungen konzentrieren. Oft verlieren sie dabei sogar die, die noch leben, aus den Augen und verpassen die Chance, das zu lernen, was durch den Tod zu lernen ist. Alle Menschen, deren Eltern ein Kind verloren haben, können sicher ein trauriges Lied davon singen. Eine über einen »gesunden« Zeitraum hinaus andauernde Trauer kann sich sogar zu einer schweren Depression entwickeln. Dann nimmt man das eigene Leben nicht mehr, das einem ja einmal geschenkt wurde - meist in einem Akt der Liebe. Der Tod ist das große Loslassen - für den Sterbenden wie für die Lebenden.

In Griechenland kommen heute noch in einigen Dörfern nach dem Tod eines geliebten Menschen die so genannten Klageweiber in das Haus der Hinterbliebenen und helfen, zu trauern. Sieben Tage wird gewehklagt und damit den Betroffenen geholfen, ihrem Schmerz Raum und Zeit zu geben, sich auszudrücken. Danach kann diese Energie sich umwandeln in Freude und Dankbarkeit darüber, dass man mit dem Menschen, der gegangen ist, eine gewisse Zeit verbringen durfte.

Es gibt Kulturen, in denen ein großes Fest gefeiert wird, wenn jemand stirbt, weil man weiß, dass seine Reise weitergeht, und man ihn dazu beglückwünscht, seine Aufgaben in diesem Leben erfüllt zu haben. Schon die alten Ägypter wussten, dass die Reise nach dem Tod weitergeht, was die zahlreichen Grabbeilagen in den Pyramiden deutlich beweisen. Neuere Ausgrabungen zeigen, dass sogar die Menschen der Steinzeit rituelle Bestattungen kannten und den Toten

Gegenstände mit ins Grab legten. Durch die Entdeckung sehr alter Stämme in Neuguinea, die in ihrer Entwicklung sich selbst überlassen waren, also keinem Einfluss von außen erlagen, kam zu Tage, dass auch diese Menschen an ein Leben nach dem Tod glauben. Jetzt könnte man behaupten, dass es sich dabei um ein Wunschdenken handelt, um etwas, das sich entwickelte, um mehr aus dem Leben zu machen als es eigentlich ist. Auch, dass es sich bei diesem Glauben um ein Mittel handelt, sich den Umgang mit dem Tod erträglicher zu machen, wird ins Felde geführt. Bei dem Leben nach dem Tod scheint es sich aber vielmehr um ein intuitives Wissen der Menschheit zu handeln, denn die meisten Menschen (85 %) auf diesem Planeten glauben daran. Ob es nun ein Leben nach dem Tod gibt, mag dahingestellt sein, viel wichtiger ist jedoch die Frage: Gibt es ein Leben vor dem Tod? Richard Bach, der Autor vieler Bücher, unter anderem des Titels »Die Möwe Jonathan« sagte einmal: *»Ein Beweis dafür, ob deine Mission auf dieser Erde erfüllt ist: Wenn du noch lebst, ist die es nicht.«*

Ein weiterer wichtiger Schritt zur Erleuchtung ist neben dem Loslassen das Nehmen der Verantwortung.

Erinnern Sie sich an das Hermetische Gesetz »Innen wie außen«, alles, was im Kleinen ist, hat seine Entsprechung im Großen wie auch umgekehrt.

So gesehen, ist die Erde der symbolische Körper des Bewusstseins all derer, die auf ihr leben. Demzufolge sind die Erscheinungen, die die Erde zeigt, Symptome, Signale und Hinweise darauf, wie sich unser Bewusstsein zu verändern hat.

Die Symptome, die uns unsere »Umwelt« zeigt, werden zurzeit mit Methoden der Schulmedizin behandelt. Das heißt, es wird geflickt und repariert. Lediglich das Symptom wird behandelt. Symptome haben aber die Tendenz, sich zu verlagern, das heißt, an einer anderen Stelle wieder aufzutauchen. Es ist so ähnlich, als wenn man versucht, ein Stück Seife in einer Badewanne zu fassen. *Was diese Erde braucht, ist eine Veränderung des Bewusstseins.*

Schon der Begriff »Umwelt«, der so häufig in Zusammenhang mit

Verschmutzung und Klima gebraucht wird, führt in die Irre, weil er uns von der restlichen Welt trennt. Er absorbiert den Einzelnen und vollzieht eine Trennung. Diese Welt besteht aber nicht aus Einzelteilen. Niemand ist eine Insel, alles ist miteinander verwoben, man kann es gar nicht oft genug sagen: nicht nur der Mensch mit dem Menschen, sondern Tiere und Menschen, Pflanzen und Tiere, Steine, Luft und Wasser. All das sind Teile dieses großen Systems Erde, die wiederum ein Teil des Systems »Universum« ist.

Wie groß die »Innenweltverschmutzung« ist, lässt sich nur sehr ungenau anhand der Suchtstatistiken, des Alkohol- und Medikamentenmissbrauchs, der zunehmenden Verrohung unserer westlichen Gesellschaften, dem Werteverfall, den jeder beklagt, aber niemand stoppt, ablesen. Dass aber auch dies alles System hat, dazu komme ich später noch.

Eine Behandlung mit Katalysatoren und verschärften Gesetzen kann nur dann wirklichen Erfolg haben, wenn auch gleichzeitig das Bewusstsein der Verursacher in die Behandlung miteinbezogen wird. So wie jede Krankheit ein Hinweis auf eine Disharmonie im Gesamtsystem ist, so sind auch unsere großen Krankheiten und Seuchen Hinweise für uns alle. Jede große Seuche, die besiegt wurde, zog auch ein verändertes Bewusstsein nach sich. So trat zum Beispiel nach der Pest ein anderes Hygienebewusstsein auf. Es ist sicherlich auch kein Zufall, dass eine große Seuche unserer Zeit den gleichen Namen hat wie das englische Wort für Hilfe, nämlich Aids. Jede Krankheit, jede Katastrophe hat aber ihren tieferen Sinn, den es zu entschlüsseln und zu verstehen gilt. Warten wir es ab, was uns die Vogelgrippe bringt, durch die wir ja erleben, wie eng wir weltweit miteinander verwoben sind und dass sich niemand wirklich abgrenzen kann. Der Himmel entzieht sich noch unserer Kontrolle. Es kann wohl schon als Ironie bezeichnet werden, wenn am 20. Oktober 2005 ein Professor im Fernsehen vor Panikmache warnte mit dem Hinweis, dass die Vogelgrippe ja weit weg sei, und am 25. Oktober in Deutschland die ersten verendeten Zugvögel gefunden wurden.

In der Regel sehen wir in Krankheiten etwas Feindliches, das es zu

bekämpfen gilt. Zwei Behandlungsmethoden stehen sich gegenüber. Die eine behandelt das Symptom und lehnt einen Zusammenhang zwischen psychischem Verhalten, der Lebenssituation und -einstellung des Kranken ab. Die Krankheit ist hinderlich und muss so schnell wie möglich weg. Davon lebt eine ganze Industrie sehr gut. Die Errungenschaften und Entwicklungen unserer modernen Medizin haben vielen Menschen das Leben gerettet und verlängert, doch das Bewusstsein vieler Mediziner ist nicht mitgewachsen. (Ich weiß, dass es Ausnahmen gibt.) Der Fortschritt der Technik ist sehr gut, doch er wird nicht viel nutzen, wenn der Geist sich nicht mitentwickelt.
Die andere Methode beruht auf der Ansicht, dass der Mensch selbst die Ursache seines Leids ist und dass die Krankheit ihm lediglich etwas aufzeigen möchte. Sie sieht die Krankheit als einen Freund und Wegbegleiter. Immer, wenn man seinen Weg verlässt, wird sich dieser Freund melden. Dadurch wird man wieder an seine Verantwortung erinnert. Der erleuchtete Mensch wird die Verantwortung für sein Leben nicht in die Hände eines fremden Arztes geben, mag er noch so einen guten Ruf haben, sondern er wird sie selber nehmen.
Ich möchte Sie noch einmal daran erinnern, dass wir in einem Kosmos leben. Kosmos bedeutet Ordnung. Wir sind lediglich ein Teil dieser Ordnung. Der Begriff Ordnung kann hier allerdings in die Irre führen, wenn Sie darunter »aufgeräumt« verstehen. Ordnung meint hier eine Gesetzmäßigkeit, nach der sich die Existenz richtet. Dieser Kosmos, oder anders ausgedrückt: diese Existenz, wird dafür sorgen, dass alles in seinem Gleichgewicht bleibt.
Genau das, was für den Kosmos gilt, gilt auch für den kleinen Kosmos, nämlich für Sie. Jeder Mensch ist ein eigenes Universum, ja sogar jede Zelle ist ein eigenes Universum. Sie sind der Schöpfer Ihres Universums. Im Kleinen wie im Großen. Im Grunde ist es ganz einfach, weil die Gesetzmäßigkeit immer und überall die gleiche ist. Das, was nicht immer das gleiche ist, ist unser Erkennen dieser Gesetzmäßigkeiten. Darum kümmern sich diese Gesetze aber nicht. Sie sind unabhängig von den Bewertungen unseres Verstandes.
Mit zunehmendem Erkennen dieser Gesetzmäßigkeiten wird es

immer weniger »Wunder« in Ihrem Leben geben. Wunder sind nämlich lediglich Dinge, die wir uns nicht erklären können, oder Dinge, von denen andere nicht wollen, dass wir sie erkennen.
Unsere Aufgabe ist es, Harmonie herzustellen. Wenn wir dies nicht schaffen, müssen wir gehen. Chancen hatten wir genug.
Das Spiel, das Adam und Eva im Paradies begonnen haben, nämlich das der *Schuldzuweisung*, ist, wie bereits gesagt, bis heute noch sehr aktuell. Schuld geben heißt Verantwortung abgeben. Auch in den eindrucksvollsten Begegnungen unseres Lebens, in unseren Liebesbeziehungen, geben wir die Schuld für das Nichtfunktionieren gerne dem Partner. Indem wir aber die Verantwortung abgeben, nehmen wir uns auch gleichzeitig die Möglichkeit, etwas zu verändern. Wir werden immer darauf warten müssen, dass der andere etwas ändert, und das kann sehr lange dauern.
Verantwortung abgeben heißt, das Erleben seines Lebens in die Hände eines anderen legen.
Sie sind für Ihr Erleben des Lebens verantwortlich, ob Sie das so sehen oder nicht. Natürlich sind Sie versucht, für Ihre »schlechten« Gefühle andere verantwortlich zu machen, ja, sogar das Wetter muss zuweilen herhalten. Sie sind aber für all ihre Gefühle verantwortlich.
Lassen Sie es mich an einem Beispiel deutlich machen:
Sie fahren morgens mit Ihrem Auto zur Arbeit. Sie fahren auf einer Vorfahrtstraße, den Weg, den Sie immer fahren. Ihre Geschwindigkeit ist den Umständen angepasst, alles ist in Ordnung. Vielleicht freuen Sie sich sogar auf Ihre Arbeit. Bis zu dem Moment, in dem aus einer Einfahrt ein Auto herausgeschossen kommt, Ihnen direkt vor den Kühler. Sie machen eine Vollbremsung und verhindern knapp den Auffahrunfall. Wahrscheinlich werden Sie sehr schimpfen und den anderen mit allen möglichen Namen bedenken. Sie ärgern sich - und bitte -, bekommen Sie mit: Sie ärgern sich. Ihre gute Laune ist weg, der Blutdruck ist erhöht, und Sie nehmen den Ärger vielleicht noch bis zur Arbeitsstelle mit. Es dauert jedenfalls seine Zeit, bis er verraucht ist.
Sie hätten aber auch so reagieren können: Nachdem Sie durch die Vollbremsung einen Unfall verhindert haben, loben Sie sich inner-

lich, weil Sie so hervorragend reagiert haben, zudem noch in einem Moment, in dem Sie nicht mit so etwas gerechnet hatten. Sie bedanken sich bei sich selbst für all das, was Sie sich erspart haben: Unfallschaden, Versicherung, eventuell sogar Verletzungen. Mit dieser Reaktion werden Sie Ihren gut begonnenen Tag ungehindert fortsetzen und sogar Ihren Kollegen stolz davon berichten.

Keine Sache und kein Ding enthält Freude in sich, es sind immer Sie, der sich darüber freut. Und mit dem Ärger ist es ganz genauso.

Das Bewusstsein

In der Zeitschrift »Was ist Erleuchtung«, Ausgabe 11, sagt Dr. Goswami, ein amerikanischer Physiker, der den wissenschaftlichen Gottesbeweis antreten möchte:
»Ich hatte das Glück, durch die Quantenphysik erkennen zu können, dass alle Paradoxa der Quantenphysik gelöst werden können, sobald wir Bewusstsein als Urgrund des Seins anerkennen. Das war mein spezifischer Beitrag - hier liegt natürlich das Potenzial für einen Paradigmenwechsel, denn nun können Wissenschaft und Spiritualität einander wirklich ergänzen.«

Erinnern Sie sich an den Denker und den Beweisführer!
Am Anfang von allem muss Bewusstsein gewesen sein, denn Bewusstsein ist noch über dem Denken oder dem Verstand angesiedelt. Das Bewusstsein kann nämlich den Denker beobachten, wie Sie es in der Meditation erleben können. Dieses Bewusstsein möchte ich *Allbewusstsein* nennen, ein Bewusstsein, das sich seines Selbst vollkommen bewusst ist: Viele nennen dieses Bewusstsein Gott. Damit geben sie dieser Energie aber schon eine Form, obwohl man der Formlosigkeit doch keine Form geben kann. Wir versuchen, uns so das Unbegreifliche begreiflich zu machen. Dies wird aber immer eine Illusion bleiben.
Wenn Sie das Wort »Gott« nicht mehr hören können, weil es bei Ihnen negativ besetzt ist, kann ich das gut verstehen. Wahrscheinlich mußte der »liebe« Gott in Ihrem Leben schon für vieles herhalten. Für ein Kind ist Gott oft die wichtigste Person neben Vater und Mutter, und von vielen Eltern wird Gott oder seine Helfer, das Christkind oder der Nikolaus, als »Supernannys« gründlich missbraucht: »Der liebe Gott sieht alles«, also selbst das, was den Eltern vielleicht verborgen

bleibt. Auch die geheimen Wünsche und Sehnsüchte des Kindes, denn Gott hat die Fähigkeit, in uns hineinzuschauen, ja schlimmer, er weiß sogar schon, was wir denken werden.
Hier hat die Kirche kräftig mitgeholfen. Aber die Kirche ist ja auch »wir«. Sie kann es nur so geben, weil es uns so gibt, wie wir sind. Auch sie ist ein Spiegel, wir sind nicht nur das Volk.
Was tun Menschen nicht alles, damit Gott an ihnen »Wohlgefallen« hat. Uns wurde auch noch gesagt, dass wir diesen Gott »fürchten und lieben« sollen. Ziemlich verrückt, nicht wahr? Jemanden, den ich fürchte, kann ich nicht lieben. Aber dies ist nicht die einzige Doppelbödigkeit, mit der ein Kind heranwächst. Wir sollen ein gottesfürchtiges Leben leben. Was bedeutet aber ein Leben in Furcht? Die Antwort liegt auf der Hand. Was mag in einem Kind alles vorgehen, das mit seinen »Verfehlungen« und »Sünden« diesem »allmächtigen«, aber leider unsichtbaren Gott vollkommen ausgeliefert ist? Einem Gott, der ohne Erbarmen zusieht und zuhört und permanent mit Gedankenlesen beschäftigt ist! Dieses Kind wird sich mit Sicherheit noch winziger vorkommen, als es das in der Erwachsenenwelt ohnehin schon ist.
Wir beten sogar noch: »Herr erhebe Dein Antlitz über uns ...«, womit die Ursache dieses Übels klarer werden kann: Wir selbst sind es, weil wir die Verantwortung nach außen abgeben. Wir drücken uns vor der Verantwortung, wir wollen nicht erwachsen werden.
Gott hat sicherlich ganz andere Dinge zu tun, als ständig seine Geschöpfe zu überwachen, von denen er ja selbst gesagt haben soll, dass sie ihm »gut« gelungen wären.
Wohl dem Kind, dem von einem gütigen, verzeihenden Gott berichtet wurde und das es vor allem durch und in seinen Eltern einen solchen Gott kennen lernen durfte. Da Kinder vorwiegend am »Modell« lernen, werden sie solche Eigenschaften wie Güte und Vergebung übernehmen. Wie auch immer Ihr Gottesbild aussieht, Sie sind der einzige Mensch, der es verändern kann, Gott wird es jedenfalls nicht für Sie tun. Fangen Sie heute damit an, sich Folgendes vorzustellen: Gott ist alles. Wenn es auf dieser Welt irgendetwas gibt, das nicht Gott

ist, dann gibt es keinen Gott. Folglich gibt es auch keinen Teufel. Das ist Denken in der Dualität, schwarz-weiß.
Aber: Alles ist Eins, und jeder von uns ist Teil dieses Allbewusstseins.
»Vielleicht haben alle Menschen zusammen eine Seele, und jeder ist ein Teil von ihr.« (Aus dem Anti-Kriegsfilm: »Der schmale Grat«.)

Solange auf diesem Planeten, dem Träger des Bewusstseins all seiner Bewohner, irgendwo etwas nicht in der kosmischen Ordnung ist, ist jeder Teil dieses Bewusstseins dafür mitverantwortlich. Wie wichtig Bewusstseinsarbeit für uns alle ist, kann jeder erkennen, der mit offenen Augen durchs Leben geht. Was wir brauchen, ist eine dringende Neuordnung des Denkens. Diese Neuordnung muss notwendigerweise bei jedem Einzelnen selbst beginnen. Denn wer nicht an sich arbeitet, an dem wird gearbeitet.
Zurzeit geschieht dies an allen Ecken und Enden dieser Welt.
Unsere Erde ist Träger des gesamten Bewusstseins und wehrt sich mehr und mehr gegen das, was geschieht. Sie wird dafür sorgen, dass sich dieses Bewusstsein, unser aller Bewusstsein, verändert, wobei eine Auslöschung ja auch eine Veränderung darstellt. Es gibt immer häufiger Überschwemmungen, Erdbeben, gigantische Stürme und Feuersbrünste. Alleine im Jahr 2005 haben alle Elemente - Feuer, Wasser, Luft und Erde - für unglaublich große Katastrophen gesorgt (Feuer in Portugal und den USA, Tsunami in Sumatra und Überschwemmungen in China, auf den Philippinen, in der Schweiz und in Österreich, Hurrikans in New Orleans, Florida, Mexiko und Guatemala, Erdbeben in Japan, Pakistan und Kaschmir). Alleine im Jahre 2005 kamen bei diesen Katastrophen fast eine Million Menschen ums Leben. Extreme Naturkatastrophen haben sich in den letzten 30 Jahren verdreifacht, und da sich innerhalb der letzten 200 Jahre die Menschheit versechsfacht hat, sterben natürlich auch immer Menschen bei solchen Ereignissen.
Es ist übrigens noch gar nicht so lange her, dass die Menschen in solchen Fällen glaubten, es handle sich um ein Strafgericht Gottes

oder der Götter. Erst seitdem wir jede Erklärung in Wissenschaft und Technik suchen, haben wir andere Gründe gefunden. Wie auch immer, das ändert nichts an der Tatsache, dass es so nicht weitergehen kann.

Wenn es die Erde in ihrer jetzigen Form nicht mehr geben wird, wird man sagen, es sei eine riesige Naturkatastrophe gewesen. Dies wird eine Lüge sein, denn sie wurde von Menschen gemacht.

Bisher haben wir uns so benommen, als gehöre uns dieser Planet und als könnten wir jederzeit einfach umziehen. Wir gehören aber lediglich zu den Untermietern. Wenn sich ein Untermieter nicht an die Hausordnung hält, wird er zunächst einmal angemahnt, und wenn er sich nicht ändert, wird ihm gekündigt, unter Umständen mit Zwangsräumung. Genau dies wird geschehen, wenn wir uns und unser Denken nicht schleunigst ändern, schnell und radikal.

Ihr Verstand wird sich permanent dagegen wehren. Er will so weitermachen wie bisher, nur besser soll es gehen. Er verfolgt diese Linie mit dem Trotz eines Dreijährigen. Der Trotz eines Dreijährigen ist vollkommen in Ordnung - für einen Dreijährigen. Dabei werden wir auch unterstützt von all den Leuten, die sogar »wissenschaftliche Beweise« dafür liefern, dass es so schlimm ja gar nicht ist. Überlegen Sie dann einmal für einen Moment, wer wissenschaftliche Untersuchungen bezahlt.

Erinnern Sie sich an das erste hermetische Axiom: Alles ist Geist. Wir haben die Macht, die Dinge zu verändern, wenn wir anders denken. Auch wenn wir uns nicht mit diesen Gedanken beschäftigen, schaden wir uns und der Welt. Denn das heißt für das schöpferische Ganze, dass wir es hinnehmen und zufrieden mit den Zuständen sind. Jeder kann, zum Beispiel durch Meditation, seinen eigenen geistigen Schwingungszustand erhöhen und damit auf das schöpferische Bewusstsein aller einwirken. Er muss noch nicht einmal seine Bahn verlassen, denn alles schwingt ja nur zwischen zwei Polen, wie Sie sich sicher erinnern werden. Negatives Denken liegt auf der gleichen Achse wie positives Denken, man muss sich nur umdrehen. Und hat Jesus nicht auch gesagt: »Kehret um!«?

Die Bewusstseins-Pyramide

Die neue Hirnforschung hat das menschliche Bewusstsein in der Großhirnrinde, die die äußere Nervenzellschicht des Großhirns bildet, lokalisiert. Also am allerhöchsten Punkt des menschlichen Körpers, der Stelle, die uns zuallererst mit etwas Höherem verbinden könnte. Die goldenen Kronen der Könige symbolisieren dicse Verbindung, denn ein König sollte eine Verbindung zu einem Höheren Selbst haben, damit er weise Entscheidungen treffen kann. Und Gold war schon immer Symbol für reines Bewusstsein.

Wenn wir vom Bewusstsein sprechen, ist es hilfreich, sich dieses mehrdimensional vorzustellen, und ich schlage als Modell eine Pyramide mit **mehreren Ebenen** vor.

Auf einigen Ebenen dieser Pyramide sind Sie zwangsläufig, weil Sie leben. In die anderen Ebenen zu gelangen, wird schon schwieriger. Die Ebenen sind zwar eng miteinander verbunden, werden aber nicht immer transparent.

Sie betreten diese Pyramide und sind zunächst in der **ersten Ebene**, der *des tiefen Schlafs*. Hier ist der Mensch sowenig bei Bewusstsein, dass er von seinem Dasein nichts weiß. Es ist auch der Raum des Komas und des Schlafwandelns. Hier sind Sie von Natur aus, hier wird Ihre »Batterie« aufgetankt, hier zu sein, ist für Ihr Überleben ein »Muss«. Der Herzschlag ist da, die Atmung und alle notwendigen lebenserhaltenden Maßnahmen geschehen von allein. Glauben Sie das? Von alleine geht überhaupt nichts. Sie haben es gewählt, und Sie sorgen dafür, dass es geschieht. Es ist Ihnen zur Natur geworden.

Die Natur garantiert Ihnen das Betreten der **zweiten Ebene** Ihres Bewusstseins, nämlich der Ebene *des Schlafs mit Träumen* und *des wachen Schlafs*.

Wissenschaftliche Untersuchungen haben gezeigt, dass der Mensch ohne Träume wahrscheinlich nicht überleben könnte, oder wenn, dann nur in einem Zustand der Psychose. Testpersonen, die man träumen ließ, fühlten sich wesentlich wohler als diejenigen, die man zwar schlafen, aber nicht träumen ließ. Nun, wie hat man das gemacht?

Ganz einfach: Gewöhnlich beginnt bald nach dem Einschlafen die erste Traumphase, die durch gut sichtbare Augenbewegungen unter den geschlossenen Lidern des Schläfers eingeleitet wird. Die Phase wird REM-Phase genannt (rapid eye movements). Aber auch die messbaren Hirnströme zeigen deutliche Veränderungsmuster. Wird jemand jetzt geweckt, wird er keinen Traum haben. Danach darf er wieder einschlafen, wird jedoch bei neuerlichem Traumbeginn wieder geweckt. Die Testpersonen konnten also schlafen, ohne zu träumen. Andere Testpersonen wurden wach gehalten. Nach einiger Zeit stellten sich bei ihnen Halluzinationen ein, d. h., sie träumten, ohne zu schlafen. Diese zweite Testgruppe schnitt bei Nachuntersuchungen bezüglich ihres Wohlbefindens wesentlich besser ab.

Chuang-Tse wachte eines Morgens auf.
Er hatte geträumt, er sei ein Schmetterling.
Nun sprach Chuang-Tse zu sich:
»Ich träumte, ich sei ein Schmetterling,
und nun weiß ich nicht, bin ich Chuang-Tse, der träumte,
er sei ein Schmetterling,
oder bin ich ein Schmetterling, der träumt,
er sei Chuang-Tse?«

Wir haben weitgehend verlernt, auf unsere Träume zu achten beziehungsweise deren Aussagen zu verstehen und sie in unser Leben zu integrieren. Dabei sind Träume vielleicht sogar das Umfassendste, was es im menschlichen Sein noch zu verstehen gibt. In unseren Träumen können wir mit einem Teil unseres Bewusstseins das Irdische verlassen und durch Zeit und Raum wandern. Möglicherweise ist der Traum eine Art Vorgeschmack auf das, was dem menschlichen Bewusstsein wirklich möglich ist. Sicherlich aber hat der

Traum mehr Funktionen als die von Sigmund Freud entdeckten. Hirnhemisphärisch betrachtet sind wir linkslastig geworden. Das heißt, wir benutzen mehr den Teil des Gehirns, der für unser logisches Denken und die gesprochene Sprache zuständig ist.
Die rechte Gehirnhälfte als Sitz des bildhaften »Denkens«, der Intuition und der Emotionen ist in unserer Kultur mehr und mehr in den Hintergrund gedrängt worden. Und dennoch gibt es keine Entscheidung, keine Handlung, die nicht von einer oder mehreren Emotionen bestimmt wäre. Reine Verstandesmenschen gibt es gar nicht, auch wenn viele es noch so gerne behaupten. Aber irgendwie scheinen Gefühl und Intuition nicht in unsere Leistungsgesellschaft hineinzupassen. Nach einer in den USA bei erfolgreichen Topmanagern durchgeführten Untersuchung kam allerdings heraus, dass diese fast ausschließlich intuitiv entscheiden und bei ASW-Tests (außersinnliche Wahrnehmung) schnitten diese Leute überdurchschnittlich gut ab. Der Begriff »außersinnliche Wahrnehmung« führt sowieso in die Irre, weil es diese nicht gibt. Es scheint »Sinne« zu geben, die von den meisten Menschen nicht benutzt werden, weil sie nicht glauben, dass sie sie besitzen.
Um wie viel kreativer könnten wir sein, wenn wir uns erlauben würden, die rechte Hirnhälfte in unserem ganz normalen Alltag intensiver »mitspielen« zu lassen, was zum Beispiel durch Meditation ganz einfach wäre.
Natürlich bewundern wir die Bilder berühmter Maler oder die Werke anderer kreativer Menschen, aber in unserem eigenen Leben machen wir unsere Entscheidungen doch eher von der »Meinung« der linken Hirnhälfte abhängig - zumindest glauben wir das. Die linke Hirnhälfte scheint zwar nach den Maßstäben unseres Gesellschaftssystems »lebenstüchtiger« zu sein, die rechte ist ihr aber sicherlich, was die »Lebensqualität« anbelangt, überlegen. Mit Lebensqualität meine ich die Fähigkeit eines bewussten, in die Natur der Dinge eingebetteten Lebens.
Bei den Irokesen und den Sioux wurden die jungen Männer während ihrer Mannbarkeitsriten tanzend um ein Feuer geführt. Rechts und

links je ein alter Schamane, von denen jeder dem Jüngling seine Botschaft ins Ohr sang oder rief, und zwar gleichzeitig. Auf diese Weise wurden beide Gehirnhälften erreicht, da der Schüler in Trance war. Heute wissen wir wieder, wie wichtig das gleichberechtigte Nebeneinander der beiden Hemisphären für unser Gesamtbewusstsein ist.

Als Paradebeispiel für den Umgang mit Träumen möchte ich hier die Irokesen erwähnen. Sie hatten eigentlich nur einen Gott - den Traum. Sie führten alle Anweisungen, die sie im Traum erhielten, durch. Und wirklich alle. Sogar wenn ein Stammesbruder geträumt hatte, seine Hütte brenne ab, so wurde dieselbe am nächsten Tag feierlich verbrannt. So sehr vertrauten diese Menschen der Weisheit ihres Unbewussten. Wenn es ihr Verstand auch nicht verstehen konnte, so wussten sie doch um jenen Teil des Menschen, der als »der Weise« bezeichnet werden kann. Dieser »Weise« gibt uns wertvolle Hinweise für die Gestaltung unseres Lebens und unser »Eingebettetsein« in diese Welt, wenn er beachtet und respektiert wird.

Der amerikanische Anthropologe Dr. Anthony C.F. Wallace von der Universität Pennsylvania schrieb 1958 eine Arbeit über die Traumkultur der Irokesen. Er stellte für ihn überraschende Gemeinsamkeiten zwischen den Traumtheorien dieser Indianer und denen Sigmund Freuds fest. So überraschend finde ich dies gar nicht, denn wenn etwas wahr ist, ist es überall wahr. Für beide war der Traum der Ausdruck der Seele. Jeder Psychotherapeut weiß das. So waren sich die Irokesen schon darüber im Klaren, dass sich in Träumen auch unbewusste Wünsche ausdrückten und dass der Träumende selbst diese oft nicht deuten konnte. Um sich über die Inhalte ihrer Träume klar zu werden, setzten die Indianer Techniken ein, die die heutige Psychotherapie ebenfalls benutzt.

Es gibt sehr hilfreiche Methoden, mit Träumen zu arbeiten.

Vom Nachschlagen in irgendwelchen Traumdeutungsbüchern rate ich Ihnen ab. Das ist etwas für Hobbypsychologen, die sich dann bei ihren Freunden als Traumdeuter aufspielen. Die Traumsymbolik ist zu individuell, um sie einem Lexikon zu überlassen.

Als sehr nützlich habe ich folgende Methode erlebt: Der Träumer erzählt seinen Traum noch einmal so, als spiele er sich im Moment des Erzählens ab, also in der Gegenwart. Schon beim Erzählen werden oft Inhalte spontan klar oder können vom Therapeuten hinterfragt werden. Hierbei wird nach der Methode der freien Assoziation gearbeitet. Das heißt, spontanen Einfällen des Träumers zu fehlenden Fragmenten seines Traums wird viel Raum gelassen, und sie haben unbedingt Vorrang vor der Interpretation des Therapeuten.
Sind in dem Traum mehrere Personen beteiligt, lässt der Therapeut den Klienten den Traum in allen Rollen erzählen. Der Träumer nimmt also nach und nach jede Position innerhalb seines Traums ein. Da der Traum, oder besser gesagt das Unbewusste, die Tendenz hat, Botschaften verschlüsselt zu übermitteln, kann man oft interessante Tatsachen aus einer scheinbaren Nebenrolle erfahren.
Eine weitere, etwas aufwendigere Methode, die sich aber gut in Gruppen anwenden lässt, ist das »Traumtheater«:
Nachdem der Träumer seinen Traum den Anwesenden möglichst ausführlich erzählt hat, spielen einzelne Teilnehmer diesen Traum wie ein Theaterstück nach. Der Träumer ist der Regisseur, spielt also nicht selbst mit, sondern gibt die Anweisungen für das Traumszenarium. Jetzt ist er also gleichzeitig Beobachter seines eigenen Traums, den er durch diese Methode nach außen verlagert hat. Hierbei werden, auch durch die Mitteilungen und spontanen Einfälle der »Schauspieler«, wichtige Trauminhalte deutlicher.
Wie »real« Träume sein können, wissen Sie wahrscheinlich aus eigener Erfahrung, wenn Sie aus einem intensiven Traum aufwachen und einige Zeit benötigen, sich in Ihr Tagesbewusstsein hineinzuorientieren.
Träume bewirken sogar biologische Vorgänge, wie die Ausschüttung von Hormonen oder eine Erektion beim Mann.
Ein Zenmeister sagte einmal: »Im Stein schläft das Bewusstsein, in der Pflanze träumt es, im Tier beginnt es aufzuwachen und im Menschen erwacht es.« Ich kann uns nur allen wünschen, dass dieser Meister Recht hat. Aber wo viel Schatten ist, muss ja auch Licht sein.

Trauen Sie sich auch tagsüber zu träumen, Ihre Visionen zu formen. Diese Visionen sind wie Magnete und Ihre Realität von morgen. Träumen Sie Ihre eigenen Träume, und nicht die, die Ihnen vorgegeben werden.
Sie können sich ihre Welt erschaffen.
»Woher kommt die Kraft, im Kampf über sich selbst hinauszuwachsen? Vielleicht entsteht sie aus dem Risiko, alles für einen Traum aufs Spiel zu setzen, von dem niemand sonst etwas weiß.« (Aus dem Film: »Million Dollar Baby« von Clint Eastwood)

Kinder haben noch die Fähigkeit der Tagträumerei, aber sie wird ihnen aberzogen: »Hör auf zu träumen ...« »Träume sind Schäume.« - und durch vieles mehr. Sehr schnell wird Kindern beigebracht, was die »Realität« ist. Als wenn es so etwas gäbe!
Laden Sie Ihre Träume ein. Legen Sie abends Schreibzeug oder ein kleines Diktiergerät neben Ihr Bett. Dann können Sie, wenn Sie unmittelbar nach einem Traum aufwachen, diesen gleich notieren. Tun Sie es wirklich sofort, wenn Sie aufwachen, und verschieben Sie es nicht bis zum Morgen; denn dann ist das Meiste vergessen.
Führen Sie außerdem vor dem Einschlafen eine kleine Übung durch, die Sie im Übungsteil dieses Buches finden.
Die Grenze zwischen der zweiten und der dritten Ebene ist sehr durchlässig. Das wird jeder bestätigen, der nach einem Traum aufwachte und eine Zeit lang brauchte, um sich zu orientieren.

Die **dritte Ebene** ist die *des wachen Schlafs*. Hier halten Sie sich tagsüber meist auf.
Wahrscheinlich gefällt es Ihnen nicht, das zu lesen, aber dieses Buch soll Ihnen auch nicht »gefallen«. Dieses Buch soll Ihnen helfen, mehr Bewusstheit in Ihr Leben zu bringen.
Aufgrund meiner langjährigen Erfahrung aus der Arbeit mit Menschen, die etwas in ihrem Leben verändern wollten, kann ich Ihnen sagen: Das, was Ihrem Verstand *nicht* gefällt, hat außerordentlich gute Chancen, eine Veränderung zu bewirken.

Ihr Verstand hat die Fähigkeit, Sie so lange in »Gefallen« einzulullen, bis Sie daran glauben. Ihr Intellekt ist der Letzte, der eine Veränderung möchte. Er ist auf Überleben trainiert, und für ihn bedeutet jede Veränderung eine massive Bedrohung. Der Verstand funktioniert wie ein programmierter Computer. Und er ist programmiert, da können Sie sicher sein. Leider zum Großteil nicht von Ihnen selbst. Alle Erlebnisse Ihres Lebens sind dort gespeichert und nach »hilfreich« oder »bedrohlich« sortiert.

Ein Kind, das in seiner Bewegungsfreiheit eingeengt wurde, sei es in seiner körperlichen oder seelischen, wird lernen, sich mit dieser Unfreiheit zu arrangieren, das heißt, sich so einzurichten, dass es überleben kann. Die Folge davon werden Verspannungen aller Art sein, sowohl körperliche als auch seelische. Jeder Versuch von außen, diese Verspannungen zu lockern, wird vom Verstand mit massiver Angst beobachtet werden. Da die meisten der Programme automatisch ablaufen, nenne ich diesen Zustand »wacher Schlaf«. Mit wachem Schlaf meine ich auch Ihre »alltäglichen« Verrichtungen, all das, was routinemäßig verläuft, wie das Aufstehen nach dem Läuten des Weckers, das Ankleiden, der Weg zur U-Bahn, das Einnehmen der Mahlzeiten usw. Schauen Sie sich doch mal in der U-Bahn oder der Kantine ganz bewusst um. Sehen viele Menschen nicht ein wenig aus wie Roboter?

In der Routine liegt eine große Gefahr: die Macht der Gewohnheit, die Sie in Unbewusstheit verharren lässt. Haben Sie sich schon einmal überlegt, warum vielen »alltäglichen« Dingen der Nimbus des Langweiligen anhaftet? Ich werde Ihnen den Grund verraten: Weil Sie es geschehen lassen, dass es so ist. In Wirklichkeit wiederholt sich nichts. Nichts und niemand ist das oder der Gleiche, das bzw. der er gestern war. Sie erwarten das zwar, weil es bequemer ist, aber es ist der Nährboden für Enttäuschungen. Vielleicht kennen Sie den Film mit Bill Murray »Und täglich grüßt das Murmeltier«. Hier wird auf humorvolle Art und Weise demonstriert, dass wir sehr wohl die Möglichkeit haben, in die Alltagsroutine schicksalswendend einzugreifen.

Enttäuschungen entstehen aus Erwartungen, Ihren Erwartungen wohlgemerkt. Erwartungen wiederum bilden den Nährboden für Täuschungen. Seien Sie deshalb jedem dankbar, der sie enttäuscht, denn er hat Ihre Täuschung beendet. Niemand auf der ganzen Welt ist da, um Ihre Erwartungen zu erfüllen, genau wie auch Sie nicht dazu da sind, um so zu sein, wie jemand Sie haben möchte.

Auf den ersten Blick hört sich das sehr verlockend an, bringt aber wieder mehr Verantwortung in Ihr Leben. Sie werden mehr und mehr zum agierenden Menschen statt zum reagierenden. Das Einzige, was Sie erwarten dürfen, ist, dass das Leben Sie jeden Tag neu beschenkt. Und Sie werden immer das bekommen, was Sie gerade brauchen, aber das wird nicht immer das sein, was Sie wollen. Erst in **der vierten Ebene** des Bewusstseins beginnt der Mensch, sich vom Tier zu unterscheiden, von einigen wenigen Exemplaren ausgenommen (auf beiden Seiten). Es ist die der Selbstwahrnehmung.

Es gibt Menschenaffen und Delphine, die sich im Spiegel selbst erkennen und nicht etwa einen Artgenossen vermuten.

Bis vor einiger Zeit noch glaubte die Wissenschaft, wir hätten ein Bewusstsein, weil wir sprechen können, und dass uns gerade das vom Tier unterscheide. Diese Annahme ist inzwischen widerlegt - zumal ja auch Tiere eine »Sprache« haben, mit der sie sich mitteilen. Denken Sie an die Gesänge der Wale oder den Tanz der Bienen.

Viele menschliche Sprachprozesse laufen nämlich nicht bewusstseinsgesteuert ab, sondern unbewusst.

Forscher konnten nachweisen, dass das Gehirn bereits nach 200 Millisekunden die grammatische Struktur eines Satzes analysiert. 200 bis 400 Millisekunden später ist die Bedeutung der Wörter erfasst, und nach etwa 600 Millisekunden gleicht das Gehirn Satzstruktur und Wortbedeutung gegeneinander ab. Das heißt, dass wir irgendwann im Laufe unserer Sprachentwicklung nicht mehr über Verben, Nomen oder Substantive »nachdenken«, sondern diese Prozesse laufen eben unbewusst ab. Man kann das mit dem Autofahren vergleichen. Wenn Sie sich vorstellen, auf was Sie in Ihren ersten Fahrstunden alles haben achten müssen. Wenn Sie heute

Auto fahren, erfolgen die meisten Prozesse unbewusst. Können Sie erklären, wie Sie laufen? Bemühen Sie sich nicht, es geht nicht. Laufen ist solch ein komplizierter Prozess, dass, wenn wir es bewusst tun müssten, wir keine fünf Schritte weit kämen, ohne hinzufallen.

Die Beteiligung des Unbewussten wird ebenso bei den Inhalten unserer Sprache deutlich. Denken Sie doch nur an die vielen »Versprecher«, die so oft die Wahrheit verraten, wenn wir das, was wir wirklich denken oder uns wünschen, nicht auszusprechen wagen.

In ihrer Rede vor dem Deutschen Bundestag im August 2005, also *vor* den Wahlen, erklärte die CDU-Vorsitzende, Frau Angela Merkel, dass sie sicher sei, gemeinsam mit der SPD dieses Land nach vorne bringen zu können. Der ganze Bundestag lachte, außer Herr Westerwelle, dem die Kinnlade sichtbar herabfiel. Dass sie sich sofort verbesserte, änderte nichts, es war heraus. Wie prophetisch ihre Aussage damals war, wissen wir jetzt, wobei noch abzuwarten bleibt, ob sie wirklich das Land nach vorne bringen werden.

Die TV-Moderatorin Sandra Maischberger begrüßte die Zuschauer ihrer Talkrunde bei NTV-24 einmal so: »Zunächst einmal möchte ich Ihnen meine Gänse vorstellen.« Den beiden weiblichen Gästen war ihre Betroffenheit deutlich anzusehen.

Das *Ich-Bewusstsein* hat also mit Sprache nichts zu tun, es bedeutet im weitesten Sinne Selbsterkenntnis. Beim Menschen beginnt der Prozess etwa mit dem zweiten Lebensjahr, wenn das Kind damit anfängt, »ich« zu sagen. Dies rührt aus der schmerzlichen Erfahrung her, dass es mit seiner Mutter keine symbiotische Einheit mehr bildet. Eine wichtige Zeit, in der das Kind viel Hilfe bei der Findung seines Selbstbewusstseins benötigt. Doch wie wenig Kinder bekommen diese Hilfe! Wir stecken in einer Neurosenkette, denn Menschen ohne Selbstbewusstsein haben Kinder ohne Selbstbewusstsein. Erst wenn jemand ganz bewusst aus dieser Kette aussteigt, wird etwas Wesentliches verändert. Das Kind eines befreiten Menschen wird selber frei sein. Darauf gehe ich später noch ausführlicher ein.

Viele Menschen nehmen sich selbst erst wahr, wenn Sie krank sind, wenn Sie Schmerzen haben. Dann spüren Sie sich. Und wissen Sie

was - dazu sind Krankheiten auch da. Von der Ebene der Selbstwahrnehmung aus betreten Sie im Idealfall **die fünfte Ebene**, die Spitze der Pyramide, die Ebene des kosmischen Bewusstseins.
Dort haben Sie den Raum des Egos verlassen und sind sich bewusst, dass Sie ein Teil dieser Existenz sind. Die Isolation ist aufgehoben, das Bewusstsein dehnt sich aus und erkennt die größeren Zusammenhänge dieses Universums. Es ist der Zustand des »All-ein-seins«. In diesem Zustand sind Sie, im Gegensatz zur üblichen Bedeutung dieses Wortes, nie mehr einsam. Es ist der Raum der Erleuchtung. Viele Mystiker, vor allem die Märtyrer, haben uns vorgemacht, das Ego sei unwichtig und müsse fallen gelassen werden. Zunächst ist es aber wichtig, das Ego zu spüren und eventuell zu stärken. Erst dann können Sie darüber hinausgehen. So etwas wie Selbstlosigkeit gibt es gar nicht. Selbst Mutter Theresa oder die Märtyrer hatten etwas von ihrem Tun, und sei es »nur« enorme Aufmerksamkeit und Heiligsprechung.
Haben Sie die Pyramide vor Augen? Ihre Pyramide? Wenn Sie ein Modell brauchen, schauen Sie sich eine amerikanische Ein-Dollar-Note an. Dort finden Sie eine Pyramide mit einem sehenden Auge in der Spitze dargestellt. Angeblich das Zeichen der Illuminaten. Dieses Wort entstammt dem lateinischen »illuminati«, was »die Erleuchteten« bedeutet. Der bayrische Gründer des Illuminatenordens hieß Adam Weishaupt (1748-1830). 1784, acht Jahre nach der Gründung, wurde in Bayern der Illuminatenorden zusammen mit anderen Geheimgesellschaften von Kurfürst Karl Theodor verboten. 1785 erklärt Papst Pius VI. in zwei Briefen an den Bischof von Freising die Mitgliedschaft im Orden als unvereinbar mit dem katholischen Glauben. Trotz der formellen Auflösung des Ordens wirken Mitglieder in einzelnen Logen fort, unter anderem bei den Freimaurern, Weishaupt beispielsweise in der Freimaurerloge »Zur Behutsamkeit«. Weishaupts Ziel war die Verbindung seines Systems des Illuminatenordens mit dem des Freimaurertums und die weltweite Verbreitung seiner Ideale. Infolge des Aufruhrs um die angeblichen geheimen Machenschaften des Ordens erfuhren die Illuminaten

große Aufmerksamkeit in der Öffentlichkeit. Sie wurden aller möglichen Dinge verdächtigt; sogar der Ausbruch der Französischen Revolution wurde ihnen angelastet. Erwähnenswert bleibt, dass über Adam Weishaupt und sein Wirken diverseste Theorien gibt. Eine, die ich einmal gehört habe, besagt, dass er, nachdem in Bayern sein Orden verboten worden war, in die USA auswanderte und dort unter dem Namen George Washington bekannt wurde. Diese Theorie zwar gewagt, sollte aber doch nicht nur als reine Spekulation abgetan werden, wenn man bedenkt, dass das Illuminatenzeichen - die Pyramide mit dem Auge - auch auf den Dollarscheinen zu finden ist. Die Chronologie würde ja vom Zeitstrang her gesehen wie die Faust aufs Auge passen. Und wenn man überlegt, dass bei der Abstimmung über die amerikanische Landessprache nur eine Stimme den Ausschlag für Englisch statt Deutsch gab, halte ich das für durchaus möglich. Das Wappentier der USA ist der Weißkopfseeadler. Eine Hommage an Weishaupt?

An dieser Stelle möchte ich Sie aber wieder an sich selbst erinnern: *Sie befinden sich bereits in Ihrer Pyramide, und jede der Ebenen steht Ihnen zur Verfügung.*

Der Mensch verhält sich aber meist so wie ein Blinder, der in seiner zugigen Hütte haust. Er weiß von dem Keller, in dem ein unendlicher Schatz liegt, und ab und zu tastet er sich nach unten, um in seinen Schätzen zu wühlen. Wenn er wieder oben in seiner Hütte sitzt, vergisst er den Schatz, bis er sich wieder einmal mehr zufällig an ihn erinnert.

Wollen wir uns auf diesem Planeten aber retten, hilft nur noch die Selbsterkenntnis und als unabdingbare Folge davon die k*osmische Erkenntnis*. Gehen Sie in den Keller, und heben Sie den Schatz.

Wie konnte das alles passieren?

Warum konnte es soweit kommen, oder besser gesagt, warum haben wir es geschehen lassen?
Eine Erklärung, die sich in mehr oder weniger abgewandelten Formen durch sämtliche Kulturen zieht, ist die eines Schöpfers und seiner Geschöpfe. Diese Erklärung beinhaltet aber vielleicht schon die Taktik des Menschen, Verantwortung abzugeben. Denn dann kann man, für den Fall, dass etwas schiefläuft, immer noch IHM die Schuld geben.
Die Wurzeln unserer christlichen, abendländischen Kultur sind sicherlich im Alten Testament zu suchen, daher werde ich es auf der Suche mit einem Augenzwinkern nach einer Erklärung heranziehen. Es soll hierbei keineswegs um irgendwelche Schuldzuweisungen gehen, denn das wäre zu einfach, seinem Schöpfer für alles die Schuld zu geben. Aber es sollte uns darum gehen, Erklärungen zu finden und Verantwortungen zu entdecken. Auch wenn wir uns dabei das Versagen von »unfehlbaren Autoritäten« bewusst machen müssen. Dies ist ein Prozess, den jeder Klient, der eine Psychotherapie macht, durchlaufen muss. Und ohne eine »Therapie« werden die Überlebensaussichten dieses Planeten nur sehr gering sein. Der Leidensdruck dürfte inzwischen auch groß genug sein.
Vielleicht hat Gott uns überschätzt, als er uns die Erde übergab, wir waren einfach noch zu jung - gerade erst erschaffen -, um schon zu regieren. Diese Überforderung ist ja inzwischen an allen Ecken deutlich geworden. Niemand wird auf die Idee kommen, einem Kind so viel Verantwortung zu übertragen. »Seid fruchtbar und mehret Euch! Erfüllet die Erde und macht sie Euch untertan! Herrschet über die Fische des Meeres und über die Vögel des Himmels und über jegliches Lebewesen, das da kriecht auf der Erde.« (1. Moses 1,28)

Dem ersten Teil der Aufforderung ihres Schöpfers haben seine Kinder eifrig Folge geleistet. Den zweiten Teil aber haben wir gründlich missverstanden. Statt »herrschen« hätte hier besser das Wort »sorgen« gestanden.
Dies könnte einer der Gründe dafür sein, dass die Zerstörung dieser Erde hauptsächlich von den christlich geprägten Industrienationen ausgeht. Die buddhistische Lehre zum Beispiel respektiert in hohem Maße die gesamte Schöpfung, und von ihr ist auch noch nie ein Krieg ausgegangen.
Der Gott des Alten Testaments gab seinen Kindern auch einige ganz klare Verhaltensregeln mit auf den Weg.
»Siehe, ich gebe euch alles Kraut, das Samen trägt, auf der ganzen Erde und alle Bäume, an denen samenhaltige Früchte sind, das soll eure Speise sein.« (1. Moses 1,29)
Dies ist doch wohl eine Aufforderung, sich vegetarisch zu ernähren. Zwar kommen auch bei uns immer mehr Menschen dieser Aufforderung nach, aber solange noch Regenwälder abgeholzt werden, um Weideflächen zu schaffen, solange noch Gülle unseres hormongepäppelten Mastviehs wesentlich dazu beiträgt, das Grundwasser, die Meere und die Flüsse zu verseuchen, so lange sind es der gehorsamen Kinder viel zu wenige.
Wir bezahlen letztlich einen hohen Preis dafür. Der Preis sind Krankheiten wie Gicht, Arteriosklerose, erhöhte Cholesterinwerte und vieles andere mehr. Das Tragische ist, dass wir dies alles wissen. Und sagt nicht Jesus: »Das, was ihr dem geringsten meiner Brüder getan habt, das habt ihr mir getan.« Erinnern Sie sich an die Prinzipien: Geist schafft Materie, wie innen so außen. Die Qualen und die Angst unseres Schlachtviehs essen wir mit.
Die Tiere sind unsere Brüder und Schwestern. Jeder Indianer, jeder Aborigine, jeder Bewohner der Kalahari weiß das. Sie bedürfen unseres besonderen Schutzes, aber erst, seit es uns gibt. Vorher kamen sie ganz gut alleine klar.
Aber hätte das alles ein guter, umsichtiger Vater nicht wissen müssen? Ein Vater, der sehr wohl um die Schwächen seiner Kinder wusste,

denn sonst hätte er die Tiere ihnen nicht als Helfer geben müssen. »Und Gott der Herr sprach: Es ist nicht gut, dass der Mensch alleine sei. Ich will ihm eine Hilfe schaffen, die zu ihm passt. Da bildete Gott der Herr aus der Erde alle Tiere des Feldes und alle Vögel des Himmels und brachte sie zum Menschen, um zu sehen, wie er sie nennen würde, und ganz so wie der Mensch sie nennen würde, so sollten sie heißen ...« (1. Moses 2, 18-19)

... und brachte sie zum Menschen ... Gott brachte uns die Tiere. Dies war sein Geschenk, und in der Tat, ein göttliches Geschenk. Er bringt es uns und wartet ab, ob wir es annehmen, ob wir ihm einen Namen geben. Von uns kein Wort des Dankes, kein Erstaunen, ob der Vielfalt der Arten, keine Freude. Wie selbstverständlich wird alles sofort eingeordnet und benannt.

»... und der Mensch gab allem Vieh und allen Vögeln und allen Tieren des Feldes Namen ...« (1. Moses 2,20)

Gott wollte damit sogar eine Blockade gegen das Töten setzen. Denn ein Lebewesen, das von uns benannt worden ist, bringen wir mit viel mehr Hemmungen um. Das weiß jeder, der einen Weihnachtskarpfen in der Badewanne herumschwimmen hatte und ihm einen Namen gab. Hier aber hat Gott den Destruktionstrieb seiner Geschöpfe glatt unterschätzt. Hat der Vater seine Kinder verwöhnt? Wollte er mit der späteren Vertreibung einen eigenen Fehler wieder gutmachen?

Wie auch immer, verwöhnte Kinder sind schnell überfordert und haben es schwer, lebenstüchtig zu werden, wie der Fortgang der Geschichte ja auch zur Genüge beweist.

Die Tiere sollten also den Menschen Hilfe sein, das heißt doch, dass sie sich ergänzen sollten, dass der eine etwas kann, was der andere nicht so gut kann. Eine gute Grundlage für jede Partnerschaft. Unsere jüngeren Brüder, die Tiere, haben uns wohl immer geholfen und tun es auch heute noch.

Die Absurdität von Tierversuchen wird auch heute noch von zu wenigen Verantwortlichen gesehen. Das Töten von Tieren kann nicht dazu führen, Krankheiten wirklich zu verstehen. Das Verstehen wird immer an der Oberfläche bleiben. Indem ich Leben zerstöre, kann ich nicht gleichzeitig etwas über Leben erfahren. Es bleibt immer nur ein Sammeln von Erkenntnissen, die in ein rein materialistisches Weltbild passen. Das Thema Krankheit und Gesundheit ist aber wesentlich komplexer, und ich werde später noch darauf eingehen. Die Tiere, unsere jüngeren Brüder, retten unser Leben, sie bewachen unser Haus, sie erfüllen unsere einsamen Stunden, sie trugen uns in unsere Kriege und sind dort unschuldig gestorben, sie helfen unsere Felder zu bestellen und vieles andere mehr.

In den Mythen und Märchen sind es oft Tiere, die entscheidende Hinweise bringen, und in so manchem Märchen gibt es sogar »Tierbräutigame«. Aber unsere Mythen und Märchen stammen ja auch aus Zeiten, in denen wir noch ein etwas anderes Verhältnis zur Natur hatten.

Wir aber missbrauchen unsere Macht. Wir handeln nach dem Faustrecht, dem Recht des Stärkeren. Auf diese Ebene haben wir uns zurückentwickelt. Wir erfüllen unseren Teil der Partnerschaft nur sehr ungenügend. Viele Tierarten sind bereits ausgestorben und andere sind von diesem Schicksal bedroht. Wir sind also nicht nur dabei, uns selbst umzubringen, sondern wir nehmen auch noch andere mit in den Tod.

Mit jedem Tier, das wir töten, töten wir auch einen Teil unseres Selbst. Denn alles im Universum ist Ausdruck des Einen. (In meines Vaters Haus sind viele Räume.)

Sicherlich geschehen auch zurzeit sehr ermutigende Dinge zum Schutz der Tiere, was als ein wesentlicher Bestandteil des neuen kollektiven Bewusstseins verstanden werden kann, denn wo Schatten ist, ist ja auch Licht. Aber dieses neue Bewusstsein muss mit Rückschlägen fertig werden, wie jeder, der von langer Krankheit nun der Genesung entgegensieht.

Wahrscheinlich aber wird es zur vollkommenen Zerstörung dieser Erde nicht kommen, denn die Natur war immer stärker als der Mensch, der sich von ihr getrennt hat. Die Natur wird überleben. Dieser Planet wird sich wehren, bis der Mensch aufwacht, umkehrt und sich auf seine eigentliche Bestimmung besinnt. Im anderen Falle glaube ich nicht, dass es irgendjemanden sehr stören wird, auf der Erde keinen Menschen mehr vorzufinden. Sein Gastspiel wäre dann sowieso im Vergleich zur Geschichte dieses Planeten ein sehr kurzes gewesen.

Doch noch einmal zurück zu unserem Schöpfer. Wurde er Opfer seiner Selbstüberschätzung? Das würde ihn wiederum sehr menschlich und auch männlich machen. Aber er hatte immerhin fünf Tage hart gearbeitet und vieles geschaffen, auf das er wirklich stolz sein konnte. Also warum nicht auch auf seine letzte Schöpfung, die sich selbst gerne als »Krone« bezeichnet? Es heißt ja ausdrücklich:

»Und Gott sah alles an, was er gemacht hatte, und siehe, es war gut ...« (1. Moses 1,31)

Indem Gott uns seinen Atem einhauchte, übrigens als den einzigen seiner Geschöpfe (was hat der Schreiber sich nur dabei gedacht?), gab er uns auch seine Möglichkeiten. Die Möglichkeit, alles selbst zu erschaffen.

Von welchem Baum darf man essen?

Lassen Sie mich auch die folgenden Überlegungen anhand unserer ältesten Geschichte, der Schöpfungsgeschichte metaphorisch behandeln. Sie selber kann ja nur als Metapher gedacht und gewollt sein.
Warum nur dürfen Adam und Eva nicht in den Apfel des Wissens beißen? Wissen und Bewusstsein sind doch etwas Positives. Wir bemühen uns lebenslang darum. Warum dürfen die beiden nicht Gut und Böse unterscheiden dürfen, und warum dürfen Sie nicht vom Baum des Lebens essen?
Das Drama der biblischen Schöpfungsgeschichte erinnert eher an ein grausiges Märchen, in das die Archetypen unserer Seele, Vater und Kinder, Herrscher und Untertan, verwoben sind.
Es gibt Menschen, die in der Bibel das größte psychologische Werk sehen. Unter einem bestimmten Aspekt ist sie eine Metapher für die Kinderstube, die sich vom Anbeginn an bis heute wiederholt.
Wie kann im Erwachsenen, der »Krone der Schöpfung«, gleichzeitig das »Kind im Manne« oder »das kleine Mädchen« bestehen? Sie bleiben so lange erhalten, wie einerseits die persönliche Kindheit glorifiziert wird und andererseits die Schöpfungsgeschichte heilig sein soll.
Bei genauem Hinsehen ist der Garten Eden der Kinderstube selten ein Paradies. Trotzdem wird er oft ein Leben lang dafür gehalten. Betrachten wir also »Das Drama des begabten Kindes«, wie Alice Miller es in ihrem gleichnamigen Buch nennt, ein wenig genauer.
Da ist also der kleine Adam erschaffen worden. Er ist klein, nackt, unschuldig und hilflos. Klein, denn er weiß nicht, welche Kräfte und Fähigkeiten in ihm schlummern, dass er »gottgleich« ist, über das gleiche Potenzial verfügt wie der Papa. Der Apfel fällt nun mal nicht sehr weit vom Baum.

Nackt, denn er kann mit Kleidern noch nichts aus sich machen oder sich hinter ihnen verstecken. Kleider machen bekanntlich Leute. Nackt, das macht ihn durchschaubar, empfindlich und verletzlich. Unschuldig, denn er weiß noch nichts von Gut und Böse, auch nichts von seinem Geschlecht. Er ist offen und voller Vertrauen. Hilflos, denn er ist allein. Niemand vertritt seine Interessen. Klein-Adam kann mit sich selbst nicht viel anfangen. Von einer Mutter ist hier gar keine Rede. Es gibt zwar Leute, die behaupten, Gott sei weiblich, Gott ist aber weder männlich noch weiblich. Er ist beides und viel mehr.

Der Garten Eden ist ein wunderschönes Heim: Es ist warm, es gibt genug zu essen und Kuscheltiere zum Spielen. Alle Tiere sind zahm. Das Überleben ist garantiert.

Aber wo ist Gott-Vater? Was hat er zu tun, nachdem er alles so wunderbar erschaffen hat? Nun könnte seine ganze Aufmerksamkeit seiner beseelten Schöpfung gelten.

Dieser abwesende Papa erinnert viel mehr an die Kinderstube als an eine allgegenwärtige göttliche Kraft.

Das Alleinsein ist eine der ersten schmerzlichen Empfindungen eines Neugeborenen, und es ist außerordentlich wichtig, wie in der ersten Zeit seines Daseins mit ihm umgegangen wird. Es gibt Völker, da wird das Kind immer von der Mutter getragen. Egal was sie tut, sie trägt ihr Kind auf dem Rücken. So bekommt das Kind in seinen ersten Jahren das wichtige Gefühl, *aufgehoben* zu sein. Bei uns sind die Eltern stolz, wenn ihr Kind schon nach elf Monaten alleine laufen kann, und bis dahin schieben sie die Kinder in Kinderwagen von sich weg. Das Geborgenheitsgefühl erfährt ein Kind nur über den körperlichen Kontakt zu seinen Bezugspersonen. Wenn es diesen nicht zur Genüge bekommen hat, wenn es auf diesem Gebiet nicht gesättigt wurde, wird es in seinem späteren Leben dieses Gefühl suchen - überall - in Drogen, in flüchtigen, häufig wechselnden sexuellen Kontakten, ja sogar in körperlicher Gewalt. Ich habe einige Jahre meiner therapeutischen Zeit mit Suchtkranken gearbeitet. Wenn man einen Alkoholiker fragt, warum er trinkt, bekommt man sehr oft zur Antwort: »Weil ich mich dann getragen fühle.«

Aber im Paradies wird Abhilfe geschaffen. Adam bekommt Schwesterchen Eva.
Auch später im Leben erinnert sich Adam an dieses Alleinsein. Er sucht Gesellschaft in Vereinen, Cafés und Bars. Männer kommen selten allein daher.
Können Frauen besser allein sein? Das glaube ich nicht. Sie können oft besser für sich sorgen und leben im Alter häufiger allein als Männer. Ursprünglich sind sie vor allem im Haus tätig und der Mann mehr außerhalb, in der Öffentlichkeit und Gesellschaft.
Es heißt außerdem, Adam und Eva seien gesegnet. Womit? »Seid fruchtbar und mehret euch«, heißt es. Wie soll das gehen, unschuldig und unaufgeklärt wie die beiden sind? »Füllet die Erde und macht sie euch untertan.«
Sie dürfen also alles nutzen, was sie brauchen.
Die Kinder sehen Papa ähnlich. Heißt das, dass sie ihm gleich sind? »Gottgleich«, wie die Schlange später verheißt? Oder sollen sie vielmehr seinen Vorstellungen entsprechen?
Diese Kinderstube wäre tatsächlich paradiesisch, wenn da nicht dieses Verbot wäre. Mitten im Garten Eden stehen der Baum des Lebens und der Baum der Erkenntnis des Guten und des Bösen. Von diesen Bäumen dürfen die Kleinen nicht essen.
Ja, laut Luther-Übersetzung gab es zwei verbotene Bäume. Vom Baum des Lebens haben die beiden nicht gegessen, wie Gott-Vater später erleichtert feststellt, sonst wären die Menschen unsterblich geworden. Damit sie das nicht noch tun können, schickt er sie weg von zuhause und schützt den Garten Eden mit bewaffneten Engeln.
»Warum nicht?«, würde jedes Kind bei solch einem Verbot fragen. Warum dürfen Adam und Eva und die meisten Kinder mit ihnen nicht wissen, was gut und was böse ist? Aber die beiden fragen nicht.
»Frag nicht so viel«, sagen Eltern, wenn sie keine Erklärungen geben wollen oder haben.
Der Papa erklärt es nicht. Damit vermittelt er: »Das verstehst du nicht.« Du sollst nicht alles wissen, was ich weiß. Er respektiert nicht die Neugier und den Wissensdrang des Kindes. Hiermit wird der

natürliche Drang zur Entwicklung und dem Wunsch groß und stark zu werden wie Papa, blockiert. Gleichzeitig entsteht ein Machtgefälle, und mit der Gleichheit ist es vorbei.

Der Vater droht sogar die Todesstrafe an. Das löst Angst aus. Sicher weiß er, dass Verbotenes besonders reizvoll ist, und misstraut den Kindern. Angst schwächt. Ein ängstlicher Mensch lässt sich leicht manipulieren und disziplinieren.

Ist das ein Klima der Liebe und des Vertrauens? Hat der Übervater Angst, seine Macht und Überlegenheit zu verlieren?

Viele Eltern befürchten insgeheim, dass ihre Kinder sie durchschauen oder über sie hinauswachsen. Den Kindern vermitteln sie aber, dass alles zu ihrem Besten sei und dass sie es später einmal besser haben sollen als sie selbst.

Die frühe Botschaft dieser Taktik ist: Liebe gibt es nicht ohne Angst, Verletzungen und Strafe. Liebe heißt Gehorsam und Unterdrückung der natürlichen Bedürfnisse.

Viele kennen auch als Erwachsene noch die Angst, verlassen oder weggestoßen zu werden, und passen sich anderen mehr an, als für ihre Entwicklung gut ist.

Kinder durchschauen ihre Eltern tatsächlich. Sie sind den Eltern in vielem überlegen: Sie sind offen, ohne Vorurteile und Glaubenssätze, spontan, sie leben im Hier und Jetzt, sie wollen wissen, sind neugierig, mutig, beharrlich, ehrlich, sensibel für die Gefühle anderer und geben ihren Gefühlen ungehemmt Ausdruck. Welch himmlische Qualitäten! Nur wenige Erwachsene können sich dieses Potenzial erhalten oder sind bereit, es sich zurückzuerobern.

Klein-Adam ist brav und gehorsam. Er fragt nicht. Er vertraut Papa, denn Papa ist der Größte. Und er würde es wohl lebenslang tun, wenn da nicht Eva wäre.

Sie, die ihm hilfreich zur Seite stehen soll. Sie ist intuitiv, im Kontakt mit ihrem tiefen, inneren Wissen und damit als geistige Entwicklungshilfe für Adam wie geschaffen.

Oder ist die Schlange nicht die innere Stimme, sondern vielleicht die vom Vater unterdrückte Frau und Mutter? Aus der Märchentherapie

wissen wir, dass die entscheidenden Figuren oder wichtige Anteile einer Person oft sehr verschlüsselt genannt werden. So ist die Hexe oder die Stiefmutter oft ein Anteil der Mutter. In unseren Volksmärchen ist sehr viel psychologisches Wissen verklausuliert und bildhaft dargestellt - eben metaphorisch. Die Metapher eignet sich am besten dazu, jemandem etwas nahe zu bringen, weil sie sich durch ihre bildhafte Sprache direkt an das Unbewusste der Zuhörer und -seher wendet - praktisch unter Ausschluss des kritischen Verstandes. Der Zuhörer kann und braucht keinen Widerstand gegen den Erzähler aufzubauen, denn es wurde ja »nur« eine Geschichte erzählt. Jesus wusste das, die Werbung weiß das, Hollywood weiß das und jeder Hypnosetherapeut auch. Die Metapher ist die perfekteste Methode der Einflussnahme. Sagt ein Bild nicht mehr als tausend Worte?
Im Grunde sind Märchen praktische Lebenshilfe, und die Archetypen der Geschichten finden Sie weltweit vor. Kinder scheinen diese auf einer bestimmten Ebene auch sehr gut zu verstehen. Nur Erwachsene halten sie oft für zu brutal. Der bekannte Philosoph und Kinderpsychologe Bruno Bettelheim nannte eines seiner Bücher *Kinder brauchen Märchen*.
»Das Kind erwartet, dass die Bösen sehr böse bestraft und die Guten, Tugendhaften belohnt werden.«
Die Botschaft: Es kann zwischendurch alles schwierig sein, aber ich komme da durch. Das ist wirkliche Lebenshilfe, die Kinder wollen.
Wie wahr das ist, kann jeder erfahren, der seinen Kindern Märchen vorliest und, vielleicht aus Zeitmangel, eine Stelle kürzt. Das Kind wird es nicht nur bemerken, sondern diese Passage einfordern.
Die Schlange sagt Eva, dass sie nicht sterben wird, wenn sie vom verbotenen Baum isst. Sie erinnert Eva daran, dass sie gottgleich sei, Gut und Böse unterscheiden könne.
Die »Schlange« scheint den Papa besser zu kennen als irgendjemand sonst und weiß wie er um die Geheimnisse des Lebens. Nur die eigene Frau kann dieses Wissen haben.
Interessanterweise wendet sie sich nicht an Adam, sondern an Eva. Ahnt oder weiß sie, dass ihre Worte bei Eva auf fruchtbaren Boden

fallen, dass Eva mutiger ist? Weiß sie, dass kleine Mädchen gleichaltrigen Jungs in ihrer Entwicklung voraus sind? Oder gilt das auf die Persönlichkeitsbildung bezogen sogar ein Leben lang? Die meisten unserer Seminare, in denen es um Selbsterfahrung und Persönlichkeitsentwicklung geht, werden überwiegend von Frauen besucht.

Oder benutzt sie Klein-Eva, um die Übermacht ihres Mannes zu brechen? Wenn Vater und Mutter in der Erziehung nicht am gleichen Strang ziehen, verunsichert das die Kinder. Ehekonflikte werden oft auf deren Rücken ausgetragen. Am schmerzlichsten wird das nach einer Trennung deutlich. Da werden aus Hass gegen den früheren Partner Besuchsrechte boykottiert oder Unterhaltszahlungen ausgesetzt. Kinder lernen aber schnell, solche Situationen zu ihrem Vorteil auszunutzen, sie können in der Regel noch aus allem das Beste machen - und sei es nur im materiellen Bereich. Geld statt Liebe.

Schlimm ist es für ein Kind, wenn es vom Familienrichter gefragt wird, zu welchem Elternteil es nach der Scheidung möchte. Hier wird von ihm verlangt, sich gegen jemanden zu entscheiden, den es liebt. Das kann dazu führen, dass dieses Kind sein Leben lang Schwierigkeiten damit haben wird, Entscheidungen zu treffen. Richtig wäre es, wenn die Eltern die Reife besässen, den Aufenthalt des Kindes gemeinsam zu bestimmen und dies dem Kind dann mitzuteilen.

Das Kind muss im Idealfall zu dem Elternteil, der in ihm den früheren Partner noch liebt, und es muss von den Eltern klargestellt werden, dass man sich nur als Paar trennt, nicht aber als Eltern. Eltern bleibt man nämlich ein Leben lang, und das Kind wird immer die Bindung zwischen beiden Elternteilen sein, ob die es nun wahrhaben wollen oder nicht. Gut wäre es, wenn es möglich gemacht werden könnte, dass der Sohn beim Vater und die Tochter bei der Mutter aufwächst. Wie man ein Mann wird, kann der Sohn nur vom Vater abschauen, und die Tochter kann nur von der Mutter lernen, was es heißt, eine Frau zu sein. Natürlich vorausgesetzt, die Eltern haben es auch lernen dürfen. Handelt es sich um Geschwister, sollte man sie nicht trennen und es ihnen ermöglichen, zu beiden Eltern häufigen Kontakt zu haben.

Wenn das Kind bei dem Elternteil bleibt, der gegen den anderen

schwere Vorwürfe erhebt, ausgesprochen oder nicht, wird es die Einstellungen irgendwann übernehmen und eine generelle Voreingenommenheit gegen Männer oder Frauen - je nachdem - entwickeln. Unter Umständen sogar gegen sich selbst. Denn es ist ja auch Teil des anderen. Selten können diese Kinder dann selbst erfüllte Beziehungen haben, weil sie auf einer gewissen Ebene dem Elterntcil, der die Vorwürfe erhoben hat, treu bleiben.
Wenn Sie also selbst in solch einer Situation stecken, in welcher Position auch immer, setzen Sie alles daran, die Beziehung zum Partner zu klären. Bedenken Sie, dass Sie 50 % der Anteile haben und somit auch Verantwortung. Es geht in Beziehungen nie um Schuld, sondern darum, den eigenen Teil zu nehmen, zu klären und dann zu tragen. Sonst tun es die Kinder - aus Liebe. Aber zurück ins Paradies.
Klein-Eva reizt es mehr, klug zu sein, als dass sie Angst vor der Strafe hat. Sie ergreift mutig die Initiative, ohne an die Konsequenzen zu denken. Wie gesagt: Kinder leben im Hier und Jetzt!
Klein-Eva beißt also in den verbotenen Apfel und reicht ihn ganz selbstverständlich an Adam weiter. Sie teilt mit ihm, was sie hat, weiß und fühlt. Die Verständigung zwischen den beiden wird auf Dauer besser funktionieren, wenn er weiß, was sie weiß. In wie vielen Ehen wünschen sich Frauen, dass Männer verstehen, denken und fühlen wie sie! Wenn Sie zu diesen Frauen gehören, vergessen Sie es, es wird nicht funktionieren.
Eva muss ihren Adam nicht verführen, wie es ihr nachgesagt wird. Adam zögert kein bisschen oder weist auf die Strafe hin. Vielleicht hat er gar nicht bemerkt, von welchem Baum die Frucht gepflückt wurde. Oder weiß er, dass er gut beraten ist, wenn er ihr vertraut? Bekanntlich steht hinter jedem erfolgreichen Mann eine starke Frau.
Möglich ist auch, dass er keinen eigenen Standpunkt oder Willen hat. So wie er vorher dem Papa gegenüber brav sein wollte, folgt er nun Eva. Mancher Mann steht sein Leben lang im Konflikt, es seiner Frau recht machen zu wollen. Nicht nur Sokrates hatte eine Xantippe.
Erstaunlich ist, dass diese inneren, psychischen Unterschiede der beiden schon da sind, bevor die äußeren sichtbar werden.

Schon hier zeigt sich, dass der kleine Unterschied ein viel größerer ist. Männer nehmen an Fortbildungen teil, wenn sie dadurch berufliche Vorteile haben oder dazu verpflichtet sind. Frauen sind dagegen, wie schon gesagt, mehr aus sich heraus offen und bereit für innere Entwicklung.
Mit dem Apfel tun sich den beiden augenblicklich die Augen auf. Sie erkennen als Erstes, dass sie nackt sind. Ihnen wird bewusst, wie hilflos, abhängig und verletzlich sie sind. Erst dann entdecken sie ihre körperlichen Unterschiede. Merkwürdigerweise finden sie das nicht höchst spannend und wert, es näher zu untersuchen, wie es natürlich wäre und ihrer Unbefangenheit entspräche, sondern sie schämen sich. Wie kommt das? Es ist kaum nachvollziehbar. Vor allem nicht, wenn man erlebt hat, wie unbekümmert Kinder bei den Doktorspielen miteinander umgehen. Hatte etwa der Verfasser dieser Geschichte Probleme mit seinem Geschlecht? Und überträgt er das völlig unreflektiert auf die Kinder? Oder hat er das bewusst so formuliert?
Nun wissen also die Kinder, was sie nicht wissen sollen: Sie sind sich ihrer Machtlosigkeit gegenüber dem Papa bewusst. Sie sind ihm hilflos ausgeliefert. Instinktiv flechten sie aus Feigenblättern einen Schurz, um sich zu schützen.
Sie hätten auch so tun können, als wenn sie nicht wüssten. Sie hätten über eine Strategie beraten können. Vielleicht wären sie der Strafe entkommen. Aber Kinder taktieren nicht. Sie sind ehrlich und direkt.
Als er gefragt wird, gesteht Adam ganz treuherzig, dass er erkannt hat, nackt zu sein, sich deshalb fürchtet und sich versteckt und bedeckt.
Auf das Verbot angesprochen, meint Adam, er habe nur gegessen, was Eva ihm gegeben habe. Vielleicht hat er wirklich nicht gewusst, was er da gegessen hat. Er will verständlicherweise nicht verantwortlich sein für seine unüberlegte Tat und die zu erwartenden Folgen. Wer mag schon zu dem stehen, was er getan hat, wenn er Angst vor den existenziellen Konsequenzen hat, wie heute so mancher Politiker? Nur wirkliche Männer stehen zu dem, was sie getan haben.
Leider handeln noch viele Erwachsene wie der kleine ängstliche

Adam, der noch in ihnen steckt. Wenn sie selbstbewusst sagen würden, warum es gut und richtig ist, genau zu wissen, was los ist, wäre vieles besser in unserem Lande.
Auch Eva steht nicht zu ihrem Wunsch, klug zu sein. Sie sagt: »Die Schlange betrog mich also, damit ich aß.« Auch sie hat nun Angst und schiebt die Schuld weiter. Mama ist schuld. Sollen die beiden doch ihre Ungereimtheiten klären!
Papa ist es egal oder zu mühsam, herauszufinden, wer wirklich schuld ist. Er bestraft alle, und zwar heftig. Wie oft ist das so, in vielen Familien. Der Vater, der abends müde und gestresst von einem anstrengenden Tag nach Hause kommt und nur die Füße hochlegen möchte, wird, kaum ist er zur Türe herein, mit allen möglichen Erziehungsfragen konfrontiert. Oft wird den Kindern sogar damit gedroht: »Warte, bis Papa nach Hause kommt!« Diese Kinder können sich gar nicht auf den Vater freuen, sondern sie bekommen Angst vor ihm. Vor allem, wenn er wie der Vater in der Schöpfungsgeschichte reagiert. Und was für ein Männerbild bekommt da Klein-Adam vorgesetzt? Seit Beginn der Industrialisierung hat er da auch kaum eine Chance.
Vorher lebten die Söhne in den landwirtschaftlichen oder handwerklichen Familienbetrieben. Hier konnten sie von den Vätern, den Onkeln und Großvätern am lebenden Beispiel lernen, was es brauchte, ein ganzer Mann zu werden. Heute werden viele Jungs das erste Mal in der weiterführenden Schule mit einem Mann als Autoritätsperson konfrontiert. Bis dahin bestimmen Frauen sein Leben. Von einer Frau kann aber ein Junge nicht lernen, was es heißt, ein Mann zu sein. Jungs werden alleine gelassen, wenn es darum geht, Mann zu werden, und scheitern dabei meist kläglich.
Bei den Naturvölkern gibt es für diese wichtige Entwicklungsstufe starke und wirkungsvolle Rituale unter Anleitung erfahrener Männer. Der Wunsch nach Ritualen, die in unserer Gesellschaft weitgehendst verschwunden sind und nur noch in der Taufe, der Kommunion oder Konfirmation mit Hauptaugenmerk auf die bestellten Geschenke durchgeführt werden, ist aber immer noch vorhanden. In dem Film

»Denn sie wissen nicht, was sie tun« führt James Dean mit seinen Freunden solch ein Mannbarkeitsritual durch. Sie fahren mit Autos auf eine Klippe zu, und wer zuletzt herausspringt, ist der Größte. James Dean wird immer noch als »ewiger Junge« gesehen, und sein Poster hängt als Jugendsymbol in so manchem Zimmer unserer Söhne und Töchter. Heute wetten die Jungens darum, wer am längsten als Geisterfahrer auf der Autobahn fahren kann, oder surfen auf der fahrenden S-Bahn. So wird aber niemand zum Mann. Die Kraft der Männer kann nicht in die richtigen Bahnen gelenkt werden, wie dies durch sinnvolle Rituale geschähe. 90% der Gefängnisinsassen sind Männer, und die meisten Gewalttaten werden von Männern verübt. Ein wirklich erwachsen gewordener Mann würde auch nicht mit einem Gewehr wehrlose Dörfer überfallen und die Frauen vergewaltigen. Nur kleine unreife Jungs tun so etwas. Mitscherlich hatte wohl mit seiner »vaterlosen Gesellschaft« allzu Recht.

Spätestens nach dem berühmten Biss in den Apfel hätte Gott-Vater erkennen sollen, dass er die Natur seiner Kinder nicht auf Dauer unterdrücken kann.

Genau genommen ist er dafür verantwortlich, ist er der Verursacher des ganzen Leids, indem er den Kindern ihren natürlichen Wissensdrang verbot.

Wie anders hätte die Geschichte mit einem liebevollen, an der Entwicklung seiner Kinder interessierten Vater verlaufen und ausgehen können!

Nachdem nun mal geschehen war, was er verhindern wollte, hätte er sich mit allen Beteiligten zusammensetzen und beraten können, wie es denn nun weitergehen sollte. Welch wundervolle Vorstellung: Erwachsen, als »Krone der Schöpfung« im Paradies, d. h. geliebt und verstanden, zu leben!

Ein spiritueller Gott-Vater hätte sich so verhalten. Er ist da, um die Entwicklung jedes Einzelnen zu unterstützen und zu fördern. Er gibt hilfreiche Zeichen, erst sanft, dann deutlicher, er schenkt Freiheit und bedingungslose Liebe.

So ist dieser biblische Vater kein Gott, sondern ein sehr menschlicher, männlicher Patriarch, eine Art Pate, der für die Gehorsamen paradiesisch sorgt und die Rebellen eliminiert, der auf seine alleinige Macht nicht verzichten will. Er möchte weiter die Kontrolle über andere behalten, bestimmen, was für sie richtig, was gut und böse ist.

Leider passiert das in fast allen Kinderstuben und sogar noch unter Erwachsenen. Das Gebot heißt: »Solange ihr unter meinem Schutz steht, habt ihr zu tun, was ich euch sage. Wenn euch das nicht passt, müsst ihr gehen.« Das kann aber nur jemand sagen, der es selbst nicht anders erlebt und gelernt hat.

Zum Glück berichtet die Bibel im Neuen Testament auch von einem anderen Vater, nämlich im *Gleichnis vom verlorenen Sohn*. Da feiert ein Vater ein Fest, weil sein Sohn aus der Fremde heimkehrt, obwohl er dort das Vermögen durchgebracht hat. Der andere Sohn, der immer brav zu Hause geblieben war, beschwert sich, was viele verstehen werden. Dieser Vater zeigt uns, dass ein Sohn immer zu seinem Vater heimkehren kann, egal was passiert ist, und dass es zum Erwachsenwerden gehört, Fehler zu machen und eigene Erfahrungen zu sammeln. Durch immer währende Anpassung und dadurch es allen recht machen wollen, ist noch nie jemand erwachsen geworden.

Adam und Eva müssen also gehen, und irgendwie erinnert dies auch an das Märchen von Hänsel und Gretel, die ja von einer scheinbar herzlosen Mutter im Wald ausgesetzt werden. Der schwache Vater, der die reale Lebenssituation nicht wahrhaben will, kann sich gar nicht dagegen wehren. Aber nur dadurch, dass sie die Erfahrungen mit der Hexe machen »durften«, konnten sie reich mit Schätzen beladen heimkehren. Zumindest Gretel ist erwachsen geworden, denn sie hat ihren Bruder aus dem Käfig befreit und gewusst, dass die Ente sie nur einzeln über den See bringen kann.

Wer weiß, wie lange Hänsel der »Mutter Hexe« noch vorgemacht hätte, dass er immer noch *ihr kleiner Junge* sei, indem er ihr statt seines Fingers ein dünnes Knöchelchen durch die Gitterstäbe reichte. Viele Männer werden, sobald sie bei der Mutter zu Besuch sind, wieder zu kleinen Jungens oder leben mit 30 noch im »Hotel Mama«. In der Firma spielen diese Kinder dann die Führungskraft, lassen ihre

Wäsche aber immer noch von Mutter waschen und setzen sich daheim an den gedeckten Tisch. Eltern, die dies unterstützen (natürlich aus wirtschaftlichen und durchaus vernünftigen Gründen) sagen ihren Kindern damit implizit, dass sie sie nicht für fähig halten, alleine klarzukommen. Und irgendwie stellen sie sich und ihrer Erziehung damit auch ein Armutszeugnis aus.

Die Eltern von Siddharta wollten verhindern, dass ihr Sohn Armut, Tod und Krankheit sieht. Sie schlossen ihn in der prächtigen Königsstadt ein, wo ihm alles geboten wurde. Er wurde vollkommen verwöhnt. Erst, als er durch seine Neugierde getrieben, die jedem Kind eigen ist, die Mauern seines Luxusgefängnisses verlassen hatte, konnte er zum Buddha werden.

Auch Parzival konnte von seiner Mutter Herzeleide, die ihren Sohn vor dem Schicksal seines Vaters Gachmuret, der im Kampf vor Bagdad den Rittertod gefunden hatte, nicht versteckt gehalten werden. Er folgte den ersten Rittern, denen er im Wald begegnete - ja er hielt sie sogar für Götter -, und wurde nach einigen Abenteuern sogar von König Artus selbst zum Ritter geschlagen und beschloss sein Leben als König des Heiligen Grals.

Im Märchen »Der Eisenhans« sperrt der Vater denselben zwar in einen Käfig, den Schlüssel dazu findet der Sohn aber unter dem Kopfkissen der Mutter. Der Wilde Mann (der Eisenhans) wusste, wo der Schlüssel zu finden war, und hatte es dem Sohn verraten. Wohl dem jungen Mann, der seinen *Wilden Mann* befreien darf. Dann muss er nicht mehr im dunklen Wald seine Opfer in den See ziehen.

Adam und Eva, ihre Kinder und Kindeskinder bringen trotz des nun harten, aber realistischen Lebens noch so manches Opfer, um sich Vaters Wohlwollen zu erhalten. Sie leben weiter in personengebundener Abhängigkeit.

Dieser biblischen Geschichte ist es gelungen, das Machtverhalten von Eltern und das Schuldgefühl von Kindern durch unzählige Generationen bis heute zu erhalten.

Es wird höchste Zeit, dieses ursprünglich gottgleiche Kind zu stärken, sein Bedürfnis nach Wissen ernst zu nehmen und zu achten. Wir sollten uns erinnern, dass wir wissen, was gut und böse ist, dass wir diesem Wissen trauen dürfen.

Es gibt Methoden, mit denen man Abhängigkeit, Hilflosigkeit und Nichtwissen des inneren Kindes verändern kann in Selbstbestimmtheit, Stärke und Wissen. Erstaunlicherweise begegnet unsere Seele dann Eltern und Bezugspersonen, die verstehen und lieben. Oder wir finden die Kraft und Sicherheit, uns im Guten ohne Schuldgefühle zu lösen, um andere, unterstützende und achtungsvolle Menschen zu finden.

Die Last, die wir tragen

Es ist dringend erforderlich, die Neurose, die uns alle vergiftet, auszulöschen. Dass wir neurotisch sind, liegt auf der Hand. Man braucht sich nur das Außen anzuschauen, und man kennt das Innen. Aber jede Neurose kann geheilt werden, es braucht lediglich die absolute Bereitschaft des Patienten. Irgendwann ist diese Neurose entstanden und wurde von Generation zu Generation weitergegeben. So entstand eine Neurosenkette, und sie wird weitergehen, wenn wir nicht damit beginnen, diese Kette zu unterbrechen. Sie wird sonst zu einem Teufelskreis.

Die meisten Menschen kommen in ihrem Leben irgendwann an einen Punkt, an dem sie sich fragen: Ist Liebe vielleicht nur eine Kindheitsphantasie? Sie begegnen anderen, berühren sie kaum und sind schon weitergegangen. Ihre Liebesaffären fangen sogar gut an, auch recht intensiv, aber nach einer gewissen Zeit verlaufen sie im Sande. Ihre Ehen lassen zu wünschen übrig, das, worauf sie einmal all ihre Hoffnungen gesetzt haben, endet in Langeweile oder Scheidung oder sie werden zum guten Schein nach außen oder der Kinder wegen aufrechterhalten.

Aber das Liebesleben, das wir uns alle wünschen, ist kein idealistischer Jugendtraum. Liebe ist nicht nur ein Wort. Liebe möchte jeder, geben und nehmen, es wäre dämlich, dies nicht einmal vor uns selbst zuzugeben.

Wenn wir diese Liebe nicht erleben, wird unsere Frustration nur weiter verstärkt. Wir wissen, dass es sie gibt, denn überall lesen, hören und sehen wir etwas darüber. Niemand kann uns den Vorwurf machen, dass wir die Liebe nicht suchen. Viele Menschen glauben, Liebe hinge davon ab, dass man den richtigen Partner mit vielen guten und möglichst wenig schlechten Eigenschaften findet. Immer wieder

hoffen wir, dass es »dort draußen« irgendjemanden gibt, der uns lieben wird und die Liebe in uns zum Entfalten bringt. Aber die Desillusionierung ist Folge dieses Selbstbetruges. Die Liebe liegt in Ihrer Hand, nicht in der Hand eines anderen Menschen. Wenn Ihr Liebesleben unerfüllt oder schrecklich ist, so liegt das nicht an:
(Setzen Sie hier alle Entschuldigungen ein, die Sie sich selbst einreden: »Es ist so schwer, jemanden kennen zu lernen.« »Ich sehe nicht gut aus.« »Ich finde einfach meinen Typ nicht.« etc.)
Während man einerseits den Fehler machen kann, nur dieser einen »zauberhaften« Person hinterherzulaufen, suchen andere Menschen die Liebe in der Meditation, im Gebet oder in der Religion. Sie glauben, dass ein Gott ihnen die Liebe eröffnen wird, und jeder Priester erklärt uns, wie wichtig die Liebe ist. Wenn ich aber nicht lieben kann, kann mir weder eine Religion noch ein Guru helfen.
Wenn auch vieles von dem bisher Gesagten negativ klingt, so ist es doch klar, dass unter der Oberfläche der menschlichen Negativität ein Edelstein liegt. Dies ist unser wahres Selbst.
Wenn man die Kruste beiseite räumt, wird das wahre, liebende Selbst frei.
Diese Kruste kann man nicht durch Denken beseitigen, sondern nur durch Fühlen. Der Intellekt hat Logik, die Seele Bedürfnisse. Wenn wir keine Selbstliebe entwickeln, kommen wir nie zu einem Ende. Wir können Therapien machen, so viele wir wollen, Kurse besuchen, die Ernährung umstellen, fasten und vieles mehr. Solange es nicht darum geht, uns selbst zu lieben, kommen wir nie ans Ziel. Immer wieder werden wir zu all den Ersatzbefriedigungen greifen, die uns umgeben: Essen, Alkohol, Zigaretten, Geld, Arbeit, Sex, kurz, alles was ein Mensch tun kann, kann auch zur Sucht werden. In dem Wort Sucht steckt das Wort »suchen«.
Zu spüren, dass die Liebe fehlt, tut weh. Fehlende Liebe macht einsam. Aber die Einsamen haben eine Menge Entschuldigungen dafür, warum sie mit anderen Menschen nicht zurechtkommen: »Ich bin gerne allein«. »Es gibt zu viel Probleme«. »Ich möchte mich auf so etwas nicht einlassen.« etc. Hinter der Einsamkeit lauert die Angst.

Wenn man sich nicht einlässt, kann man auch nicht zurückgewiesen werden. Diejenigen, die wissen, dass sie es nicht wert sind, geliebt zu werden, oder die nie Liebe erfahren haben, betäuben ihre Schmerzen, indem sie bestreiten, dass es so etwas wie Liebe wirklich gibt oder dass sie wichtig ist. Alle Argumente gegen die Liebe sind schwer zu widerlegen, weil sie auf einer bestimmten Ebene stimmen. Das heißt aber nicht, dass sie auch wahr sind. Denn auf einer tieferen Ebene versuchen alle diejenigen, die die Liebe leugnen, sich vor dem Schmerz zu schützen, den eine Konfrontation mit der Wahrheit mit sich bringen würde.

Wenn es keine Liebe gibt, braucht man auch nicht darum zu bitten, und wenn man nicht bittet, kann man auch nicht abgewiesen werden. Sogar die Liebe der Eltern zu ihren Kindern ist oft nicht das, was sie zu sein scheint. Viele behaupten von sich, liebevolle Eltern zu sein, und führen als Beweis dafür die Opfer an, die sie täglich für ihre Kinder bringen. Diese Opfer sind in der Regel nach außen hin gut zu erkennen, doch werden die Erwartungen, auch etwas dafür zu bekommen, versteckt. Erst wenn die Kinder rebellieren oder die Erwartungen der Eltern nicht erfüllen, kommt die Wahrheit ans Licht: »Wie konnten sie uns so etwas antun, nach allem, was wir für sie getan haben!« Solche Klagen sind leider typisch und beweisen, dass die »Liebe« an Bedingungen geknüpft war.

Sex wird ebenfalls oft mit Liebe verwechselt. Sex ist ein erregender biologischer Akt, und obwohl sexuelles Verlangen eine wundervolle Erfahrung sein kann, ist Sex nicht gleich Liebe. Häufig erklären sich Partner auf dem Höhepunkt der Leidenschaft ihre Liebe. Was sie wirklich lieben, ist die wachgewordene Erinnerung an die Vereinigung mit der Mutter oder an das Gefühl der Nähe zum Vater. Voraussetzung dafür ist natürlich, dass ein Mensch in seiner frühen Kindheit dies tatsächlich erlebt hat.

Ohne diese wichtigen Erfahrungen in der Kindheit ist es fast unmöglich, erwachsene Sexualität oder Liebe zu erfahren. Für Menschen, die als Kind nicht zärtlich gestreichelt wurden, ist es im Erwachsenenalter fast unmöglich, Zärtlichkeit zu geben oder anzunehmen.

Glücklicherweise ist völliges Fehlen liebevoller Zuwendung in der Kindheit äußerst selten. Den meisten von uns hat das beständige Erleben zärtlicher Gefühle gefehlt sowie das Bewusstsein, als das akzeptiert zu werden, was wir sind.
Das Problem ist ein Zustand des sich nicht geliebt Fühlens.
Die Ursache des allgemeinen neurotischen Zustandes der Gesellschaft ist, dass Menschen sich Menschen gegenüber unmenschlich verhalten. Im Grunde genommen ist Neurose, auf einen allgemeinen Nenner gebracht, nichts anderes als der Zustand des sich »Nicht-geliebt-Fühlens«.
Ja, geschichtlich betrachtet, haben Schmerz und Streit, hervorgerufen durch »neurotische« negative Gewohnheiten, Gefühle und Verhaltensweisen, unzähliges persönliches Unglück wie auch gesellschaftliches Fehlverhalten hervorgebracht. Es sind diese Verhaltensweisen, welche die wirklichen Hindernisse sowohl für persönliches Glück als auch für den Frieden auf unserem Planeten sind.
Täglich werden wir durch die Negativität der Neurose beeinflusst, sowohl auf der persönlichen als auch auf der kollektiven Ebene. Unglücklicherweise leben die demokratisch gewählten Führer der Nationen, wie auch Tyrannen und Diktatoren genau wie wir ihre Neurosen in ihren Handlungen, Reaktionen und Interaktionen aus.
Adolf Hitlers Massenmord an den Juden war eines der extremeren Beispiele eines solchen kranken Verhaltens. In ihrem faszinierenden Buch »Am Anfang war Erziehung« (1980, Frankfurt: Suhrkamp Verlag) hat die schweizer Psychoanalytikerin Dr. Alice Miller Hitlers Neurose in seine Kindheit zurückverfolgt und dargestellt, wie er negativ programmiert wurde, sodass er fähig wurde, solch schreckliche Grausamkeiten gegen die Menschheit zu verüben. Die Tatsache solcher Mechanismen vorausgesetzt, wird es zum Muss, die Gründe der Neurosen, welche zu so monströsem, zerstörerischem Verhalten führen, aufzudecken und mit der Wurzel auszureißen.
Es ist ein bekanntes und überall akzeptiertes Konzept, dass wir als Kinder positives und negatives Verhalten durch elterliche Program-

mierung lernen. Es ist wichtig klar zu machen, dass unsere Eltern, die ohne es zu wollen uns programmierten, zwar die Ursache unserer Neurose sind, man sie dafür aber nicht verurteilen kann. Auch sie wurden von ihren Eltern programmiert wie auch diese von deren Eltern usw. Wir sind alle schuldig wegen unseres negativen Verhaltens, und dennoch kann man niemanden dafür verurteilen. Es ist eine unglückliche Verkettung von Fehlverhalten, die von Generation zu Generation weitergegeben wird. Es ist der Fluch der Menschheit.

Dies ist nicht als Anklage gegen Ihre Eltern oder gegen Sie selbst, sofern Sie Vater oder Mutter sind, gedacht. Lesen Sie diese Zeilen unabhängig von Ihrem jetzigen Alter als Kind Ihrer eigenen Eltern.

Alle teilen wir die Tatsache als Kind eines Mannes und einer Frau, eines Vaters und einer Mutter geboren zu sein. Als Kinder waren wir vollständig, was Nahrung, Führung, Hilfe und Liebe anbelangt, von unseren Eltern abhängig. Sie waren unsere ersten Rollenmodelle. Da wir es nicht besser wussten - so wie die Eltern selbst auch nicht - lernten und adoptierten wir diese Programme und Verhaltensweisen oder Muster, als wenn es unsere eigenen wären.

Und jetzt kommt die gute Nachricht: Da wir diese Programme und Muster lernten, können wir sie auch wieder verlernen! Wenn wir aber die adoptierten Lügen ausleben, verdunkeln wir unsere wirkliche und grundlegende Essenz: Liebe und innerer Friede.

Was unbekannt ist, muss nicht vergessen bleiben, und wir können unser angeborenes, positives wirkliches Selbst erkennen und ein besseres Leben erschaffen. Es gibt einen Ausweg! Unsere gesamte grundlegend negative Programmierung findet vor der Pubertät statt (dem Alter in dem wir biologisch reif und psychisch erwachsen werden). Der Erwachsene, der wir nach der Pubertät sind, lebt automatisch seine Kindheitsprogrammierung.

Einige haben einen Elternteil in der Kindheit entweder durch Tod oder Scheidung verloren. Andere wurden von einem oder beiden Elternteilen verlassen, lebten mit Ersatzeltern oder in Heimen. Wenn dem so war, so ist die Abwesenheit der biologischen Eltern und das

Fehlen ihrer Zuneigung und Liebe, unabhängig vom Grade der Liebe, die Sie von den Ersatzeltern erhielten, der ursprüngliche Grund für Ihre Unfähigkeit, eine liebevolle Beziehung zu sich selbst und anderen zu haben. Viele hatten Eltern, die physisch anwesend waren, aber keine Gefühle zeigten. Das Resultat ist dasselbe.

Menschen leben unglücklich ihr Leben, indem sie sich selbst zurückweisen und sich so verhalten, dass sie von den anderen zurückgewiesen werden. Physisch verlassen oder nicht, haben sie die Liebe und Annahme von ihren Eltern weder gespürt noch erhalten. Deshalb spüren sie, dass sie Liebe nicht verdienen. So wurde der Mangel an Selbstachtung geboren, der, begleitet von Gefühlen der Wertlosigkeit und Ungeliebtheit, die Geißel ist, die ihre Gesundheit auf allen Ebenen ihres Seins bedroht.

Die verschiedensten psychotherapeutischen Schulen haben uns ermahnt, die Verantwortung für unser Verhalten zu übernehmen, die Negativitäten in unserem Leben loszulassen und die positiven Verhaltensweisen zu belohnen (als ob das so einfach wäre!). Einige dieser Techniken und Methoden bringen scheinbar eine Änderung zustande. In vielen Fällen jedoch ist die Änderung nur vorübergehend. Solche Änderungen kann man mit dicken Schichten von Schlagsahne vergleichen, die über den Abfall von qualvollen Kindheitsprogrammierungen geschichtet werden. Die Wurzel des negativen Verhaltens bleibt unangetastet. Wenn der Strom der Zeit die Schlagsahne wegschwemmt, treten die alten Probleme wieder mit Getöse hervor. Man bezeichnet dieses gut gemeinte Phänomen der Pseudopositivität als »power of positive stinking« (Wortspiel mit »power of positive thinking«).

Wirkliches positives Denken und wahre Positivität an und für sich sind nicht nur möglich, sondern Ihre unveräußerliche Wahrheit und Ihr Recht. Dennoch muss man, damit eine wirkliche Veränderung stattfinden kann, hinter die Kulissen des eigenen Lebens schauen. Nur dann kann man negatives in positives Verhalten umwandeln. Und nur dann kann das Leben in seiner ganzen Fülle erfahren und gelebt werden.

Wenn unsere Eltern sich wirklich geliebt haben, uns wollten und uns bis zur Pubertät durchwegs ohne Besitzanspruch, ohne uns mit Liebe zu ersticken und mit bedingungsloser Annahme aufgezogen haben, dann sind wir glücklicherweise den zerstörerischen Effekten einer Neurose und ihren Folgen entgangen. Dies ist allerdings selten der Fall.

Wenn wir uns von der Krankheit negativer Programmierung belastet finden, dann sind es unsere Eltern, die, beabsichtigt oder unbeabsichtigt, der Grund unserer Neurose sind. Wenn wir auf der tiefsten Ebene unseres Seins, erfahrungsmäßig und gefühlsmäßig und nicht intellektuell, lernen, sie von dieser Last zu befreien, dann können wir uns selbst entlasten und Frieden finden.

Um dieses gesuchte Ziel zu erreichen, müssen wir zu einer tiefen Empfindung von Mitgefühl, Verständnis ohne Verurteilung und Annahme für die Kinder, die unsere Eltern einst waren, kommen. Wenn dies erreicht ist, sind wir wirklich frei, die Erwachsenen, die sie wurden, zu akzeptieren und sie zu lieben. Dann können wir uns bei ihnen für das Wichtigste bedanken, das wir haben, unser Leben. Indem wir dies tun, können wir uns selbst von zwanghaftem negativem Verhalten befreien und Selbstannahme, Selbstverzeihung und Selbstliebe finden - wir können unser Leben *nehmen*. Über eine Methode guter Veränderungsarbeit lesen Sie im übernächsten Kapitel.

Über Pro-bleme

Ein König hatte einen Berater, der in allem das Positive sah. Manchmal ging es dem König zwar auf die Nerven, aber aus irgendeinem Grund schickte er seinen Berater nie weg. Eines Tages waren sie auf einer Reise auf einer fremden Insel gelandet. Sie saßen am Strand und machten ein Picknick. Der König wollte eine Kokosnuss mit seiner Machete öffnen, als ihm das Messer abrutschte und er sich den kleinen Zeh abhieb. Er schrie und lamentierte, als der Berater ihn beruhigte: »Mein König«, sagte er, »für irgendetwas wird es gut sein.«

Jetzt reichte es dem König, und zornig wie er war, ließ er den Berater in ein tiefes Loch in der Nähe werfen - sollte er doch sehen, wie er da wieder rauskam.

Auf dem Rückweg wurde der König von einem wilden Eingeborenenstamm gefangen genommen. Im Dorf wurde er sofort auf eine Art Altar gebunden, als der Medizinmann auch schon herantrat und verkündete, man wolle ihn den Göttern opfern. Alles Bitten und Wehklagen half dem König nichts. Der Medizinmann schritt um den König herum, um ihn mit Blumen zu schmücken. Plötzlich stutzte er und ließ den König losbinden. Er sagte zu seinen Leuten:

»Dieses Opfer ist nicht vollständig, ihm fehlt ein Zeh. Unsere Götter haben aber unversehrte Opfer verdient. Lasst ihn laufen.«

Schnell lief der König zum Loch zurück, in das er seinen Berater geworfen hatte. Nachdem er ihm herausgeholfen hatte, bat er ihn um Verzeihung. »Du hattest Recht, es tut mir Leid, bitte verzeih mir.«

Darauf antwortete der Berater: »Ich dachte es mir schon, dass es für irgendetwas gut sein müsse, als du mich in den Brunnen warfst. Denn stell dir vor, die Eingeborenen hätten mich gefangen.«

Das Leben oder die »Umstände« sind immer »Pro«, also für Sie da. Im Laufe Ihrer Entwicklung gibt es kein »Kontra«. Nichts und niemand ist gegen Sie. Es scheint nur manchmal so, als ob es Menschen oder Umstände gäbe, die gegen Sie sind. Beginnen Sie einfach noch heute damit, ihre Probleme als etwas zu betrachten, das für Sie da ist - es sind nämlich Möglichkeiten, Kompetenzen zu erweitern und Neues zu lernen. Menschen wachsen an Problemen.

Vielleicht sind es Ihre Eltern, Ihre Lehrer oder Ihr Chef. Wie oft erwecken aber gerade solche Menschen Fähigkeiten in uns, von denen wir gar nicht wussten, dass wir sie besitzen, wenn wir uns der Herausforderung stellen. Wenn Ihnen immer alles recht gemacht würde, würden Sie faul und bequem, hätten nie die Möglichkeit, Ihre Stärken zu erfahren. Häufig habe ich von Menschen gehört, dass sie gerade durch eine Kündigung zu ihrer Lebensaufgabe gefunden haben.

Wir leben in einer »Versicherungsgesellschaft«. Gegen alles Mögliche versichern wir uns, sogar gegen den Tod. Wir wehren uns dagegen, erwachsen zu werden. Wie kleine Kinder wollen wir möglichst immer versorgt sein, Mami und Papi (Staat und Gesellschaft) sollen immer für uns da sein. Sich zu versichern heißt aber auch: Kein Vertrauen in die eigenen Fähigkeiten und Zweifel an den Zusammenhängen des Lebens zu haben, was in Zweifeln des eigenen Selbst gipfelt.

All diese Absicherungssysteme haben nur ein Ziel, nämlich durch äußere Maßnahmen Eingriffe des Schicksals zu verhindern oder umzuändern. Hinter all diesen Bestrebungen steht Angst vor Verantwortung. Doch die Angst vergeht in dem Augenblick, in dem Sie entscheiden, sich dem zu stellen, was das All Ihnen schickt. Und was das All Ihnen schickt, werden Sie selbst bestimmen können, wenn Ihr Bewusstsein erwacht ist. Jetzt bestimmen Sie es auch schon, nur wissen Sie es nicht, und deshalb bekommen Sie Probleme.

Bitte verstehen Sie mich richtig. Ich möchte Ihnen hier nicht raten, all Ihre Versicherungen zu kündigen, ich möchte lediglich bewusst machen, was ist.

Probleme sind Geschenke, die wir uns selbst machen, an ihnen wachsen wir. Nicht umsonst steckt in dem Wort Problem die Vorsilbe »pro«, und pro heißt: für. Wäre dies nicht so, hießen Sie Kontrableme. Niemand erhält eine Aufgabe, die er nicht auch bewältigen kann. Indem diese Existenz Ihnen Ihr Problem geschickt hat, sagt sie Ihnen auch gleichzeitig, dass Sie die Kraft und die Fähigkeit haben, es zu meistern, denn *Schicksal ist das, was das All Ihnen schickt.*

Und weil Sie ein Teil des Alls sind, sind Probleme nicht »natürlich«, wie Ihnen vielleicht erzählt wurde. Viele Ihrer so genannten Probleme haben Sie selbst erzeugt. Sie haben sie geschaffen, um an ihnen zu wachsen. Wenn es nichts gäbe, was Sie herausfordert, hätten Sie kaum die Möglichkeit, Ihr Selbst zu entdecken.

Nicht umsonst sind unter den Drogenabhängigen viele Menschen, denen als Kinder alles abgenommen wurde, die es einmal »leicht« haben sollten. Es wurde ihnen die Möglichkeit genommen, sich am Leben zu reiben. Schlimmer noch, indirekt wurde ihnen vermittelt, dass man sie für unfähig hält, ihr Leben zu meistern. Dieser Glaubenssatz ist ein guter Nährboden für Sucht und dafür, an seinem Leben vorbei zu leben.

Über Ordnungen

In einem Dorf, irgendwo in den Bergen lebte ein alter weiser Mann. Aus der ganzen Welt kamen die Leute zu ihm, seinen Rat einzuholen, und das Dorf ehrte ihn. In diesem Dorf lebten auch zwei Lausbuben. Eines Tages sagte der eine zu dem anderen. »Weißt du was? Wir spielen dem alten Mann einen Streich. Wir wollen doch mal sehen, ob er wirklich so weise ist, wie immer alle behaupten. Wir werden zwei Spatzen fangen und diese hinter unserem Rücken verstecken, in jeder Hand einer. Dann gehen wir zu dem alten Mann und fragen ihn, ob die Spatzen in unserer Hand tot oder lebendig sind. Wenn er sagt: ›Tot‹, dann lassen wir sie am Leben, wenn er sagt: ›Lebendig‹, dann töten wir sie.« Der andere Lausbub fand diese Idee toll, und so taten sie wie besprochen.
Der weise Mann empfing die beiden freundlich. Sie stellten sich vor ihn hin und sagten: »Weiser Mann, wir haben hier in unseren Händen zwei Spatzen. Sag uns bitte: sind sie tot oder lebendig?«
Der Alte lächelte und erwiderte: »Tot oder lebendig - das liegt in eurer Hand.«

Der juristische Gesetzgeber sagt: »Unwissenheit schützt vor Strafe nicht.« Das Kosmische Gesetz sagt: »Unwissenheit schützt dich vor den Folgen nicht, wenn Du Kosmische Gesetze verletzt.«
Wir leben in einem Kosmos. Kosmos bedeutet, im Gegensatz zum Chaosbegriff der griechischen Mythologie, Ordnung. Wo es eine Ordnung gibt, muss aber auch eine Gesetzmäßigkeit vorliegen. Das heißt, dass der Kosmos einer bestimmten Gesetzmäßigkeit unterliegt, einer Gesetzmäßigkeit, in die wir uns einzuordnen haben, ob uns das gefällt oder nicht. Die gleichen Gesetze, die aber für den Makrokosmos gelten, haben auch für den Mikrokosmos Gültigkeit. Wenn

man diese verletzt - auch wenn man unwissend ist - wird man die Folgen erfahren. Wenn Sie erleben möchten, wie Ihr Leben nicht funktioniert, dann stellen Sie sich gegen die Ordnungen.
Erinnern Sie sich an das Prinzip: »Wie innen so außen.«
Wir fühlen uns zwar als Herren der Schöpfung und führen uns auch so auf. In Wirklichkeit sind wir jedoch lediglich ein Teil von ihr, in der niemand eine Insel ist. Es existiert im Universum nichts, das von irgendetwas anderem getrennt ist. Alles ist zutiefst miteinander verbunden, unwiderruflich wechselseitig voneinander abhängig, interaktiv, eingewoben in den Stoff allen Lebens - schicksalshaft miteinander verwoben - im Kleinen wie im Großen.
Wer sich nun gegen diese Ordnung stellt, so wie wir dies zurzeit tun, werden wir - wie beim Fußballspiel - irgendwann des Feldes verwiesen. Verwarnungen haben wir schon viele erhalten, und täglich kommen massivere hinzu. Sollte es wirklich irgendwo »da oben« einen Schiedsrichter geben, so hat er sehr viel Geduld mit uns.
Wir sind auf diesem Planeten lediglich Untermieter, verhalten uns aber so wie rücksichtslose Hausherren, die noch nicht einmal an ihre Erben denken. Wir vererben diese Erde aber nicht an unsere Kinder, sondern wir haben sie von ihnen geliehen. Unsere Kinder und Kindeskinder werden unsere Schiedsrichter sein.
Dieser Kosmos existiert nach dem Prinzip von Ursache und Wirkung und wird durch den Ausgleich von Geben und Nehmen in Balance gehalten. Auch hier ist es im Großen wie im Kleinen. Eine Beziehung, in der einer nur gibt und der andere nur nimmt, wird irgendwann in eine Schieflage geraten. Das System kippt. Wer sich nicht an die Ordnungen hält - egal ob sie ihm bewusst sind oder nicht - wird scheitern. Man kann sich gegen die Ordnungen stellen, wenn man bereit ist, die Konsequenzen zu tragen, wie das für all unsere Handlungen gilt. In der Regel will der Mensch aber nicht die Verantwortung nehmen. Gerne schieben wir sie anderen in die Schuhe - siehe Paradies.
Systeme streben immer nach Harmonie, das ist ihr oberstes Gesetz, weil es das Gesetz des Universums ist. Hängen Sie ein Mobile an

einen beliebigen Platz. Was wird geschehen? Das Mobile wird sich immer ausbalancieren. Seine einzelnen Teile werden sich so bewegen, dass das Ganze stets im Ausgleich ist. Nehmen Sie nun eines seiner Teile weg, werden alle anderen ihre Position so verändern, dass das Ganze wieder im Ausgleich hängt. Das Gleiche wird geschehen, wenn Sie eines der Teile beschweren.
An dem Beispiel des Mobiles können Sie so ungefähr erkennen, wie Systeme funktionieren. Lebende Systeme haben natürlich noch andere Möglichkeiten, für den Ausgleich zu sorgen, und sie scheinen nur nach bestimmten, vorgegebenen Ordnungen gut zu funktionieren. Das Überleben der frühen Menschen, die in kleinen Gruppen über die Welt zogen und einen harten Überlebenskampf auszufechten hatten, war nur gesichert, wenn sich die Mitglieder der Gruppe an gewisse Ordnungen hielten.
Diese Ordnungen waren nirgendwo niedergeschrieben, sondern jeder bekam diese sozusagen mit der Muttermilch und gab sie von Generation zu Generation weiter. So war jedem Gruppenmitglied klar, dass es einen Führer gab, der auch gewisse Privilegien genoss. Es gab eine Rangfolge beim Essen, Aufgaben waren genau verteilt, und jeder hatte das Recht dazuzugehören. Nur wenn gegen die Ordnungen verstoßen wurde, wurde ein Mitglied augeschlossen, was meist gleichbedeutend mit dem Tod war.
Der Psychoanalytiker und ehemalige Ordensbruder Bert Hellinger hat in seiner inzwischen über die Grenzen hinaus bekannten Arbeit des Familienstellens herausgefunden, dass auch in unseren ach so modernen Systemen fast die gleichen Ordnungen und Gesetze herrschen wie anno dazumal.
Dies gilt auch für Unternehmen, die ja auch ein System bilden. Wenn Sie das nicht glauben, versuchen Sie doch einfach einmal, ihr Auto auf den Parkplatz Ihres Chefs zu stellen. In ganz besonderem Maße gelten Ordnungen aber für und in Familien. Im Gegensatz zu allen anderen Systemen können wir unsere Familie nicht verlassen. Selbst wenn wir weit von der Familie wegziehen - auch wenn wir nach Afrika oder Australien auswandern - , bleiben wir mit ihr und ihren

Schicksalen immer verbunden. Bert Hellinger sagt zu den Ordnungen: »Ordnung ist etwas Vorgegebenes. Ein Baum z. B. entfaltet sich nach einer Ordnung. Sie ist ihm vorgegeben. Er kann aus dieser Ordnung nicht herausfallen, sonst ist er kein Baum mehr. So entwickelt sich auch der Mensch nach einer bestimmten Ordnung. Und menschliche Systeme entwickeln sich nach einer Ordnung. Diese Ordnungen sind uns vorgegeben. Die vorgegebene Ordnung ist etwas Verborgenes. Man kann sie nicht ohne weiteres finden, geschweige denn erfinden. Wenn wir unsere Ordnung gesehen und akzeptiert haben, sind wir frei.«

Es gibt wohl keine Methode der Psychotherapie (wenn man sie überhaupt als solche bezeichnen kann), die eine solch rasante Verbreitung gefunden hat, wie die des Familienstellens. Im Grunde erinnert diese Arbeit eher an die Rituale der Schamanen, sowohl von der Grundannahme her, dass unsere Ahnen in unsere Gegenwart hineinwirken, als auch von der stark rituellen Vorgehensweise. Es ist also eine alte Methode, die bei uns eine Wiederauferstehung feiert. Nach meiner Erfahrung, meinem Erleben und meiner Beobachtung gibt es allerdings kaum eine psychotherapeutische Methode, die solch wirkungsvolle und anhaltende Ergebnisse erzielt.

Es gibt inzwischen eine umfangreiche Literatur über diese Arbeit, nicht nur von Hellinger selbst, sodass ich hier nur in groben Zügen darauf eingehen möchte, auch weil wir sie innerhalb unserer Systemischen Coachings einsetzen und immer wieder als ein sehr machtvolles und wirkungsvolles Instrument erleben dürfen.

Wie meist, wenn eine Idee starken Zulauf hat, gibt es auch hier Kritiker, die teilweise sehr unreflektiert und auf die »Person Hellinger« fokussiert ihre Kommentare hinsichtlich der Gefährlichkeit und der Art und Weise seiner Vorgehensweise abgeben. Zuweilen geschieht dies in einer Art und Weise, die alle, die zu Familienaufstellungen gehen, implizit für blind und blöd erklärt. Ich kenne die Beweggründe dieser Autoren und Journalisten nicht und möchte auch dazu kein Urteil abgeben. Ich möchte nur so viel dazu sagen: Kennen Sie den Unterschied zwischen schwarzer und weißer

Magie? Schwarze Magie machen die anderen. Ich kann nur von mir sagen, dass ich diese Methode, solange ich sie nur vom Lesen und Hörensagen kannte, für einen ziemlichen Humbug hielt. Stellte sie doch mein damaliges therapeutisches Weltbild so ziemlich auf den Kopf. Aus den systemischen Ansätzen von Virginia Satyr und Fritz Moreno waren mir zwar die Grundideen bekannt, auch »Aufstellungen« kannte ich schon aus dem Psychodrama. Diese Methode allerdings schien mir zu schnell zu sein, zu oberflächlich, fast wie Hokuspokus. Wenn dies alles stimmen sollte, wenn es scheinbar genügte, an seinem richtigen Platz innerhalb seines Systems zu sein, stimmte das Bild der Individualpsychologie ja nicht mehr, nach dem jeder Mensch einen freien Willen hat und sein Schicksal selbst bestimmen kann.
Auch die Therapien, die den Eltern die alleinige Schuld geben und sie ständig verantwortlich machen für unser Scheitern. In wie vielen therapeutischen Sitzungen wurde und wird auf die Eltern eingeschlagen und dabei übersehen, dass man dadurch auch auf sich selbst einschlägt, denn man ist ja seine Eltern. Inzwischen bin ich aus erwähnten Gründen dankbar, dass ich dieser Methode der systemischen Aufstellungen begegnet bin und die Philosophie dahinter habe kennen lernen dürfen. Mein Blick auf die Welt, auf mich und meine Familie sowie auf meine Klienten ist weiter und tiefer geworden. In meiner täglichen Arbeit erfahre ich, dass es wirklich so etwas wie Ordnungen in Systemen gibt und wie heilsam es für alle ist, wenn diese gesehen, respektiert und gewürdigt werden.
Man kann über die Person Bert Hellingers sicher unterschiedlicher Meinung sein, wie man das ja bei jedem Menschen sein kann, Unfug ist es allerdings in meinen Augen, von der Person auf die Methode zu schließen. Bert Hellinger ist wie er ist, und er hat nie behauptet, die Wahrheit zu kennen. Viele stören sich an der Art und Weise, wie er seine Aufstellungen durchführt. Er wird oft als autoritär, direktiv, bestimmend oder überheblich etikettiert. Ich habe ihn auch ganz anders erlebt. Egal, was immer man auf die Person Bert Hellinger projiziert, jeder - jeder Laie - kann sich in einer gut durchgeführten

Aufstellung selbst ein Bild davon machen und erleben, was wirkt. Und das ist Hellingers großer Verdienst.
Durch Aufstellungen können wir erkennen, dass wir Teil der Evolution sind und ein Glied in der Kette des Lebens. Eltern geben das Leben an ihre Kinder weiter, wie auch sie es bekommen haben. Bevor wir dies nicht achten und würdigen, haben wir keine Chance, das Leben zu leben, wie es uns bestimmt ist, als unser Leben in Glück und Erfolg.
Wenn wir in der »Verstrickung« unserer Eltern leben, werden wir diese mitnehmen in unsere Beziehungen und sie an unsere Kinder weitergeben. Durch die Aufstellungen werden die Verstrickungen bewusst gemacht und einer liebevollen Lösung zugeführt.
Eine Aufstellung ist ein inneres, metaphorisch verdichtetes Bild, das derjenige, der aufstellt, ins Außen bringt. Dies geschieht in einer Gruppe. Gruppenmitglieder stehen als so genannte Stellvertreter für die Mitglieder der eigenen Familie oder des Systems.
Bei den Aufstellungen stehen tatsächliche Begebenheiten im Vordergrund und helfen uns, »Ordnung« zu finden. Eine Ordnung, in der Liebe fließen kann und Heilung möglich wird. Wenn wir in einem System unseren Platz einnehmen und den des anderen achten, fühlen wir uns zuhause, und es fällt uns leicht, in Liebe verbunden dabei zu sein.
Aufstellungen sind eine Methode, komplexe soziale Realitäten sinnfällig zur Anschauung zu bringen, und ein hervorragendes Mittel, Traumatisierungen in einem Familiensystem über mehrere Generationen hinweg nachzuvollziehen und gute Lösungen aus Verstrickungen zu entwickeln.
Wer eine Aufstellung durchführen will, braucht ein »Anliegen« als Ausgangspunkt. Beispielsweise spürt eine längst erwachsene Tochter immer wieder ohne besonderen Anlass Zorn auf ihre Mutter. In der Aufstellung sucht sie nach unbekannten Ursachen für diesen Zorn. Zudem hat sie die Hoffnung, dass ihr Zorn sich durch die Aufstellung verändert, abnimmt oder sogar verschwindet.
Zunächst fragt der Leiter der Aufstellung die Klientin nach den

wesentlichen Ereignissen, die sich in ihrer Familie in den letzten zwei Generationen ereignet haben. Mehr als ihr Anliegen und diese Ereignisse will er nicht wissen. Dann wählt die Klientin für jedes lebendige, aber auch für jedes tote Mitglied ihrer Kernfamilie (Eltern, Geschwister) und für sich selbst unter den Teilnehmern einen Stellvertreter oder eine Stellvertreterin aus. Die Klientin gibt jetzt spontan ohne zu sprechen und ohne jede Erklärung jedem Stellvertreter der Reihe nach einen Platz im Raum und eine Blickrichtung. Dieses Aufstellen passiert ohne langes Überlegen, so wie es sich für die Klientin im Moment stimmig anfühlt. Wichtig dabei ist allein, dass sie mit ihrer inneren Aufmerksamkeit dabei ist. Das Verblüffende, ja Mysteriöse an dieser Methode ist, dass die aufgestellten Stellvertreter an ihren jeweiligen Plätzen Zugang zu den Gefühlen und Beziehungen der betreffenden Familienmitglieder haben. Dies ist wohl das größte Phänomen bei dieser Arbeit und eigentlich erst zu »verstehen« wenn man es selber erlebt hat.
Ein neues Bild, das am Ende der Aufstellung entstanden ist, entfaltet im Inneren seine Wirkung ohne Wissen und Steuerung durch den Klienten (das tat das alte Bild ja auch). Dieser seelische Vorgang braucht Zeit und Raum. Deshalb werden unmittelbar nach der Aufstellung auch keine Besprechungen oder Interpretationen der Aufstellungsbilder durchgeführt. Das würde nur den Verstand ins Spiel bringen und die Dynamik des Bildes behindern.
Das neue Bild ist häufig ein eher ideales, eines, in dem Liebe zwischen Eltern und Kindern fließt. Das hat der Klient möglicherweise real noch nie so erlebt, daher gibt es einen Teil in ihm, der das alte Bild festhalten will. Diese Phasen der Verwirrung tauchen auf, es gilt sie zuzulassen und auf die Kraft des neuen Bildes zu vertrauen.
Für die Skeptiker: Auch dieses Phänomen ist inzwischen von mehreren Universitäten wissenschaftlich untersucht und bestätigt. Oder noch besser: Kommen Sie und schauen es sich an.
Stellvertreter haben einen großen Vorteil gegenüber realen Personen: Sie sind nicht voreingenommen. Der Klient dagegen hängt an seinen alten Vorstellungen und verteidigt sie gegen einen Wechsel. Die alten

Ideen im Kopf sind zunächst manchmal stärker als die neuen Perspektiven. Stellvertreter sind eher in der Lage, die im Moment vorhandenen Energien zu spüren, sind flexibel und folgen den Veränderungen des Augenblicks. Die Stellvertreter erspüren viele Gefühle und Beziehungen, die in der betreffenden Familie oft unter der Oberfläche existieren. Sie empfinden häufig sogar körperliche Veränderungen, ihre Knie zittern, sie schwanken, ihre Schultern spannen sich an, oder der Bauch verkrampft sich; z.T. sprechen sie sogar wie die reale Person. Die Stellvertreter spüren, wen sie in ihrer Rolle mögen und wen nicht, auf wen sie ärgerlich sind und mit wem sie gern mehr Kontakt hätten. Wer als Stellvertreter Rollen fremder Personen übernimmt, erlebt manchmal Dinge, die er aus dem eigenen Leben nicht kennt. Er gewinnt Einsichten, die ihm sonst verschlossen geblieben wären. Dies führt auch in eigene persönliche Tiefen und vermittelt ein existenzielles Verständnis anderer Menschen und Schicksale.

Eine der bedeutendsten Entdeckungen dieser Arbeit sind die so genannten Verstrickungen. Kinder übernehmen Gefühle und Verhalten von früheren Familienmitgliedern. An diesen Gefühlen und Verhaltensweisen, die ihnen eigentlich fremd sind, halten sie oft ihr Leben lang fest.

So lassen sich viele Erscheinungen wie Depressionen, Schuldgefühle, psychische Störungen oder Neigung zum Selbstmord auf diese verborgenen Verbindungen mit anderen Familienmitgliedern zurückführen. Solange jemand nicht erkennt, mit wem er verbunden ist, bleiben ihm seine eigenen Gefühle und sein Verhalten häufig unverständlich. Er wird davon beeinflusst, manchmal sogar beherrscht. Eine Ursache für eine Verstrickung kann sein, dass eine Person aus der Familie ausgeschlossen und vergessen worden ist. Diese wird häufig in der nächsten oder übernächsten Generation »vertreten«. Die Begegnung mit den Toten ist in vielen Aufstellungen ein erlösender Schritt. Wenn die Toten geachtet werden, werden sie freundlich gegenüber den Lebenden, und deren Beziehungen zu den Toten wandeln sich ebenfalls. Während die vergessenen Toten einer

Familie eher eine unheimliche, bedrohliche Kraft im Hintergrund darstellen, werden sie jetzt zu einer Stärkung und Unterstützung für die Lebenden. Niemand, der es in einer Aufstellung nicht selbst erlebt oder beobachtet hat, wird sich dies vorstellen können.

Der Aufstellungsleiter hat während der gesamten Aufstellung eine bestimmende, dirigierende Rolle. Als Erstes fragt er die Stellvertreter, wie es ihnen auf ihren Plätzen geht und was sie wahrnehmen. Oft schlägt er ihnen dann einfach Sätze vor und fordert sie auf, diese zu sprechen. Manche Sätze sollen Spannungen aufdecken, z. B.: »Ich bin zornig auf Dich!« Andere Sätze lösen Spannungen oder können gestörte Beziehungen heilen und versöhnen. Oft genügt schon ein Einfaches: »Ich achte Dich!«

Ein solcher Satz entwickelt aber nur dann seine lösende Kraft, wenn er stimmig ist. Die Stellvertreter haben ein sehr feines Gespür dafür, ob ein Satz stimmt und sich mit ihrem Erleben deckt. Die stimmigen Sätze haben eine positive Wirkung. Dann atmet jemand erlöst auf, er lächelt oder richtet sich auf. Die gute Wirkung ist das Entscheidende. Je erfahrener und einfühlsamer ein Leiter ist, desto häufiger formuliert er von vornherein die stimmigen Sätze und desto weniger Widerspruch bekommt er von den Aufgestellten.

In einer guten Ordnung fühlt sich jedes Mitglied einer Familie auf seinem Platz wohl. Erinnern Sie sich an das Mobile.

Ziel ist es, die stärkste Verstrickung aufzudecken, in der jemand gefangen ist und die seine Kraft bindet. Diese Verstrickungen werden in Aufstellungen besonders deutlich. In der Regel tragen die Kinder etwas von ihren Eltern, was diese vielleicht schon von ihren Eltern übernommen haben. Wenn zum Beispiel ein Elternteil als Kind seine Mutter verloren hat, wird es darüber ein Leben lang traurig sein und eine nicht gestillte Sehnsucht nach der vermissten Mutter in sich tragen. Kinder spüren das und übernehmen aus Liebe das Leid der Mutter. Das kann sich so ausdrücken, dass dieses Kind dann so etwas wie eine Mutterrolle für die eigene Mutter übernimmt und nicht richtig Kind sein kann. Wenn in der Aufstellung die Mutter ihrer »toten Mutter«, die von einer Stellvertreterin dargestellt wird, wiederum gegenübersteht, kann sie ihre Trauer spüren und erleben. Dann kann sie sich vor ihr Kind stellen und ihm die Trauer erklären. Hier darf etwas ans Licht kommen, was meist unbewusst das Leben begleitet hat.

In der gleichen Aufstellung gibt das Kind dann rituell die Trauer und die Sehnsucht an die Mutter zurück. Unterstützt wird dies zum Beispiel durch die Sätze: »Ich achte dein Schicksal und mute es dir jetzt zu. Ich gebe dir deine Trauer zurück, denn ich bin nur das Kind. Für mein Leben danke ich dir, das ist das Wertvollste, was ich habe, und das nehme ich gerne.«

Sehr ergreifend ist mitunter, wenn sich das Kind und die Großmutter gegenüberstehen und man erleben darf, wie die Liebe zwischen allen fließen kann.

Aufstellungen benötigen Fakten als Grundlage; die wichtigsten Fakten über Generationen hinweg sind:

Ist jemand sehr früh gestorben? Eltern oder Geschwister der Eltern, als diese selbst noch Kind oder Jugendliche waren?

Ist jemand im Krieg gefallen oder galt als vermisst?

Ist eine Frau im Kindbett gestorben?

Gab es Abtreibungen, Fehlgeburten oder Frühgeburten?

Gibt es Verbrechen oder schwere Schuld in der Familie? Sowohl als Täter als auch als Opfer (Krieg, Nazitäter, etc.)?

Gibt es frühere Beziehungen der Eltern zu anderen Partnern (Ehen, große Liebe, Verlobung)?

Gibt es Kinder aus früheren Verbindungen der Eltern?

Gibt es Schicksale, die jemand zum Außenseiter machten, wie Behinderung, nichteheliche Geburt, Aufenthalt in der Psychiatrie oder Gefängnis, Homosexualität, Auswanderung, Firmenpleiten?

Gibt es Schicksale, bei denen die Beziehungen von Kindern zu den natürlichen Eltern schwer beeinträchtigt wurden, beispielsweise wenn jemand adoptiert wurde oder bei Pflegeeltern aufwuchs?

Wurde jemand aus seiner Heimat vertrieben?

Hat jemand Eltern aus zwei Nationalitäten oder unterschiedlichen Religionen (z. B. Christentum und Islam)?

Gab es Suizide (Selbstmorde) in der Familie?
Gibt es ein Familiengeheimnis?
Wer aus einem bestimmten Anliegen heraus in die Vergangenheit schauen möchte, stellt die Familie auf, aus der er stammt; dazu gehören: Eltern, eigene Geschwister, Tanten, Onkel, Großeltern, Urgroßeltern usw. sowie jeder, der einem von diesen Mitgliedern Platz gemacht hat, z. B. erste Frau des Großvaters.
Wer in die Gegenwart schauen möchte, stellt das Gegenwartssystem auf, also sich selbst, Partner, gemeinsame Kinder, ehemalige Partner und Kinder aus den Beziehungen, aber auch abgetriebene Kinder. Manchmal ist man zu Beginn eines Seminars noch nicht in der Lage, ein klares Anliegen zu formulieren und braucht noch viele Worte und Umschreibungen. Dann ist es gut, mit der Aufstellung noch zu warten. Ein ernsthaftes Anliegen ist daran zu erkennen, dass es einfach und konkret ist und oft in einem Satz ausgedrückt werden kann.
Die Arbeit mit Familienaufstellungen zeigt also, dass es ein besonderes Band gibt, fast wie eine biologische Verbindung, zu allen Mitgliedern unserer Familie. Eine Familie über mehrere Generationen lässt sich also sehr wohl mit einem Mobile vergleichen. Wenn irgendwo ein Ungleichgewicht entsteht, erfolgt anderswo eine ausgleichende Reaktion. Die Kinder sind die Mitglieder, die sich ganz in den Dienst dieses Gleichgewichts stellen. Sie übernehmen alle Energien im System, damit die Familie als Gesamtsystem wieder in Ordnung ist. Alles, was von Mitgliedern einer Familie unterdrückt wird, löst sich deshalb nicht in Luft auf, sondern geistert im System herum. Dazu gehören Gefühle, die nicht ausgedrückt wurden, Mitglieder, die zu Unrecht ausgeschlossen wurden, Schuld, die jemand auf sich geladen hat. Die Neuankömmlinge, nämlich die Kinder, erspüren die Energie, nehmen sie auf und leben sie aus. Sie sind dann mit ihren Vorfahren verstrickt, das bedeutet, sie übernehmen deren Haltungen, Gefühle und Schicksale.
Stirbt ein Familienmitglied in jungen Jahren, hat das eine besonders nachhaltige Wirkung auf das ganze Familiensystem. In den überle-

benden Geschwistern entsteht eine Art Schuldgefühl, denn sie sind am Leben geblieben, während Bruder oder die Schwester sterben musste. Tief im Inneren wird es erlebt, als sei es ein Unrecht weiterzuleben, und sie möchten da sein, wo ihre Geschwister sind.
Aus dem Schuldgefühl heraus entsteht die Neigung zum Tod und der Satz: »Ich folge Dir nach!«. Die Neigung zeigt sich z. B. in schweren Krankheiten in jungen Jahren, Exzessen und Drogenkonsum, lebensgefährlichen Sportarten und Freizeitbeschäftigungen. Manchmal wird diese Dynamik hinter einer Art verzweifelter Lebenslust sichtbar oder hinter enormen Spannungen, die den Betreffenden zu Höchstleistungen antreiben (Jacques Villeneuve: Vater bei Formel 1-Rennen gestorben, Elvis: Zur Erinnerung an den bei der Geburt gestorbenen Zwillingsbruder Jesse standen in Memphis immer zwei Betten).
Familienaufstellungen zeigen also deutlich auf, dass es eine Instanz im Inneren des Menschen gibt, die unabhängig von dem reagiert, was der eigene Kopf an Begründungen und Rechtfertigungen findet. Denken Sie an die Begrenztheit des Verstandes. (Was ich nicht sehen kann, gibt es auch nicht.)
Eine häufige systemische Ursache für Störungen des Eltern-Kind-Verhältnisses sind die früheren Partner der Eltern. Werden die früheren Partner abgewertet oder verheimlicht, werden sie regelmäßig durch ein Kind in der Familie vertreten. Steht eine Tochter für eine frühere Partnerin des Vaters, hat sie eine Sonderstellung bei ihrem Vater. Insgeheim fühlt sie sich der Mutter überlegen. Die Mutter spürt die versteckte Arroganz der Tochter und zieht sich von ihr zurück. Die frühere Partnerin muss einen Platz im System bekommen. Der Vater muss sie achten und sagen: »Du bist meine erste Frau, als diese hast du einen Platz in meinem Herzen!« Die Tochter sagt zur Mutter: »Ich achte dich als meine Mutter, ich bin nur das Kind!«, und verneigt sich.
Eine kraftvolle Aufstellung für die Heilung gestörter Verhältnisse zwischen Kind und gleichgeschlechtlichem Elternteil ist es, wenn hinter dem Sohn der Vater, hinter dem Vater der Großvater, hinter dem Großvater der Urgroßvater steht - eben, wenn die Männer hinter dem

Mann stehen. Ebenso wichtig ist es, dass die Frauen hinter der Frau stehen.
Vielleicht müssen wir uns mehr und mehr daran gewöhnen, dass in unserer Welt Phänomene auftreten, die wir (noch) nicht erklären können.
Organisationsaufstellungen sind ein Instrument, Probleme innerhalb eines Unternehmens auf einer systemischen Ebene zu betrachten. Sie können für eine Vielzahl von Anliegen aus dem Bereich der Arbeitswelt eingesetzt werden: Coaching von Führungskräften, Supervision von Fachkräften, Beratung von Menschen, die sich neue berufliche Orientierungen wünschen oder Klarheit über ihre Arbeitssituation haben möchten. Besonders vor, während oder nach Fusionen von Unternehmen oder Abteilungen innerhalb eines Unternehmens ist diese Methode äußerst sinnvoll und erhöht die Leistungsbereitschaft und Produktivität der Mitarbeiter. Ein Klima, in dem sich jeder wohl fühlt, wird möglich.
Manchmal sehen Aufstellungen sehr leicht, fast spielerisch aus, und wer dies zum ersten Mal erlebt, mag dann gar nicht so recht glauben, dass das wirken soll. Aufstellungen sind aber kein Kinderspiel, sondern sie können, wenn der Aufstellungsleiter erfahren ist, sehr tiefgreifende Veränderungen bewirken. Bei unerfahrenen Leitern können sie den Klienten aber auch in eine schlimmere Lage führen. Die Aufstellung ist nämlich kein Selbstläufer, sondern der Leiter muss spüren, wann ein Rollentausch sinnvoll ist, er muss erspüren, was der Lösung dienlich ist, und er muss den Stellvertretern die passenden rituellen Sätze vorschlagen. Dazu ist es notwendig, dass er sich absichtslos in das energetische Feld des Bildes einlässt. Er darf auch nicht *zu* aktiv werden, um den Prozess nicht zu behindern.

Über Glaubenssätze

Ein furchtbarer Sturm kam auf. Der Orkan tobte. Das Meer wurde aufgewühlt, und meterhohe Wellen brachen sich ohrenbetäubend laut am Strand.
Nachdem das Unwetter langsam nachließ, klarte der Himmel wieder auf. Am Strand lagen aber unzählige von Seesternen, die von der Strömung an den Strand geworfen worden waren.
Ein kleiner Junge lief am Strand entlang, nahm behutsam Seestern für Seestern in die Hand und warf sie zurück ins Meer.
Da kam ein Mann vorbei. Er ging zu dem Jungen und sagte: »Du dummer Junge! Was du da machst, ist vollkommen sinnlos. Siehst du nicht, dass der ganze Strand voll von Seesternen ist? Die kannst du nie alle zurück ins Meer werfen! Was du da tust, ändert nicht das Geringste!«
Der Junge schaute den Mann einen Moment lang an. Dann ging er zu dem nächsten Seestern, hob ihn behutsam vom Boden auf und warf ihn ins Meer. Zu dem Mann sagte er: »Für ihn wird es etwas ändern!«

Was der Mensch denkt, das geschieht ihm. Weil der Mensch so denkt, wie er glaubt, und das denkt, was er glaubt, ist seine Welt so, wie sie ist.
Soll ich Ihnen etwas verraten? Kommen Sie bitte einmal etwas näher, und hören Sie genau hin: *Sie sind perfekt, so wie Sie sind.*
Sie sind ein perfektes Werkzeug des Einen, nur die wenigsten Menschen wissen das. Eine der Ursachen für diesen elementaren Irrtum sind Glaubenssätze. Glaubenssätze über Ihre Unvollkommenheit. Diese und noch andere Glaubenssätze haben Sie von einem oder mehreren Menschen erhalten, die Sie als Kind liebten. In Ihrem grenzenlosen Vertrauen zu diesen Menschen glaubten Sie ihnen.

Mehr noch, Ihr Überleben hing von dem ab, dass alles, was dieser Mensch Ihnen sagte, stimmte.
Es ist für ein Kind absolut notwendig, dass es die Glaubenssätze und Einstellungen seiner Eltern annimmt. Das Kind wird automatisch seine Wahrnehmung der Realität mit der seiner Eltern vergleichen. Und da seine Eltern mächtiger sind und viele seiner Bedürfnisse befriedigen, wird es seine Erfahrungen mit den Glaubenssätzen der Eltern in Einklang bringen. Die gemeinsamen Glaubenssätze innerhalb einer Familie bieten dem Kind Schutz. Sie geben dem Kind einen Bereich, in dem es sich entwickeln kann. Diese Atmosphäre braucht das Kind, bis sein Bewusstsein so weit ist, eigene Werturteile zu bilden.

Aber selbst dieser Prozess des »Eigenurteils« wird weitgehend bestimmt von den übernommenen Wertesystemen. Natürlich weiß ich, dass kein Kind mit seinen Eltern alleine auf einer Insel aufwächst, sondern auch massiven Einflussnahmen Dritter ausgesetzt ist, wie die Eltern selbst ja auch, aber darauf komme ich später noch ausführlicher zu sprechen (schreiben).
Und dennoch: Von Ihren Eltern haben Sie weitgehend die Vorstellung übernommen von dem, wer Sie sind und wie Sie sind.
Mehr noch, Sie haben sogar die Eigenschaften Ihrer Eltern übernommen. Wahrscheinlich oft genug zu ihrem Leidwesen auch die negativen Eigenschaften und Verhaltensweisen.
Sie werden immer nur das an Ihre Kinder weitergeben können, was Sie selbst bekommen haben. Es sei denn, Sie durchschauen diesen Prozess und unterbrechen den Teufelskreis.
Ich möchte Sie noch einmal daran erinnern, dass es in diesem Buch nicht um Schuldzuweisung geht, dafür gibt es genügend andere Bücher. Hier geht es um die Betrachtung der einzelnen Mosaiksteine des Bildes, welches Sie sind. Und bedenken Sie, Ihre Eltern sind die Kinder Ihrer Großeltern und so weiter und so weiter. Diesen Kreislauf kann nur ein bewusster Mensch unterbrechen.
Wirkungsvoll sind weniger die Glaubenssätze, die Sie bewusst wahr-

genommen haben. Viel intensiver noch wirken all jene Glaubenssätze, die Sie unbewusst übernommen haben. Das heißt Glaubenssätze, deren Inhalte Ihnen durch Verhalten oder Nichtverhalten Ihrer Eltern demonstriert wurden.

Ein Kind, das immer von seiner Mutter ängstlich an die Hand genommen wird, sobald ein Hund irgendwo in Sicht ist, wird den Glauben bekommen, dass Hunde generell gefährlich sind, ohne dass die Mutter dies jemals gesagt haben muss.

Kinder, in deren Elternhaus Sexualität tabuisiert wurde, werden bestimmt mit ihrer eigenen Sexualität später Probleme bekommen. Bis zu dem Zeitpunkt, an dem sie sich wirklich selbst erfahren und diese Glaubenssätze überprüfen können.

Diese »versteckten« Glaubenssätze sind schwer aufzuspüren. Zu wissen, woher ein Glaubenssatz kommt, ist weniger wichtig als zu erkennen, dass Ihr Leben nach diesem Glaubenssatz abläuft wie ein Film, in dem Sie lediglich Zuschauer sind.

Diese Glaubenssätze, von denen Sie ein ganzes Bündel durch Ihr Leben tragen, bestimmen das, was Sie zu einem jeweiligen Zeitpunkt erleben. Sie werden Ihr Leben erst dann wirklich verstehen, wenn Ihnen Ihre Glaubenssätze bewusst geworden sind.

Und noch etwas sollten Sie erkennen: Glaube ersetzt immer Erfahrung. Deshalb:

Wem immer Sie einmal in Ihrem Leben die Erlaubnis gegeben haben, Ihre Glaubenssätze zu formen, und zwar zu einer Zeit, als Sie noch nicht wussten, dass Sie es taten, dem entziehen Sie diese Macht - heute noch -, am besten sofort.

Diese Glaubenssätze müssen noch nicht einmal »schlecht« gewesen sein, nur, es waren die eines anderen Menschen. Es ist vollkommen in Ordnung, wenn Sie die gleichen haben, nur, Sie sollten sie vorher für sich überprüfen.

Glaube ist ein Instrument aller religiösen, politischen und wirtschaftlichen Machthaber. Glaubenssysteme - oder anders ausgedrückt, Überzeugungssysteme - sind hervorragend dazu geeignet, Menschen

zu manipulieren, ihnen Verantwortung zu entziehen und sie daran zu hindern, ihr Erleben des Lebens selbst zu erfahren.
Mit Überzeugungssystemen werden Menschen sogar zu Mördern gemacht, die sich für ihre Morde auch noch Orden an die Brust heften lassen. Das Ganze wird dann zum Beispiel »heiliger« oder »gerechter Krieg« genannt.
Alle organisierten Religionen haben den Glauben als Hauptbestandteil ihrer Lehren aufgenommen. Aber Glaube und Religion sind ein Widerspruch in sich. Während Glaube mit dem Sein nichts zu tun hat, jedenfalls, was ein direktes Erleben dessen betrifft, so hat Religion alles mit dem Sein zu tun. Ich meine hier die einzig wahre Religion: unsere Rückverbindung zu unserem eigenen Selbst.
Wer mit einem Berg von negativen Glaubenssätzen herumläuft, erklärt ganz offiziell seine mangelnde Bereitschaft, seinen direkten Erfahrungen zu vertrauen.
Das Kuriose oder das Dilemma an der ganzen Geschichte ist, dass Ihre gesamte Umwelt sich so verhält, dass sie Ihren Glaubenssätzen entspricht. Erinnern Sie sich an den Pygmalion-Effekt! Die Menschen in Ihrer Umgebung werden sich genau so verhalten, wie Sie glauben, dass sie es tun. Sie können dies sofort überprüfen. Was Sie erfahren haben, brauchen Sie nicht mehr zu glauben, das heißt, Ihr Bündel ist leichter geworden. Dazu müssen Sie allerdings eine Menge an Bequemlichkeit aufgeben. Hierfür ist der Preis, den Sie bekommen, ein direktes Erleben Ihres Lebens, so wie es ist und nicht, wie Sie glauben, dass es ist.
Einem Verhalten oder Nichtverhalten liegt oft einer oder mehrere Glaubenssätze zugrunde. Sogar der Verlauf einer Krankheit wird von Ihren Glaubenssätzen bestimmt. Nicht wahr, eine Grippe dauert eben sieben Tage, oder?
Der Glaubenssatz, der zum Beispiel einer Depression zugrunde liegt, könnte heißen: *Ich bin den Umständen gegenüber ohnmächtig. Ich habe nicht die Kraft, irgendetwas zu verändern.*
Die Methode des »positiven Denkens« versucht mit den besten Absichten und wenig Erfolg, die Karre aus dem Dreck zu ziehen,

indem sie auffordert, neue, »bessere« Denkmodelle anzunehmen. Also statt: »Ich bin nichts wert und schaffe nie etwas ...«, nun zur Abwechslung: »Ich bin ein außergewöhnlicher Erfolg, alles gelingt mir leicht.«

Die Verwirrung wird nur größer. Das Denkmodell kann sein, wie es will, wenn der Glaubenssatz diesem nicht entspricht, wird er immer stärker sein.

Der Anlass, von jetzt an positiv zu denken, entspringt einer Unzufriedenheit. Unzufriedenheit über das, was ist. Meistens wollen wir irgendetwas Störendes schnell loswerden. Dies ist auch der Grund, weshalb die meisten Menschen sich einer Therapie unterziehen. Möglichst schnell und natürlich so einfach wie möglich etwas loswerden. Dabei wird überhaupt nicht darauf geachtet, was wir uns mit diesem Symptom oder mit dieser »Störung« ermöglichen möchten.

Sehr viele Glaubenssätze stehen sogar der Wahrheit direkt gegenüber, und einige davon sind unglaublich weit verbreitet. So zum Beispiel der Glaube über Krankheit.

Der erste Glaube über Krankheit, sozusagen der Oberglaube darüber, ist der, dass es Krankheit gibt. Wenn Sie jetzt gerade ein Opfer dieses Glaubenssatzes sind, werden Sie ihn natürlich verteidigen und sagen: »Aber ich spüre doch und weiß, dass ich krank bin.«

Dies ist eine ganz natürliche Vorgehensweise Ihres Verstandes: Er wird diese Behauptung erst einmal ablehnen und Ihnen jede Menge Argumente liefern, die beweisen sollen, dass er Recht hat. Das ist seine Aufgabe: Ihnen Recht zu geben und seine bisherige Positionen zu behaupten. Es reicht, wenn Sie das wissen. Sie brauchen nicht dagegen anzukämpfen. Im Gegenteil, dies würde Ihre Lage nur verschlimmern. Würdigen Sie Ihren Verstand, und weisen Sie ihm seinen Platz zu. Er ist ein guter Diener, aber ein miserabler Herr.

Das beste Mittel, um Krankheit loszuwerden, ist: Sorgen Sie für etwas Interessanteres. Dies ist übrigens etwas, das Sie schon häufig getan haben, oder?

Wahrscheinlich wird Ihr Verstand Ihnen dauernd einflüstern, dass Sie ja nicht allein Einfluss haben auf Ihr Krank- oder Gesundsein. Immerhin gibt es ja Millionen von Viren und Bakterien, die durch die Luft schweben. Damit hat Ihr Verstand Recht, diese Bakterien und Viren gibt es. Aber ob Sie diese Bakterien annehmen oder nicht, entscheiden Sie beziehungsweise Ihre Lebenssituation, die Sie geschaffen haben. Wenn Sie geschwächt sind, werden Sie eine Krankheit eher annehmen, denn oft ist diese ja auch zunächst einmal eine Entlastung von den »Alltagsproblemen«.

Das Annehmen dieser Bakterien hängt aber auch weitgehend von Ihren Glaubenssätzen ab. Ich selbst habe jahrelang gegen einen Glaubenssatz meiner Mutter angekämpft, der besagte, dass man, wenn man mit nassen Haaren ins Freie gehe, sich eine Erkältung zuziehe. Immer habe ich eine Erkältung bekommen, wenn ich mit nassen Haaren ins Freie ging. Ich mußte noch nicht einmal an den Glaubenssatz denken. Seitdem ich diesen Glaubenssatz aber losgelassen habe, passiert mir das nicht mehr (sehr nass können meine Haare allerdings auch nicht mehr werden). Genauso können Sie sich entscheiden, ob Sie eine »ansteckende« Krankheit annehmen oder nicht. Es gibt genügend Beispiele von Missionaren, Krankenschwestern oder Angehörigen von Menschen mit schwer ansteckenden Krankheiten, die täglich mit diesen zusammen waren, ohne sich anzustecken. Unter anderem, weil ein anderes Interesse größer war, nämlich das Interesse zu helfen.

Ihr Körper ist ein wunderbares Werkzeug, das ganz und gar ein Produkt Ihrer Gedankenprozesse ist.

Jeder Gedanke, den Sie haben, wird als Emotion in der Seele aufgezeichnet. Diese Emotion sendet jeder Zelle einen elektrischen Impuls, der die Zelle ernährt.

Sie können sich sicherlich vorstellen, dass Menschen, die liebevolle Gedanken haben, Menschen, die sich frei ausdrücken, die im Moment leben, Impulse von Schönheit und Gesundheit an ihre Körperzellen weitergeben. Selbsthass, Verleugnung, Neid, Schuld und Einstellungen von Versagen und Kummer degenerieren die Zellen und erzeugen Krankheit.

Ihr Körper wird immer Ihre gesamte Gedankenwelt wiederspiegeln. Daraus ergibt sich der logische Schluss: Nur derjenige, der den Körper krank macht, der Denker, kann ihn auch wieder gesund machen. Nichts wird den Körper heilen, wenn nicht zuvor die Einstellung geheilt wurde. Also: Ihre Einstellung ist das Heilmittel.
Sie werden gesund, weil Ihr Glaubenssatz den Willen zum Überleben der Krankheit stärkt. Umgekehrt funktioniert das genauso. Ein Mensch, der nicht glaubt zu überleben, wird wenig Überlebenswillen entwickeln. So kann es geschehen, und es geschieht oft genug, dass ein Mensch eine schwere, »hoffnungslose« Krankheit überlebt, weil er es glaubt, und ein Mensch, der zu sterben bereit ist, wird trotz intensiver medizinischer Behandlung sterben.
Ein Mensch, der überleben will, wird nach dem kleinsten Hoffnungsstrohhalm greifen und darauf reagieren. Die Antriebskraft für Gesundheit hat nichts mit irgendeiner Impfung zu tun, sondern sie hat ihren Sitz im Bewusstsein. Über die starke Wirkung von Glauben möchte ich Ihnen zwei Beispiele geben:
In einem Wiener Krankenhaus lag ein einfacher Mann vom Lande mit einer »unheilbaren Krankheit«. Nach allen ärztlichen Erkenntnissen hatte er noch höchstens sechs Wochen zu leben. Das Höchste für diesen Mann war die Visite des Professors, des Gottes in Weiß. Voller Erwartung fieberte er diesem großen Augenblick entgegen. Der Professor kam mit seinem Ärzteteam herein, trat an das Bett des Erwartungsvollen und nahm dessen Krankenblatt in die Hände. Nach einem kurzen Blick auf die Untersuchungsergebnisse sagte der Professor, indem er den Patienten anlächelte, zu seinen Kollegen: »Moribundus« (er wird sterben). Zum Glück konnte der Patient kein Latein und deutete das Wort dem Lächeln gemäß als eine für ihn positive Aussage. Einige Wochen später verließ er gesund das Krankenhaus.
Leider sind sich nur wenige Ärzte ihrer Suggestivkraft wirklich bewusst.
Das zweite Beispiel handelt von einem Eisenbahnarbeiter in Amerika. Während eines Kontrollganges auf dem Güterbahnhof

wurde er irrtümlich in einem Kühlwaggon eingesperrt. Er mußte nun die ca. 1000 Meilen weite Fahrt in diesem leeren Kühlwagen zurücklegen. Als man am Bestimmungsort den Wagen öffnete, fand man ihn erfroren im Inneren des Wagens, neben sich einen handgeschriebenen Zettel, auf dem er genau den Hergang seiner Erfrierung bis kurz vor seinem Tod aufgezeichnet hatte. Der Tote wies auch alle körperlichen Symptome eines Erfrierungstodes auf. Das wirklich Erstaunliche war, dass dieser Kühlwagen wegen eines Defektes außer Betrieb war. Sein Glaube hatte ihn getötet.

Ein sehr verbreiteter Glaubenssatz ist der, dass man, wenn man gesund ist, immer fröhlich, entschlussfreudig und freundlich ist, also niemals weint oder einfach einmal schlecht drauf ist. Dieser Glaubenssatz verleugnet natürliches menschliches Erleben.
Alle Kulturen, alle politischen Systeme und alle Religionen haben ihre Glaubenssätze. Glaubenssätze haben die Funktion, Systeme zu erhalten. Beginnt man, diese Glaubenssätze kritisch zu überprüfen, so bröckelt das System oder wird zerstört, wie es ja überall auf der Welt in der Vergangenheit immer wieder geschehen ist und auch weiterhin geschieht. Lassen Sie also Ihre Glaubenssätze über Krankheit ruhig bröckeln.

Über den Sinn von Krankheit

Es ist erstaunlich, wie wenig wir heute immer noch über die Zusammenhänge zwischen Körper und Seele wissen. Unser Auto oder unsere Stereoanlage kennen wir oft besser, auch nehmen wir jede Störung daran sehr ernst und schauen gleich nach den Ursachen. Die kleinen Störungen unseres Körpers übersehen wir und sogar dass, was wir wissen, ignorieren wir oft. Natürlich »weiß« jeder Raucher, dass Rauchen ihm schadet, der Verstand wird ihm aber einflüstern, dass es so schlimm auch wieder nicht sei. Und ein Bierchen mehr oder weniger macht doch nichts aus. Es schmeckt halt alles so gut, nicht wahr. Wir wissen, aber wir handeln anders.

Wenn Sie von sich sagen, dass Sie krank sind, spüren Sie ein bestimmtes Symptom. Man könnte auch sagen, eine bestimmte Konsequenz für ein bestimmtes Verhalten oder Nichtverhalten Ihrerseits.

Wer nicht hören will, muss fühlen, sagt schon ein Sprichwort.

Zu der Behandlung einer Krankheit gehört es, sich anzuschauen, wie und wofür »Krankheit« eingesetzt wird. Krankheit ist ein hervorragendes Mittel, sich etwas zu holen, was man sonst nicht bekommt. Was man hofft, zu bekommen, sind vor allem Zuwendung und Liebe.

Bei den meisten Menschen liegt dieser Hoffnung auch eine reale Erfahrung zugrunde. Nämlich die Erfahrung aus der Kindheit, dass wenn sie krank waren, sie von Mutter oder Vater besondere Aufmerksamkeit bekommen haben. Den Grad der Liebe der Eltern konnte man an dem sorgenvollen Gesicht ablesen.

Krankheit gibt uns eine legitime Möglichkeit, wieder einmal vollkommen Kind zu sein, abhängig von der Versorgung anderer. Mit einer Krankheit entziehen wir uns oft unserer Verantwortung, obwohl wir ja gerade durch sie auf unsere Verantwortung hingewiesen werden sollen. Wir spielen den Unschuldigen.

Ein weiterer Vorteil von Krankheit ist der, dass Sie mit Ihrer Krankheit Macht ausüben und somit andere Menschen in Ihrer Umgebung hervorragend manipulieren können. Ein Punkt, der Ihrem Verstand mit Sicherheit wieder einmal nicht gefallen wird, der aber bei näherer Betrachtung einleuchtend ist. Nehmen Sie einmal an, Sie haben mit anderen Menschen bestimmte Vereinbarungen getroffen. Sei es privat oder geschäftlich. Nun hat die Beziehung zu diesen Menschen sich so verändert, dass Sie nicht mehr mitspielen wollen, sich dies aber nicht zu sagen trauen und die Konsequenzen in Kauf zu nehmen. Sie nehmen sich nun eine »Krankheit«, was Ihnen natürlich keiner verübeln wird, da diese Spielregel üblich ist. Ihre »Vertragspartner« werden ihrerseits gezwungen, aktiv zu werden. Sie werden entweder Ihre Aufgaben mit übernehmen, oder sie werden sich jemanden suchen, der Ihre Aufgaben übernimmt. In jedem Fall sind Sie erst einmal aus dem Schneider, und der »schwarze Peter« ist woanders.

Es ist sehr wichtig für Sie, dass Sie wissen, wer in Ihrem Leben »Krankheit« macht. Als Nächstes können Sie entscheiden, ob Sie es weiterhin so machen wollen, oder ob Sie lieber gesund sein möchten.

Noch nie hat jemand etwas über den Mechanismus von Gesundheit erfahren, indem er sich ins Krankenhaus legte. Es heißt ja nicht umsonst »Krankenhaus«. Hier wurde er vielleicht von einer bestimmten Krankheit »befreit«, aber wenn er darüber hinaus nichts über sein Selbst erfahren hat, wird er der nächsten Symptomatik »zum Opfer« fallen. Im Krankenhaus kann man aber nichts über sein Selbst erfahren, da man dort eine Nummer ist. Ich weiß, dass weder Ärzte noch Schwestern genügend Zeit haben, um sich um einen Patienten wirklich zu kümmern, so wie es das eine ganzheitliche Behandlung erfordern würde. Hier kann es nur um die medizinische Versorgung gehen. Liegt ein Kind im Krankenhaus, so wird es meist durch das Verlassenwerden seiner Familie derart traumatisiert, dass dieses Erlebnis sogar Auswirkungen auf seine späteren Freundschaften und Partnerschaften haben kann. Das Vertrauen in andere Menschen kann so gestört sein, dass sie sogar selbst entweder verlassen oder dafür sorgen, dass sie verlassen werden. Beziehungen sind für solche Menschen dann oft gleichbedeutend mit Enttäuschung und Verletzungen.

Heil sein bedeutet »ganz sein«. Und »ganz sein« schließt den Geist und die Seele mit ein.

Ein Mensch, der heil ist, lebt in Harmonie mit seinem Geist, seinem Körper und seiner Seele. Das Erkennen der Wahrheit über sich selbst und seinen Weg ist unbedingte Voraussetzung für Gesundheit.

Allein die Absicht, die Wahrheit herauszufinden, wird in Ihnen viel Energie erzeugen. Würde man es anerkennen und es sich auch eingestehen, dass man seine Krankheit selbst verursacht hat - wodurch auch immer: durch ungesunde Lebensweise, Konflikte oder destruktives Denken - müsste man ja etwas verändern. Das könnte unangenehm oder anstrengend sein. Wie viel leichter ist da der Gang zum Arzt und der Griff in die Pillendose.

Wir haben vor langer Zeit, als Maschinen unsere Götter wurden, einen elementaren Fehler begangen: Wir haben uns von der Natur getrennt und damit auch unseren Geist von Körper und Seele. Die Ursache hierfür war ein sehr kurzsichtiges Profitstreben, das auch heute noch die Vorherrschaft hat.

An den Spitzen der meisten Konzerne und der Regierungen sitzen Frauen und Männer, denen die Einstellung »Nach mir die Sintflut« zu eigen ist. Aber alle diese Leute kann es nur dort geben, weil wir sie dort sein lassen. Und alle sind genauso Produkte ihrer Prägung, wie wir es sind. Diese lebensfeindliche Programmierung kann gar nicht anders, als die Basis des Lebens zu zerstören. Zu den Grundlagen des Lebens gehört das Wissen, dass Körper, Geist und Seele eine Einheit bilden.

Der Körper ist Sache der Ärzte geworden, der Geist eine Domäne der Schulen, der Universitäten und immer mehr der Medien. Die Seele wurde von der Kirche und der Psychotherapie gepachtet. Wir haben uns an der »Garderobe« abgegeben. Dies geschah so gründlich, dass die Vertreter der einzelnen Sparten die Wahrheiten der anderen oft schlichtweg ignorieren.

Nur so konnte es geschehen, dass die Weltkirchen körperfeindlich wurden, nur so konnte es geschehen, dass sogar heute noch viele Ärzte das Vorhanden- und Beteiligtsein seelischer Vorgänge leugnen und dass unsere intellektuell orientierte Gesellschaft den Verstand auf den Thron setzt.
Jetzt ist die Zeit gekommen, den neuen Weg zu gehen, hin zu einer ganzheitlichen Orientierung. Es ist an der Zeit, aufzuwachen.
Nach einer kürzlich durchgeführten Meinungsumfrage halten sich 6% der deutschen Bevölkerung für gesund. Rechnen wir davon nochmals 2 %, die sich immer noch etwas vormachen, ab, so kommen wir zu dem erschreckenden Ergebnis von 4 %. Diese Umfrage bezog sich natürlich auf das übliche Klischeebild von Gesundheit, aber sie zeigt doch immerhin etwas von dem enormen Leidensdruck in unserer Gesellschaft.

Stellen Sie sich nur einmal einen Moment lang vor, es gäbe unsere Apparatemedizin nicht, weiterhin gäbe es keine Psychopharmaka. Wir hätten ein unvorstellbares Chaos. Das zeigt doch, mit welch großer Lüge wir leben. Das Wesentliche unterdrücken wir. Mit jeder Symptombehandlung belügen wir uns selbst. Die Behandlung der wahren Ursachen, die grundsätzliche Lösung der Probleme führt dagegen zur Selbstverwirklichung. Wir müssen bei der Behandlung unterscheiden zwischen momentaner oder grundsätzlicher Lösung. Es ist so ähnlich, als wenn wir uns entscheiden müssten zwischen Leidenschaft und Glück. Die meisten scheinen die Leidenschaft dem Glück vorzuziehen, und die Ärzte und Therapeuten fallen darauf herein, weil sie oft selber nichts anderes kennen.
Ein weiterer Hinderungsgrund für Gesundheit ist der, dass dem Patienten Verantwortung abgenommen wird, er wird entmündigt, man geht auf sein Spiel ein. Die Krankheit wird von seinem Selbst getrennt. So »hat« man eine Krankheit. Die Ärzte (ich weiß, dass es auch andere gibt) spielen das Spiel mit, das wir ihnen anbieten. Sie finden die wunderbarsten Problemlösungen, und der Patient hat das Gefühl, dass ihm wirklich geholfen wurde. In Wirklichkeit wurde ihm

aber geschadet. Ein guter Arzt weiß, dass ein viel besserer Heiler im Patienten selbst sitzt und er wird gemeinsam mit dem Patienten alles daran setzen sowohl die Ursache der Störung zu ergründen, als auch für ihn machbare Lösungen zu entwickeln.
Wenn bei Ihrem Auto die Ölkontrollleuchte leuchtet, kommen Sie niemals auf die Idee, die Birne herauszuschrauben, damit sie nicht mehr leuchtet, sondern Sie werden für Öl sorgen - Sie kümmern sich um die Ursache.
Ihre beste Warnleuchte ist der Körper und Sie brauchen keine Psychosomatik-Bücher zu studieren um dort zu lesen, was bei Ihnen alles nicht stimmt - und warum. Jeder sollte seine »Krankheiten« selbst deuten lernen. Das wäre eine echte Gesundheitsreform! Jeder Mensch hat seine eigene Symbolsprache. Viel besser wäre es bei der Deutung der Körpersymptome, seine eigene Intuition zu schulen und Techniken zu erlernen, wie man mit seinem Körper einen Dialog führt. Es ist richtig, dass die meisten Krankheiten und Gebrechen uns etwas sagen sollen. Aber es ist selten das, was die Autoren solcher Bücher zu wissen glauben. Ein Psychosomatik-Buch müsste vollständig sein. Das sind die meisten nicht. Auch müsste eine solche Deutung hilfreich sein. Was bringt es aber einem Diabetiker, wenn er erfährt, dass er keine Liebe geben und empfangen kann? Ist doch ein dicker Stempel, den man nicht mehr los wird, oder?
Eine Methode, um den eigenen Körper zu fragen und direkt Antworten zu bekommen, ist das Phänomen der Ideomotorik. Ideomotorische Signale sind unwillkürliche Bewegungen, die durch entsprechende Vorstellungen, Empfindungen oder Wahrnehmungen ausgelöst werden. Man kann sie entweder durch Hypnose verstärken, oder aber ein Pendel als »Verstärker für ein solches Signal« verwenden. Eine andere gute Methode der Testung, die zum Beispiel mein Arzt und mein Zahnarzt verwenden, ist der kinesologische Muskeltest.
Achten Sie auf die Symptome, ohne zum Hypochonder zu werden, nehmen Sie Ihren Körper wahr, und Sie ersparen sich viel Ärger. Ihr Körper lügt nie! Im Gegensatz zu Ihrem Verstand ist der Körper ein

Freund der Wahrheit. Haben Sie sich schon bei Ihrem Körper dafür bedankt, dass er Ihnen immer genau zeigt, was mit Ihnen los ist? Weil er immer ein perfektes Instrument ist. *Ihr Körper sagt immer die Wahrheit.*

Der Körper hat mit seinen Symptomen viele Möglichkeiten, uns auf bestimmte Umstände in unserem Leben hinzuweisen.

Unsere Sprache ist angefüllt mit Begriffen, die auf Zusammenhänge zwischen körperlicher Symptomatik und Lebenssituation hinweisen. Jeder hatte schon einmal die »Nase voll gehabt« oder jemandem »etwas gehustet«. Es gibt Dinge, die uns »auf den Magen schlagen, an die Nieren gehen, uns Kopfzerbrechen machen, den Blick trüben, uns den Atem rauben« und vieles andere mehr.

Wie gut wäre es, wenn man schon den Kindern beibringen würde, dass Krankheit Freund und Wegbegleiter ist, ein Leben lang. Wenn Kinder ihrer Intuition und ihren Gefühlen vertrauen dürfen, werden sie lernen, eine Krankheit früh genug zu erkennen, und zwar in dem Moment schon, wo diese in den Körper eintritt - in dem Moment nämlich in dem Sie ihren Weg verlassen haben.

Bewusstheit und Liebe sind die Schlüssel für Ihre Gesundheit.

Buddha wurde einmal gefragt, was die höchste Qualität des Menschen sei. Seine Antwort war: Mitgefühl. Mitgefühl existiert zusammen mit Liebe und macht gegen Krankheit immun. Liebe ist das stärkste Heilmittel.

Über die Macht des Zufalls

Die umgangssprachliche Formulierung »Das war reiner Zufall.« impliziert eine deterministische Denkweise, denn man nimmt an, dass alles eine Ursache haben müsse. Daher wird das Wesen des Zufalls am besten im Zusammenhang mit Überlegungen zur Kausalität beleuchtet.

Determinismus (Lateinisch: determinare = abgrenzen, bestimmen) ist eine philosophische Denkrichtung und zusammen mit seinem Gegenstück, dem Indeterminismus, ein wesentliches Grundelement zur Herausbildung eines konsistenten Weltbildes. Er geht davon aus, alle Ereignisse liefen nach feststehenden Gesetzen ab und seien durch diese vollständig bestimmt bzw. determiniert. Deterministen sind also der Auffassung, dass bei bekannten Naturgesetzen und dem vollständig bekannten Zustand eines Systems der weitere Ablauf aller Ereignisse prinzipiell vorherbestimmt ist und folglich weder ein echter Zufall, noch Wunder bzw. ähnliche nicht physische Phänomene existieren.

Zufall könnte man allerdings auch anders definieren: Zufall ist dann vorhanden, wenn nur aufgrund der Anfangsbedingungen keine Aussage darüber zu machen ist, was geschieht, bzw. wenn bei exakt gleichen Ausgangsbedingungen nicht immer das Gleiche passiert. Denken Sie einmal an das Beispiel des Werfens einer Münze. Kopf oder Zahl können Sie nicht vorhersagen. In der Realität lassen sich also keine solchen Versuche durchführen, denn es ist unmöglich, die exakt gleichen Voraussetzungen wieder zu rekonstruieren (denn das würde eigentlich auch die Zeit implizieren ...). Deshalb ist die Frage, ob Zufall existiert, eher eine philosophische als eine physikalische Frage. Der reine Begriff Zufall trifft nur insofern, da er zwei zu(sammen)fallende Ereignisse oder Dinge bezeichnet, die zueinander in einer unbegreiflichen, aber zu ahnenden Beziehung stehen. Im herkömmlichen Sinn wird Zufall also das genannt, was man nicht versteht. Es wird etwas aus dem großen Zusammenhang genommen, isoliert betrachtet und Zufall genannt. Aber alles im Universum gehört zusammen. Auch alles in Ihrem eigenen Universum, Ihrem Leben.

Da der Mensch aber normalerweise nicht damit leben kann, Dinge, die sein Leben betreffen, nicht zu verstehen, sucht er nach Erklärungen. Wenn wir dann nach langem Suchen und peinlicher Ungewissheit uns endlich einen bestimmten Sachverhalt erklären zu können glauben, kann unser darin investierter emotionaler Einsatz so groß sein, dass wir es vorziehen, unleugbare Tatsachen, die unserer Erklärung widersprechen, für unwahr oder unwirklich zu erklären, statt unsere Erklärung diesen Tatsachen anzupassen. Dass derartige Retuschen der Wirklichkeit bedenkliche Folgen für unsere Wirklichkeitsanpassung haben können, versteht sich von selbst.

Der »zweifelhafteste« Teil einer Tarotbefragung zum Beispiel bleibt der so genannte Zufallsmoment. Warum fällt ausgerechnet diese Karte, und wieso sollen die Symbolik und ihre Deutung etwas vom Leben des Ratsuchenden widerspiegeln? Ich habe bei unzähligen Tarotlegungen erfahren, dass es aber durchaus so ist.

Nicht nur nach der hermetischen Lehre, auch nach jungianischer Lehre (C.G. Jung) ist deutlich geworden, dass alles mit allem verbunden ist. Hier stehen sich zwei Zugänge zur Welt, zwei Weltbilder unversöhnlich gegenüber. Bei wissenschaftlichen Experimenten muss der Zufall ausgeschlossen werden. Für das Orakel dagegen ist der Zufall konstitutiv. Wie kann nach einer »Brücke für den Verstand« gesucht werden? Gibt es eine Theorie des Zufalls, vielleicht gar eine Gesetzmäßigkeit des Zufalls?

Wissenschaftlich betrachtet besteht unsere Welt aus statistisch ermittelbaren und kausal begründbaren Gesetzmäßigkeiten und beobachtbaren Phänomenen. Das einzelne Phänomen oder Ereignis jedoch wird von einer Vielzahl von nicht statistisch ermittelbaren und akausal erscheinenden Zusammenhängen betroffen. Atomkerne z. B.

zerfallen dauernd, und dies nach einer statistisch ermittelten Halbwertzeit - aber welches der Atome zerfällt als erstes? Nach welchem Gesetz mutieren die einzelnen Gene? Welches der in Wasser gelösten Natrium- und Chlorionen kristallisiert als erstes zu Kochsalz?
Mit dem Zufall als Konzept arbeiteten sowohl antike als auch moderne Orakeltechniken. Dadurch soll der Wille der Götter »offenbar« werden, um ein Geschehen (z. B. die Jagd) zu planen und um die menschliche Endlichkeit zu überwinden oder zu überlisten:
Man könnte eine Münze werfen, und wenn die Münze verkehrt fällt, dann liege ich falsch, oder die Götter wollen nicht helfen, und sogar wenn ich jetzt mein Jagdritual gebrauche, wird es nichts nützen. Das wäre die erste blasse Dämmerung eines wissenschaftlichen Geistes. Er besteht aus dem Zählen von Wahrscheinlichkeiten und im Gebrauch einiger mathematischer oder anderer Mittel, um Wahrscheinlichkeit aufzustellen und dadurch Energie zu sparen und die dunkle Lage, in der sich der Mensch in der Natur befindet, ein bisschen mehr unter seine Kontrolle zu bringen. Dies ist vermutlich der Ursprung vieler Orakeltechniken, die es auf der ganzen Welt gibt.
Um die Bedeutung des Zufalls tiefer zu verstehen, muss eine Kategorie jenseits von Zufall und Gesetz eingeführt werden: Ein erfahrungsnäheres Beispiel für viele Männer kann dies verdeutlichen. Nach der kausalen Ursache und eventuell daraus ableitbaren Behandlungsmethoden des Haarausfalls zu fragen, ist die wissenschaftliche Vorgehensweise. Doch welches Haar als erstes ausfällt, ist eine andere Frage und erfordert eine andere Zugangsweise.
Max Schoch hat eine Aussage Jesu zu diesem Thema (Mt 10,30: »Bei euch sind sogar die Haare auf dem Kopf alle gezählt. Fürchtet euch also nicht.«) auf eine Weise interpretiert, die hinter den Polaritäten Wissenschaft und Zufall das »Tertium datur«, das Dritten esoterisches Denken und Erleben verdeutlichen kann:
»Jesus spricht dabei nicht von den Haaren, sondern er nimmt die Haare als den unbedeutendsten Teil des Menschen und sagt mir: ›Du bist ganz in Gottes Händen.‹ Er bespricht nicht den Haarausfall,

sondern meine persönliche Existenz, für die es keine Zufälligkeit im Sinne der Kernphysik gibt. Für die es ebensowenig eine Notwendigkeit im Sinne der Naturgesetze gibt, die den Bereich des relativ Großen so überaus charakteristisch beschreiben. Jenseits des Zufalls und der Notwendigkeit gibt es das Dritte der göttlichen Fügung für mich. Das ist der Bereich des Gebets, der Verkündigung, des Gebots, der Gnade.« (Schoch, S. 73)

Das Konzept des Zufalls ermöglicht demnach eine Deutung vom Menschen, vom konkreten Individuum her. Die Erklärung des angeblichen Zufalls ist ein Weg, der dem Menschen hilft, seine schicksalhafte Prägung und notwendige Eingebundenheit in ein größeres Lebensganzes zu akzeptieren. Im Konzept des esoterischen Denkens gibt es - in diesem Sinne - keinen Platz für den bloßen Zufall. Die dem Menschen innewohnende, göttlich verfügt erscheinende Schicksalhaftigkeit seines Lebens lässt ihn überzeugt sein von der (allerdings paradox anmutenden) Gesetzmäßigkeit des Zufalls als »Akt Gottes«. Auch im christlichen Verständnis ist es Liebe Gottes zu jedem einzelnen Menschen, die vor dessen möglicher Leistung die Würde eines jeden Einzelnen begründet. Jedes Schicksal ist bedeutend, und mit jedem Menschen will Gott einen Heilsweg gehen, in dem die dem Menschen gegebenen Anlagen und Fähigkeiten entfaltet werden sollen. So erweist sich der Zufall als eine »Vorform des Schicksals« (Scholz), als ein schöpferischer Faktor repräsentiert er einen Teil der persönlichen oft widersprüchlichen, (es gibt kaum einen anderen Begriff dafür) »zufälligen«, oder schicksalhaften Lebenswirklichkeit. Der Zufall verhilft in der Tarotdeutung also dazu, den Augenblick in seiner Bedeutung zu verstehen, den Menschen in seiner Einmaligkeit und seine in verschiedene Lebensbereiche zerbrochene Welt als »eine« zu sehen.

Das ist ein heilsames Verstehen der menschlichen Lebenswirklichkeit und ermöglicht Sinnfindung und Selbstwerdung. Denn in den letzten Jahrzehnten wurde es zunehmend zur Aufgabe jedes Einzelnen, die Integration seiner vielfältigen Lebensbereiche in seine Biographie eigenständig zu vollbringen und das eigene Leben

sinnvoll zu deuten. Lernen Sie, die Zeichen zu deuten. Wenn Sie bewusst leben, werden Sie wissen, dass aus Ihrer Umgebung ständig Signale kommen, die Ihnen helfen können, über etwas in Ihrem Leben mehr Klarheit zu erlangen. Denken Sie daran: Alles in diesem Universum ist miteinander verbunden, da sind Sie keine Ausnahme.
Im großen kosmischen Spiel spielt alles zusammen. Wenn Sie die Spielregeln beachten, können Sie mitspielen, wenn nicht, wird es ein Kampf.
Lassen Sie mich noch einige Beispiele aus meiner Praxis schildern, die Ihnen das Zusammenspiel »äußerer« und »innerer« Vorgänge verdeutlichen sollen.
In einem meiner Ausbildungsseminare war ein katholischer Priester. Wir arbeiteten gerade an seiner Einstellung zu seinem Beruf, hier insbesondere an der Ambivalenz zwischen dem, was für ihn richtig war, und dem Auftrag, den er zu erfüllen hatte. Besonders schwierig für ihn war die Predigt während seiner Gottesdienste, da ihm hierbei der Konflikt sehr deutlich wurde. Er bekam dann sogar körperliche Symptome wie Zittern und Schweißausbrüche.
Um besser an dieses Erleben heranzukommen, bat ich ihn, sich in die Situation der Predigt hineinzuversetzen. Er hatte seine Augen geschlossen und schilderte der Gruppe gerade das Bild, wie er auf der Kanzel steht, als die Glocken der nahegelegenen Dorfkirche, die sich ungefähr in 300 Metern Luftlinie von unserem Seminarraum befand, heftig und länger als gewöhnlich zu bimmeln anfingen - und zwar zu einer Tageszeit, die hierfür sehr ungewöhnlich war. Zufall?
Das Problem einer Frau in einem anderen Seminar war die »festgefahrene« Beziehung zu ihrem Mann. Während sie ihr vergebliches Bemühen schilderte, etwas zu verändern, hörten wir von draußen das Durchdrehen von Rädern. Jemand war mit seinem Auto in einen Graben gerutscht und versuchte nun, wieder freizukommen. Als wir das hörten, schauten wir uns alle an und brachen in schallendes Gelächter aus, was diese Situation erst einmal entspannte.
Nachdem es dann dem Fahrer offensichtlich gelungen war, sein Auto aus dem Graben zu fahren, löste dies wiederum bei der Frau einen

Prozess aus. Ihr Unbewusstes musste sehr genau zugehört haben. Es verstand: Auch wenn man festgefahren ist, gibt es Möglichkeiten, freizukommen. Sie entdeckte in diesem Moment eine Möglichkeit für sich, die sie noch nie gesehen hatte. Zufall?
In einer Gruppe machten wir gerade eine bioenergetische Übung, die ich »Schutt abladen« nenne. Diese Übung geht sehr lautstark vor sich. Plötzlich jedoch wurden wir von einem Lkw übertönt, der genau vor unserem Fenster Bauschutt ablud. Es war uns vorher nicht bekannt, dass dieser Lkw kommen sollte. Zufall?
Während eines Seminars hatte ein Teilnehmer gerade seinen »Durchbruch«, er gelangte zu einer großen Erkenntnis, zu einer Art von Erleuchtung, in der ihm Zusammenhänge seines Lebens deutlich wurden. Unmittelbar danach hörte wir, wie ein Flugzeug über uns die Schallmauer durchbrach. Zufall?
Ich könnte Ihnen noch mehr solcher Beispiele schildern, möchte Sie aber in jedem Fall dazu ermuntern, wach durch Ihr Leben zu gehen, dann werden Sie selbst genügend solcher Beispiele finden. Es macht wirklich Spaß, und Sie werden Ihr Leben besser verstehen und lieben, weil Sie mehr und mehr spüren, dass Sie ein Teil dieser Existenz sind.

Eine Welt voller Spiegel

Ein Hund hatte sich in einem Dschungel verlaufen. Seit Tagen war er unterwegs und am Rande der Verzweiflung. Auf einmal kam er auf eine Lichtung, auf der ein wunderschönes Schloss stand. Neugierig lief er die Stufen der breiten Treppe hinauf. Plötzlich stand er in einem riesigen Spiegelsaal, überall Spiegel. Sollte er dieses wunderschöne Schloss mit anderen teilen? Denn überall waren die anderen Hunde. Er wurde sehr ärgerlich und wütend. Er sträubte seine Nackenhaare, knurrte und fletschte die Zähne. Alle anderen Hunde in diesem Saal wurden augenblicklich wütend, sträubten ihre Nackenhaare, knurrten und fletschten die Zähne. Der Hund bekam Angst, kehrte um und lief zurück in den Dschungel.
Ein anderer Hund hatte sich ebenfalls im gleichen Dschungel verlaufen. Er fand die gleiche Lichtung mit dem wunderschönen Schloss. Auch er lief die Stufen hinauf und gelangte in den Saal mit den Spiegeln. Wie freute er sich, als er sah, dass er nicht allein war. Er wedelte mit dem Schwanz und bellte freudig zur Begrüßung. Alle anderen Hunde wedelten mit dem Schwanz und begrüßten ihn, und es war ein großes Fest.

Ihr Spiegelsaal ist diese Welt, und immer werden Sie sich selbst begegnen, und zwar unabhängig davon, ob Sie das glauben oder nicht.
Wenn Sie diese Tatsache einmal akzeptiert haben, können Sie noch mehr Bewusstheit in Ihr Leben einfließen lassen.
Ein guter Test, mit dem Sie herausfinden können, was Sie über sich selbst denken, ist: Was denken Sie über die anderen?
Sicher kennen Sie das: Sie begegnen einem anderen Menschen, und sofort ist dieser ihnen sympathisch - oder unsympathisch. Oft können

Sie beides nicht erklären. Es ist ein Gefühl, das Sie vielleicht Intuition nennen.
In beiden Fällen begegnen Sie sich selbst. In dem ersten Menschen sehen oder spüren Sie Anteile Ihrer eigenen Persönlichkeit, die Sie mögen. In der zweiten Begegnung treffen Sie auf Anteile Ihrer Persönlichkeit, die Sie nicht mögen oder nicht akzeptieren wollen.
Dieser Prozess läuft natürlich zunächst einmal auf der unbewussten Ebene ab, deshalb ist er so schwer zu durchschauen. Selbstverständlich ist es bequemer, die ungeliebten Anteile seiner Persönlichkeit nach außen zu verlagern, auf den anderen. Je länger Sie das aber tun, desto intensiver werden Sie sich in anderen Menschen selbst begegnen.
Beginnen Sie heute damit, zu akzeptieren, dass Sie alles sind. Was ich mit ALLES meine, ist wahr-zu-nehmen, dass Sie auch die Persönlichkeitsanteile, die Sie bei anderen Menschen vielleicht ablehnen, in sich tragen. Früher wurden nur Ihre »guten« und »braven« Anteile akzeptiert und belohnt, Sie wurden nicht mehr geliebt, wenn Sie »böse« waren. Da Sie alles getan haben, um von Ihren Eltern geliebt zu werden, haben Sie begonnen, diese Teile zu verleugnen und zu verdrängen. Aber was verdrängt ist, ist nicht verschwunden, denn bei anderen fallen Ihnen diese Anteile sofort auf. Sie haben sie lediglich nach außen projiziert. Der andere Mensch dient Ihnen als Leinwand, auf die Sie Ihren eigenen inneren Film projizieren.
In Wirklichkeit gibt es keine »bösen« Anteile. Lassen Sie uns als Beispiel eine der verpöntesten Verhaltensweisen herausgreifen: die Aggression.
Vom Ursprung des Wortes her ist damit lediglich das »Auf-Etwas-Zugehen« gemeint. Und in der Tat gäbe es keinen Fortschritt ohne diese Eigenschaft des Menschen, nämlich aggressiv zu sein. Eine Aggression, die aber nicht gelebt werden darf, zum Beispiel im Spiel oder im natürlichen Sich-Wehren gegen Autoritäten, wendet sich irgendwann gegen einen selbst, also nach innen und wird damit zur Depression. Depressive Menschen sind also in Wahrheit sehr aggressiv und gestatten sich nur nicht, ihre Aggressionen auszuleben. Wenn

Menschen die Macht bekommen, dies zu tun, gibt es häufig Krieg. Das ist im Kleinen (in der Familie) wie auch im Großen (in der Politik) so.

Betrachten Sie also jede Begegnung als eine Möglichkeit und eine Gelegenheit, mehr über sich selbst zu erfahren. Jeder andere Mensch ist eine Chance für Sie. Das Leben und unsere Beziehungen darin sind eine spannende Entdeckungsreise zum eigenen Selbst.

Folgendes Gedicht schrieb eine Teilnehmerin nach einem Seminar:

Du bist ein Spiegel. Du bist ein Spiegel für mich.
Du bist mein Spiegel. Ich schaue dich an - und sehe mich.
Ich rede mit dir - und du antwortest mich.
Und wenn ich nun vor dir stehe, mein Spiegel,
und in dieses geliebte Gesicht hinein sage:
Ich liebe Dich - wen meine ich dann?
Die Liebe, die ich für dich empfinde,
ist die Liebe, nach der ich mich sehne.
Wenn aber die Liebe, nach der ich mich sehne,
bereits in mir ist, was tust du, mein Spiegel, in diesem Spiel?
Du hilfst mir, mich zu erkennen, zu wissen: Das bin ich.
Ohne dich könnte ich dir nie in meine Augen schaun.
Und doch: Auch ohne dich bin ich. (Doris Schummer)

Akzeptanz ist der Schlüssel

Am Fuße eines mächtigen Berges sass ein Steinmetz und bearbeitete einen Felsen. Die Sonne schien heiß vom Himmel, und der arme Mann schwitzte. Er schaute nach oben zum Himmel und sprach: »Herr, warum muss ich hier sitzen und schwitzen und ein armer Steinmetz sein? Warum kann ich nicht die Sonne sein, die die Macht hat, alles zu erleuchten?« In diesem Moment wurde er die Sonne, und er genoss den Blick auf die Welt.

Nach einer Zeit kamen Wolken herangezogen und verdeckten seinen Blick.

»Herr, warum kann ich nicht die Wolken sein, die den Blick der Sonne verdecken können?« Er wurde die Wolken und trieb gemächlich über die Erde dahin.

Nach einer Zeit kam ein Sturm auf und vertrieb die Wolken, sodass er sprach: »Herr, warum kann ich nicht der Wind sein, der die Macht hat, die Wolken zu vertreiben?« Er wurde der Wind und blies über die Erde, bis er von einem mächtigen Berg aufgehalten wurde.

»Herr, warum kann ich nicht der große Berg sein, der die Macht hat, den Sturm aufzuhalten?« Er wurde der Berg.

Nach einer Weile spürte er, wie unten an seinem Fuße jemand hämmerte …

Ein König ging in seinen Garten und fand dort verwelkte und sterbende Bäume, Sträucher und Blumen.

Die Eiche sagte, sie stürbe, weil sie nicht so groß sein könne wie die Tanne. Als der König sich der Tanne zuwandte, ließ diese die Schultern hängen, weil sie keine Trauben tragen konnte wie der Weinstock. Und der Weinstock lag in den letzten Zügen, weil er nicht blühen konnte wie die Rose.

Schließlich aber fand der König eine Pflanze, die blühte und frisch war wie immer: das wilde Stiefmütterchen. Auf seine Frage, warum sie denn blühe, erhielt er folgende Antwort:
»Für mich war klar, dass du ein Stiefmütterchen haben wolltest, als du mich pflanztest. Hättest du eine Eiche, einen Weinstock oder eine Rose gewünscht, hättest du sie gepflanzt. Deshalb dachte ich, da ich ohnehin nichts anderes sein kann als das, was ich bin, will ich versuchen, dies nach besten Kräften zu sein.«
Du bist hier, weil diese Existenz dich so braucht, wie du bist. Sonst wäre jemand anders hier. Du erfüllst etwas sehr Wesentliches, etwas sehr Grundlegendes - so wie du bist.
(Aus: »Take it easy; Band 2«, OSHO-Verlag Köln)

Viele Menschen haben die Angewohnheit, sich mit etwas zu identifizieren, was aus einem schwachen Selbstwert und fehlender Selbst-Akzeptanz entspringt. Sie identifizieren sich aus einem Mangelerleben mit dem Staat, mit einer Ideologie oder einer Religion, mit ihrer Arbeit oder einem Sportverein und hoffen so, die Lücke in ihrem Inneren zu schließen.
Manche tun das so gründlich, dass sie mehr und mehr zu dem werden, mit dem sie sich identifizieren. Der Haken dabei ist, dass sie es nicht sind, und das macht sie zu einem Fass ohne Boden. Nur aus einem schwachen Selbst heraus entsteht der Wunsch, so zu sein, wie jemand anderes, meistens jemand, den man bewundert. Dabei gehen diese Menschen so weit, die Tatsache, dass dies gar nicht geht, zu ignorieren. Je stärker man sich mit etwas anderem identifiziert, desto mehr gibt man die Führung über sein eigenes Leben aus der Hand. Wenn sie das mit der Zeit spüren, werden sie unzufrieden und diese Frustration drückt sich dann nicht selten in Gewalt aus.
Es scheint so, als ob es auf dieser Erde noch niemals wirklich Frieden gegeben hätte. Entweder gab es Krieg, oder er wurde vorbereitet. Die Menschheit ist noch nicht reif für den Frieden. Erlaubt man einem Kind, seine natürlichen Aggressionen auszuleben, kann sich niemals so viel anstauen, das sich dann auf eine zerstörerische Art und Weise

entladen muss. Ein Mensch, bei dem alle aggressiven Impulse unterdrückt wurden, ist praktisch lebensunfähig und wird ein ängstlicher Mensch werden. Selbst in bedrohlichen Situationen, in denen er sich wehren müsste, tut er es nicht. Aber was verdrängt wurde, gewinnt Macht.

Sie werden jede Menge Energie verschwenden, diese unerlaubten Teile abzuwehren. Wir haben zwar inzwischen alle möglichen Mechanismen entwickelt, das »Böse« nach außen zu verlagern, indem wir es uns in Filmen anschauen, gespannt Mordprozesse verfolgen oder Kriege führen; aber das »Nach- außen-Verlagern« und Verleugnen hilft Ihnen nichts. Es ist nun einmal in Ihnen.

Nun werden Sie vielleicht einwenden, dass es bei uns seit mehr als 40 Jahren keinen Krieg mehr gegeben hat, dass wir also »besser« geworden sein müssten. Wenn Sie mit Krieg das Mit-Gewehren-aufeinander-Schießen meinen, haben sie Recht. Ich meine aber, dass es bei uns viele Formen von Krieg gibt. Wer das nicht glaubt, sollte einfach einmal über eine beliebige deutsche Autobahn fahren. Andere Beispiele sind unser Krieg mit der Natur, die kleinen und die großen Kriege am Arbeitsplatz, in unseren Beziehungen und den Familien.

Die Deutschen wurden ja offensichtlich, zumindest was den Einsatz von Menschen in Kampfhandlungen betrifft, erfolgreich aus dem Irakkrieg herausgehalten und doch geht auch dieser Krieg uns unmittelbar etwas an. Durch die Überflugrechte, die wir gewährten, haben wir dann doch teilgenommen, und auch, weil wir Teil des Systems »Erde« sind, ist jeder Krieg, der stattfindet, egal wo, auch unser Krieg.

Wollen wir das wirklich? Des Menschen Wille ist schließlich sein Himmelreich! Welcher Anteil von uns wird dort ausgelebt, auf Kosten aller? Ist es einer der Triebe, die Sigmund Freud »Thanatos« und »Destrudo« genannt hat?

Die Lust am Sterben und an der Zerstörung? Töten und Zerstören als Lustgewinn? Kann es das wirklich sein?

Es gibt mehrere Möglichkeiten, diese Anteile in uns gezielt und

unschädlich für uns und andere auszuleben. So gibt es dynamische Formen von Meditation, auch Sport und Tanzen sind gut geeignet.
Was Ihnen mit Sicherheit hilft, ist Transformation. Diese Transformation verläuft in mehreren Schritten, die Sie in den Übungen ab der Seite 241 nachvollziehen können.
»Akzeptieren« ist eines der häufig missverstandenen Wörter. Die meisten Menschen verstehen unter akzeptieren ein Sich-in-den-Sessel-Zurücklehnen und passives Betrachten der Dinge. Das aber ist Trägheit.
Akzeptieren funktioniert nur unter Ausschluss von Urteilen, denn für das, was in Ihrem Leben ist, brauchen Sie keine Urteile.
Anhand der folgenden Frage können Sie gut überprüfen, ob Sie sich und Ihr Leben wirklich annehmen: Können Sie andere Menschen so akzeptieren, wie sie sind? Transformation entsteht aus dem Wissen, dass Sie allein Ihr Leben kreieren. Bei Transformation kann in Ihrem Leben alles so bleiben, wie es ist. Was sich verändert, ist Ihr Erleben von allem. Akzeptieren und transformieren hat auch mit anderen Personen in Ihrem Leben zu tun. Mit Personen, denen Sie nicht vergessen können, was diese Ihnen angetan haben. Derlei Erinnerungen blockieren jede Menge Ihrer Energie.
Und jetzt möchte ich Ihnen sagen, wie Sie mit all diesen Leuten fertig werden. Das Rezept heißt *verzeihen.*
Verzeihen oder Vergebung sind die besten Möglichkeiten für Sie, Ihre Energie ab heute nur noch für Ihr Leben einzusetzen. Und wenn Sie glauben, dass in Ihrem Leben so viele Dinge passiert sind, die Sie nicht verzeihen können, so denken Sie daran, dass Jesus sogar noch am Kreuz darum gebeten hat, indem er sagte: »Vater vergib ihnen, denn sie wissen nicht, was sie tun.«
Wenn Sie allerdings einen Grund brauchen, um sich schlecht zu fühlen, dann tragen Sie weiterhin den Ballast Ihrer Vergangenheit durch Ihr Leben.
Je mehr Sie Ihre eigene, großartige Identität entdecken, desto weniger werden Sie sich identifizieren - *mit einer anderen Identität infizieren.*
Erinnern Sie sich bitte daran, dass Sie die Wahl haben. Wenn Sie sich

wegen irgendetwas ärgern, deswegen wütend oder frustriert werden bzw. Hass oder Wut auf entsprechende Personen bekommen, sind SIE selbst der einzige der diese Emotion in irgendeiner Form zurückbekommt. Ihre Wut trifft niemals den anderen. Einen Herrn Bush zum Beispiel interessiert es herzlich wenig, ob Sie sich über ihn ärgern.

Vom Richter zum Schöpfer

In einem armen Dorf lebte einst ein Bauer.
Eines Tages lief ihm ein Pferd aus dem Wald zu. Die Nachbarn kamen und beglückwünschten ihn, da er jetzt reich sei und sich bei der Arbeit helfen lassen könne. Der Bauer antwortete: »Mal sehn.«
Der Sohn des Bauern setzte sich nach einigen Tagen auf das Pferd, um es zu reiten. Er wurde abgeworfen und brach sich ein Bein. Die Nachbarn kamen und sprachen dem Bauern ihr Mitgefühl aus. Der Bauer antwortete: »Mal sehn.«
Kurze Zeit später kamen Rekrutierungsbeamte in das Dorf, um Soldaten für einen Krieg mitzunehmen. Den Sohn des Bauern nahmen sie wegen des gebrochenen Beines nicht mit. Die Nachbarn kamen, um den Bauern zu beglückwünschen. Der Bauer sagte: »Mal sehn.«

Auf dem Weg zur Erleuchtung werden Sie bemerken, dass es kein Gut und kein Böse, kein Richtig und kein Falsch gibt, sondern lediglich *das, was ist*, und dass alles Ihrem Leben dient. Gut und Böse sind Erfindungen des Verstandes, der sich das Erleben des Lebens einteilen muss, um besser zurechtzukommen.
Irgendwo in Ihnen sitzt jemand in schwarzer Robe, der alles beurteilt und bewertet. Sie haben sich schon so sehr an diesen Richter gewöhnt, dass Sie ihn bewusst nur sehr selten registrieren. Sie haben sich vielleicht schon so daran gewöhnt, dass Ihnen dieser Umstand erst jetzt gerade bewusst wird.
Aber so wurden Sie programmiert, denn Sie wurden selbst vom ersten Moment Ihres Lebens an beurteilt und bewertet. Ein Kind, das beurteilt und bewertet wird, wird sehr schnell lernen, dass es selber nicht okay ist. Um diesen Mangel auszugleichen, wird es seinerseits anfangen, andere zu bewerten und sie für nicht okay halten.

Neben Beurteilen und Bewerten gibt es noch viele Möglichkeiten, die Sie benutzen können, an Ihrem Leben vorbeizuleben. Machen Sie sich eine Vorstellung von Ihrem Leben, und Sie erleben Ihr Leben nicht. Sie verstellen sich das Erleben dessen, was ist.

Unsere Vorstellungen vom Leben haben solch eine Macht, dass unser Dasein nach ihnen verläuft. Unsere »Realität« richtet sich nach unseren Vorstellungen - und nicht umgekehrt. Erinnern Sie sich an das Gesetz der Resonanz und an den Pygmalion-Effekt.

Unsere Sinne sind die Tore zu unserer »Realität«, durch sie nehmen wir die Welt wahr. Sie sind aber nicht nur Tore, sondern auch Wächter. Wir nehmen selektiv wahr und lassen nur das herein, was zu unseren Vorstellungen passt. Alles andere wird außen vorgelassen und schlichtweg ignoriert.

Das wirklich Verrückte daran ist, dass wir dann glauben, dass es sich dabei in der Tat um die Wahrheit handelt.

Inzwischen hat unsere Wissenschaft herausgefunden, dass wir lediglich 10 Prozent von dem wahrnehmen, was im jeweiligen Moment um uns herum ist. Diese Wahrnehmung unterliegt natürlich Schwankungen, die abhängig von dem sind, was wir im jeweiligen Moment tun, und wie wir alle wissen, hängt es auch davon ab, ob Sie ein Mann oder eine Frau sind. Die Wahrnehmungsfähigkeit einer Frau ist um ein Vielfaches höher, als die der Männer, und Frauen können viel mehr Dinge gleichzeitig tun, als Männer das können. So haben zum Beispiel Frauen einen siebenfach besseren Geruchssinn als Männer und ihr Blickfeld ist um ca. 20 Prozent weiter. Wenn Ihre Frau Sie also ermahnt, nicht anderen Frauen hinterher zu schauen, seien Sie beruhigt, Sie schaut auch nach anderen Männern, nur sie muss den Kopf dazu nicht drehen. Dafür können Männer besser »an einer Sache dran bleiben« und in kürzerer Zeit Probleme lösen.

Die Einschränkung der Wahrnehmung hat natürlich auch einen Sinn. Stellen Sie sich vor, Sie würden wirklich immer alles wahrnehmen. Sie hätten kaum noch Freiraum für Ihre jeweilige Tätigkeit, wenn Sie nicht ein indischer Yogi sind und unter einem Baum sitzen. (Aber dann würden Sie auch nicht dieses Buch lesen.)

Eine gute Wahrnehmung ist vor allem nötig, wenn Sie Entscheidungen treffen müssen, denn gerade dann ist es besonders wichtig, alle Aspekte einer Situation beleuchten zu können. Vor der Wahrnehmung des Außen kommt aber immer eine gute Wahrnehmung des eigenen Selbst, sonst übersieht man Wesentliches.

Die Selbstwahrnehmung ist Voraussetzung für ein stressfreies Leben. Wenn Sie sich selbst wahrnehmen, und zwar vollkommen, dann werden Sie nie wieder in Situationen kommen, in denen Ihnen irgendwelche Entscheidungen Stress bereiten. Oft wurde und werde ich von Seminarteilnehmern gefragt: »Wie soll ich mich hier oder da entscheiden, was soll ich tun?« Einmal davon abgesehen, dass es keinen guten Coach geben wird, der auf eine solche Frage direkt antwortet, kann ich Ihnen nur sagen: *Hören Sie auf Ihre innere Stimme. Der Apfel fällt vom Baum, wenn er reif ist, ohne jegliches äußeres Dazutun.*

Und so werden auch Sie genau fühlen, wann und wie eine Entscheidung zu treffen ist, und dann treffen Sie diese Entscheidung einfach, weil die Zeit reif ist, ohne Druck und Zwang, ohne ein schlechtes Gefühl. Sie wissen einfach: Es stimmt. Dazu gehört Selbsterkenntnis, um zu wissen: Wie fühle ich, dass eine Entscheidung richtig ist? Auch werden Sie dann erst Vertrauen in Ihr Ja oder Nein bekommen, und Sie brauchen sich keinen Rat von anderen einzuholen, der immer nur ungenügend sein kann, weil nur Sie in Ihrer Haut stecken.

Natürlich fragen Sie andere gerne um Rat, weil es bequemer ist und weil es Ihnen so beigebracht wurde. Für alles gibt es ja schließlich Fachleute. Aber alle diese Fachleute sind auch Menschen in der Entwicklung, und das heißt, sie sind in ihrer Meinung bezogen auf eigene Glaubenssätze und Erfahrungen. Ein wirklicher »Fachmann« wird Ihnen keinen Ratschlag geben, denn Ratschläge sind Schläge, um die man nicht gebeten hat. Oder haben Sie schon einmal einen Ratschlag befolgt? Seien Sie ehrlich!

Wenn Sie jemand sind, der in seinem Leben eine Menge »Fehler« gemacht hat, möchte ich Ihnen sagen, woran das liegt. Sie haben Ihrer inneren Stimme nicht vertraut, und Sie haben alle »Warnlampen« übersehen.

Gib dich nicht länger der Täuschung hin, dass du hilflos bist angesichts dessen, was dir angetan wird. Erkenne nur an, dass du dich geirrt hast, und alle Wirkungen deiner Irrtümer werden verschwinden. (Aus: »Ein Kurs in Wundern«)

Sie sind in Wirklichkeit nie »Opfer« der Umstände, sondern deren Schöpfer. Wirklichkeit hat nichts mit Wahrheit zu tun. Wirklichkeit zeigt auf, was wirkt, und eine Wahrheit gibt es nicht.

Wenn Sie sich bisher für ein Opfer gehalten haben, hören Sie sofort auf damit, und freunden Sie sich schon einmal mit dem Gedanken an, ein Schöpfer zu sein. Wichtig für Sie wird es sein, ihr »Opferprogramm« genau zu kennen, also zu wissen, wie Sie es schaffen, immer wieder Opfer zu sein.

Da diese Programme unbewusst ablaufen - wer ist schon gerne Opfer - ist dieser Schritt mit Arbeit verbunden. Die bestbezahlte Arbeit der Welt übrigens. Denn der Lohn ist Freiheit. Wenn Sie diese Wahl getroffen haben, haben Sie schon halb gewonnen. Je mehr Sie um sich herum »aufgebaut« haben, desto schwieriger wird es sein, an die Programme heranzukommen. Bei den meisten dieser Programme handelt es sich um sehr raffinierte Imprägnierungen, denen Sie dennoch auf die Schliche kommen können. Da diese Programme oft in der frühen Kindheit entstanden sind, sind sie der bewussten Erinnerung meist nicht mehr zugänglich. Dann wären sie ja auch einfach zu ändern. Man kann psychologische Tests machen, wie den so genannten Antreibertest, in dem es darum geht, herauszufinden welche inneren Antreiber man sich angeeignet hat. Man bezeichnet dort fünf Antreiber, wie »mach es allen recht«, »sei stark«, »sei perfekt«, »sei schnell« und »streng dich an«. Wenn Sie einen oder mehrere dieser Antreiber kennen, sind sie schon ein Opfer dieses Programms. Wenn Sie das entdeckt haben, aber erst dann, können Sie auch gegensteuern. Dazu müssen Sie sich so genannte »Erlauber« geben. Solche Erlauber könnten sein:

»Ich kann auch mal Fünfe gerade sein lassen«, »Ich darf auch Fehler

machen«, »Nicht jeder muss mich mögen«, »Gut Ding will Weile haben«, »Ich darf auch mal Schwäche zeigen« usw.
Da dies meist Mentalproramme sind, kann man sie auch auf demselben Weg erkennen und verändern. Eine Möglichkeit finden Sie weiter hinten im Buch in dem Kapitel über mentales Training.

Teil 2
Vom Homo consumens zum Homo sapiens

Was wir schnellstens brauchen, ist ein neuer Mensch. Dieser neue Mensch wird friedlich sein, er wird meditativ sein, er wird frei sein.
Äußerlich wird die neue Zeit daran zu erkennen sein, dass es keine Waffen mehr gibt und dass niemand mehr Hunger zu leiden braucht. Wenn Sie glauben, dass es dazu noch sehr lange braucht, wird es so sein. Ich glaube, dass all dies sehr schnell zu bewerkstelligen ist. Jeder Einzelne kann dazu beitragen. Nicht indem er gegen Krieg oder für Abrüstung kämpft, sondern einfach indem er selbst still und friedlich wird. Protestieren Sie jetzt innerlich? Sagen Sie jetzt: Als wenn das alles so einfach wäre?

Eine Raupe bliebe ewig eine Raupe, die sich gefräßig von Ast zu Ast windet, wenn sie sich nicht irgendwann entschließen würde, ein Schmetterling zu werden. Die Seele der Raupe ist bereits die heilige Saat des Schmetterlings! Das Muster des wunderschönen Schmetterlings ist schon in der Raupe enthalten, während sie als Wurm am Boden kriecht. Instinktiv zieht sich die Raupe in ihren Kokon zurück, den ich bei Menschen »Meditation« nenne.
In Ruby Nelsons Buch »Das Tor zur Unendlichkeit« heißt es unter anderem:
In diesem Moment setzt eine »Welle der Entschlossenheit« den Vorgang der Verwandlung in Gang. Es ist tatsächlich so! Diese Welle der Entschlossenheit setzt ein Hormon frei, einen Anreger. Aus einigen winzigen Zellen im Gehirn der Raupe stimulieren diese Hormone die Freilassung anderer Hormone aus der Schilddrüse der Raupe, und in der Verborgenheit und der Stille eines kleinen versiegelten Kokons beginnt ein Wunder der Verwandlung sich zu verwirklichen, die Erfüllung eines Göttlichen Planes ...«

Frauen und Männer

Für die Männer (aber auch Frauen dürfen es lesen):

Ein Mann, der schmächtiger als seine Frau war, floh während eines Ehestreits unter das Bett, wohin sie ihm nicht folgen konnte. Kurz darauf kam ein Nachbar zu Besuch und fand den Ehemann unter dem Bett sitzend vor. Ganz erstaunt fragte der Nachbar, was er unter dem Bett tue. Er erhielt zur Antwort: »Ich kann doch wohl sitzen, wo ich will, denn immer noch bin ich der Herr in diesem Haus.«

Sind Sie Herr in Ihrem inneren Haus? Sind Sie ein König? Sind Sie sich Ihres Selbst bewusst? Ich meine nicht das oft übersteigerte »Selbstwusstsein« derjenigen Männer, die ohne jeglichen Selbstzweifel und ohne Überprüfung, ob ihr Selbstbild mit der Außenwirkung übereinstimmt, durch die Gegend laufen.
In Ihnen existiert das kulturelle Gesamtbild des Mannes. Denn der Mann, der Sie im Inneren sind, wurde in unendlich vielen Generationen von Männern geschaffen. Wir können in der Geschichte der Menschheit zurückgehen bis zu den Jägern der Steinzeit, den ersten Bauern, den Siedlern oder den Kriegern der Vorzeit. All diese Männer sind Ihre Väter. Sie haben Ihr Bild von »Mann« geprägt. Das brauchen und sollen Sie auch nicht verändern, sondern das verdient Würdigung, weil Ihr Leben von diesen Männern und durch sie kommt.
Aber die Zeiten verlangen heute von allen mehr, und dazu ist es nötig, Neues zu entdecken und zu leben. Für Ihre Entscheidung, ein »neuer Mann« zu werden, spielt Ihre längere »Stammesgeschichte« keine Rolle. Es reicht aus, wenn Sie wissen, dass Sie eine haben. Für Sie persönlich relevant ist Ihre eigene Lebensgeschichte und dass Sie es

schaffen, aus Ihrem Schneckenhaus herauszukommen. Mann sein muss in unserer Gesellschaft jeder Mann alleine für sich lernen, und oft ist es ein Kampf, den viele Männer im Stillen austragen. Wenn Männer leiden, dann leiden sie einsam, und falls sie Antworten finden, behalten sie diese meist für sich. Nach Untersuchungen würden nur ca. acht Prozent der Männer bei Problemen zu ihrer Partnerin gehen. Männer sind es gewohnt, Probleme zu lösen und geben sich schon eine Blöße, wenn sie nach dem Weg fragen müssen. Böse Zungen behaupten, dass Moses nur deswegen mit dem Volk Israel 40 Jahre durch die Wüste gezogen sei. Wenn Männer leiden, muss es schon sehr weit kommen, bis sie sich Hilfe holen, und zum Arzt gehen sie erst mit dem Kopf unter dem Arm. Männer machen das alleine für sich aus und sind gerade in diesen Situationen einsam. Da sie gute Verdränger sind und viele Möglichkeiten der Kompensation haben, fällt es kaum auf, und wenn die besorgte Frau nachfragt, wird es heruntergespielt. Der Ausweg aus dieser Einsamkeit ist nicht selten der Suizid oder in seiner abgeschwächten Form der Weg in den Alkoholismus. Um aus diesem Dilemma herauszukommen, müssen Männer ihr Herz öffnen.

Ein alter Indianer saß mit seinem Enkelsohn am Lagerfeuer. Es war schon dunkel geworden, und das Feuer knackte, während die Flammen in den Himmel züngelten. Der Alte sagte nach einer Weile des Schweigens: »Weißt du, wie ich mich manchmal fühle? Es ist, als ob da zwei Wölfe in meinem Herzen miteinander kämpfen würden. Einer der beiden ist rachsüchtig, aggressiv und grausam. Der andere hingegen ist liebevoll, sanft und mitfühlend.«

»Welcher der beiden wird den Kampf um dein Herz gewinnen?«, fragte der Junge. »Der Wolf, den ich füttere«, antwortete der Alte.

Sie haben mit Ihrer Geburt die Hoffnungen und Erwartungen Ihrer Eltern, Ihrer Großeltern und Urgroßeltern mitbekommen. Da Sie ein Mann sind, waren Sie wahrscheinlich erwünscht, und jeder hat sich über den »Stammhalter« gefreut.

Schon das ungeborene Kind im Mutterleib spürt diese Erwartungen. Wie eingehend und belastend diese Hypothek sein kann, ist Ihnen

vielleicht selbst klar geworden. Ein Test, um herauszubekommen, ob das stimmt, ist: Fühlen Sie sich als Mann wohl in Ihrer Haut? Ist Ihr Leben so, dass Sie es wirklich für lebenswert halten - auch nach Abzug des Autoschlüssels oder des Managersessels?
In Deutschland werden alle zwei Minuten ein Kind oder eine Frau von einem Mann sexuell missbraucht. Nun könnte man die berechtigte Frage stellen: Wer hat die Peiniger misshandelt? Denn jeder kann nur das geben, was er erhalten hat - positiv wie negativ. Wenn wir dieser Frage nachgehen, kommen wir zwangsläufig zu den frühen Bezugspersonen, in der Regel den Eltern. Die Beantwortung darf aber nicht in Schuldzuweisungen und einem Sich-Abfinden enden, denn das wäre zu einfach und auch nicht richtig. Über Ordnungen in Systemen haben Sie ja schon gelesen. Jeder hat die Möglichkeit etwas zu verändern und aus seinem Teufelskreis herauszutreten.
Haben Sie die Erwartungen Ihrer Eltern erfüllt? Erwartungen zu erfüllen, ist der beste Weg, ihre Anerkennung zu bekommen und sich von ihnen geliebt zu fühlen. Das hat allerdings herzlich wenig mit Liebe zu tun, denn Liebe hat keine Erwartungen. Das Beste, was Eltern ihren Kindern mitgeben können, sind Vertrauen und Liebe - Wurzeln und Flügel. Das stärkt das Kind.
Es gibt verschiedene Möglichkeiten, mit den Erwartungen der Eltern umzugehen. Das ist wiederum abhängig von dem Raum, den die Eltern Ihnen als Sohn gelassen haben. Man kann genauso werden, wie die Eltern sich das wünschen, oder man wird das Gegenteil von dem. Man kann sich anpassen oder rebellieren. Gerade an Söhne stellen Eltern, was die berufliche Laufbahn betrifft, in der Regel höhere Erwartungen als an eine Tochter. Elterlicher Ehrgeiz ist eine der größten Fallen, in die Kinder hineingeraten können. Viele Leute leben gut davon, dass sie Kindern das beibringen, was deren Eltern gerne selbst gelernt hätten. Das elterliche Ziel, einfluss- und erfolgreiche Kinder vorweisen zu können, kann der Gesundheit der Kinder ernsthaft schaden.
»Aus dir soll mal was werden. Du sollst es einmal besser haben als wir. Wir wollen stolz auf dich sein«, sind wohl Sprüche, die fast jeder

Mann kennt. Nicht selten geschieht es dann, dass solche Söhne ihr Leben lang in einem Beruf unglücklich sind, weil sie die hohen Ziele der Eltern erreichen wollten, oder Papas Praxis weiter führen mussten, anstatt ihre eigene Berufung zu finden. Ein Mann, der seine Berufung gefunden hat und sie auch leben darf, wird nie die Tage bis zu seiner Rente oder Pension zählen.

Milton Erickson, der bekannte amerikanische Psychotherapeut, wurde einmal gefragt, warum keines seiner Kinder Psychotherapeut geworden sei. Er gab darauf ungefähr folgende Antwort:

Mein ältester Sohn, hatte schon in seiner Kindheit ein Faible für Pflanzen. Er zog sie in Töpfen auf der Fensterbank seines Zimmers groß, und kaum dass er von der Schule nach Hause kam, war er aus dem Garten nicht mehr wegzubringen. Er ist später Farmer geworden.

Mein anderer Sohn zählte auf jedem Spaziergang die Latten der Zäune, und er bemerkte sofort, wo einer fehlte und wie viele Latten alle Zäune zusammen hatten. Zählen und Zahlen waren schon früh zu seiner Lieblingsbeschäftigung geworden. Dieser Sohn wurde später Mathematiker.

Meine Tochter hatte ein Herz für kranke und verletzte Tiere. Oft brachte sie diese nach Haus mit und pflegte sie gesund. Und hatte einer von uns eine kleine Schramme, kam sie sofort mit Pflaster und Verband und versorgte die »Wunden«. Meine Tochter wurde zunächst Krankenschwester und studierte später Medizin. Ich glaube, dass alle meine Kinder glücklich sind.

Eine Möglichkeit, mit den Erwartungen der Eltern umzugehen, ist: sich anzupassen. Ein Weg, der am meisten belohnt wird, ist der des »braven Sohnes«. Sich anpassen heißt: das Spiel mitspielen. Die Kernaussage dieses Spiels lautet dann: »Schaut her, Eltern, ich bin genauso geworden, wie ihr es wolltet, liebt ihr mich jetzt dafür?« Wenn dem so ist, erkennen Sie einfach, dass Sie sich irgendwann in Ihrem Leben entschieden haben, dieses Spiel mitzuspielen. Vielleicht haben Sie aber auch eine andere Möglichkeit gewählt: den Weg des Widerstandes und der Rebellion, der sich wiederum in unterschiedlichsten Erscheinungsbildern ausdrücken kann. Eine Möglichkeit des Widerstandes ist das Schulversagen: die Leistungen, die erwartet werden, nicht zu bringen. Würden sich manche Lehrer doch nur etwas mehr Mühe geben, hinter die Beweggründe ihrer »dummen Schüler« zu schauen. Diese Form des Widerstandes wird dann gewählt, wenn die Erwartungen der Eltern, wie oben erwähnt, an einen bestimmten Beruf, den ihr Sohn einmal ausüben soll, geknüpft sind.

Eine andere Form des Widerstands ist der, die »falsche« Frau zu heiraten (als wenn es die gäbe). Hier sei nebenbei angemerkt, dass die Eltern meist sehr genau wissen, wer gut zu ihren Kindern passt. Aber nur, wenn sie selbst frei von Bewertungen sind und eine erfüllte Beziehung leben.

Eine gute Möglichkeit herauszubekommen, wie Sie als Mann in Beziehung zu Frauen sind, ist das Feedback, das Sie von den Frauen bekommen, mit denen Sie in Ihrem Leben zu tun haben - privat und beruflich. Das wiederum hängt in starkem Maße davon ab, wie Sie Ihren Vater als Mann erlebt haben und dort im Besonderen, wie er in der Beziehung zu Ihrer Mutter war und was er Ihnen sonst so alles über Frauen erzählt hat.

Genauso wichtig ist, was Sie über die Einstellung Ihrer Mutter Männern gegenüber mitbekommen haben. Und das muss nicht das sein, was Ihnen Ihre Mutter über Männer erzählt hat, sondern es wird das sein, was Sie gespürt haben, vor allem, wie sich Ihre Mutter Ihrem Vater gegenüber verhalten hat, wenn dieser überhaupt anwesend war. Wenn nicht, mag es sein, dass Sie als Partnerersatz herhalten mussten und früh die Rolle des »Mannes im Haus« übernehmen mussten. Dann kommt es oft zu einer lebenslangen Bindung, und man bleibt der Mutter heimlich treu. Keine andere Frau hat dann eine wirkliche Chance.

Als Franz Beckenbauer zu seinem 60sten Geburtstag im Fernsehen in einer eigenen Show geehrt wurde, war auch seine Mutter eingeladen. Als diese neben ihrem Sohn auf der Bühne saß, fragte der Moderator Thomas Gottschalk Herrn Beckenbauer, ob er seiner Mutter keinen Geburtstagskuss geben wolle. Spontan nahm der Jubilar ein Blatt

Papier vom Tisch und gab seiner Mutter hinter diesem vorgehaltenen Blatt einen Kuss - vor dem Publikum versteckt.
Drei ehemalige Schulfreundinnen treffen sich nach vielen Jahren wieder und sprechen über ihre Söhne. Die erste berichtet stolz: »Mein Sohn hat Medizin studiert und ist ein bekannter Chirurg geworden.« Die zweite sagt: »Meiner ist Schriftsteller, und seine Bücher wurden in 17 Sprachen übersetzt.« Da lächelt die dritte und sagt: »Das ist ja alles schön und gut. Aber mein Sohn geht seit sieben Jahren zur Psychoanalyse und spricht dort in jeder Stunde nur von mir.«

Irgendwann werden Sie hoffentlich dahinter kommen, dass Sie mit Widerstand *einer* Person den geringsten Gefallen tun, und diese Person sind Sie. Hören Sie heute auf, Widerstand zu leisten, und fangen Sie an, das zu leben, was Sie für richtig halten. Um dies herauszubekommen, gibt es wiederum nur einen Weg: den Weg nach innen. Auf diesem Weg werden Sie Ihre »innere Frau« finden, Ihre weiblichen Anteile. Ihre Weichheit, Ihre Fähigkeit, Gefühle zu zeigen, Ihr Intuition. Alles, was so gar nicht »männlich« ist.
Um all dies entdecken und leben zu dürfen, müssen Sie sich mit allen Frauen in Ihrem Leben aussöhnen.
Sie können mit Ihrer Mutter anfangen. Sie hat Ihr Frauenbild entscheidend geprägt. Die Beziehung zu ihr beeinflusst sämtliche späteren Beziehungen zu Frauen. Um sich mit Ihrer Mutter auszusöhnen, ist es unwichtig, ob sie noch lebt oder nicht, denn Sie müssen nicht den persönlichen Kontakt aufnehmen. Es genügt, wenn Sie es für sich tun, hier und jetzt.
Und noch etwas sollten Sie wissen:
Ihre Mutter hat ihre natürliche Aufgabe erfüllt, sonst könnten Sie jetzt dieses Buch nicht lesen. Die Aufgabe Ihrer Mutter war, für Ihr Überleben zu sorgen.
Wenn Sie sich mit den Frauen ausgesöhnt haben, haben Sie sich auch mit Ihrer »inneren Frau« versöhnt und können es sich erlauben, ihr in Ihrem Leben einen Platz zu geben. Der neue Mann lebt seine natürliche Männlichkeit. Er kann es sich auch leisten, seine weiblichen

Anteile zu leben. Dazu gehört, dass er seine Zärtlichkeit zeigen darf, ohne sie auf kleine Kinder, Tiere oder die Werbungsphase um eine Frau beschränken zu müssen. Er darf genauso seinen Schmerz zeigen, er darf einen Freund umarmen und braucht seine Wünsche nach männlicher Nähe nicht in Kneipenprügeleien oder auf den Sportplatz zu verlagern. Er kann die Waffen, mit denen er auf seine Brüder geschossen hat, weglegen und Frieden finden.

Für die Frauen (aber auch Männer dürfen es lesen)

Das Verhältnis einer Frau zu Männern wurde von ihrem Vater oder der männlichen Bezugsperson ihrer Kindheit geprägt. Bevor Sie diese *Ur-Beziehung* nicht geklärt haben, werden Sie immer solchen Männern begegnen, die Ihnen Chance und Anlass geben, an ihr zu arbeiten.

Wie von einem geheimnisvollen Instinkt getrieben, wählen Frauen Männer, die entweder wie der Vater oder sein genaues Gegenteil sind. In beiden Fällen ist der Vater das Vorbild. Es handelt sich also nicht um eine freie Wahl. Um frei wählen zu können, müssen Sie sich von Ihrem Vater gelöst haben, denn auch Väter haben Nabelschnüre. Wenn Sie noch mit Ihrem Vater verbunden sind, werden Sie entweder Männer anziehen, die anderweitig gebunden sind, bleiben allein oder haben häufig wechselnde, flüchtige Beziehungen ohne eine tiefere Bindung. In jedem dieser Fälle bleiben Sie einem Mann treu: Ihrem Vater. (Das Gleiche gilt natürlich auch für Männer, die noch mit der Mutter verbunden sind.)

Ihr weibliches Vorbild war und ist Ihre Mutter, oder die Frau, bei der Sie aufgewachsen sind. Gerade dann, wenn Sie auf keinen Fall so werden wollten wie Ihre Mutter, werden Sie sich oft dabei »ertappen«, dass Sie automatisch, wie unter einem Zwang, die gleichen Muster zeigen, die Sie bei ihr so vehement abgelehnt hatten. Man kann sich dann selbst nicht leiden, eben weil diese Programme wie ferngesteuert ablaufen.

Dabei handelt es sich manchmal um solch subtile, das Leben blockierende Verhaltensweisen, dass sie erst in einer Therapie aufgedeckt werden können. Unerlässlich wird es daher in solch einem Fall für Sie sein, sich alle Verhaltensmuster Ihrer Mutter zu betrachten.

Frauen haben sicherlich einen größeren Leidensdruck, da sie nicht so viele Möglichkeiten der Kompensation haben wie Männer, aber Frauen spüren dank ihrer feineren Intuition besser, welche Zeiten angebrochen sind. Frauen hinterfragen sich in der Regel viel selbstkritischer als Männer dies tun und schätzen sich und ihre Fähigkeiten realistischer ein.

Aber auch für die Frauen haben sich die Zeiten drastisch geändert. Innerhalb von 60 Jahren haben sie einen Rollenwechsel vollzogen, der sie von Herd und Kindern in den Managersessel brachte, und es gibt nicht wenige, die versuchen, beide Rollen gleichzeitig auszufüllen. Die Autorin, Hochschullehrerin, Opern- und Filmregisseurin Doris Dörrie sagt dazu:

Die Rolle und die Möglichkeiten haben sich für Frauen in den vergangenen 50 Jahren dramatisch verändert. Natürlich wollen wir immer mehr, weil wir auch immer mehr dürfen. Anders herum: Weil wir immer mehr dürfen, wollen wir auch immer mehr. Das hat unser Leben mit Männern auch dramatisch verändert. Jetzt sind wir in einer Situation, in der die Männer manchmal nicht mehr mitkommen. Es gibt dann ein Missverhältnis zwischen den Rhythmen. Die Frauen denken: Ich muss alles machen, muss alle Rollen erfüllen. Wieso kommt mein Kerl nicht hinterher? Warum unterstützt er mich nicht mehr?

Genau wie es für den Mann gilt, seine »innere Frau« zu entdecken und zu leben, so gilt es für Sie, Ihren »inneren Mann« zu leben. Mit dem Leben des »inneren Mannes« meine ich die Fähigkeit, auf etwas zuzugehen, aktiv zu sein und das Ruder in die Hand zu nehmen. Die Zeiten, in denen Sie einen Mann brauchten, um zu überleben, sind lange vorbei.

Wenn Sie das tun, werden Sie selbstsicher sein und Ihren Wert erkannt haben. Sie werden dann *immer* als Frau auftreten und müssen nicht Männer kopieren, um sich durchzusetzen.

Frauen, die im Berufsleben wie Männer auftreten tun dies, weil sie fürchten, sich nicht in der meist noch männerdominierten Berufswelt durchsetzen zu können.
Ein anderer Grund für männliches Auftreten oder Verhalten liegt oft darin, den Wunsch der Eltern nach einem Jungen erfüllen zu wollen. Dies ist eine der Hauptlasten, die eine Frau zu tragen hat: Schon im Mutterleib und auch später den Wunsch der Eltern nach einem Sohn zu spüren, diesen Wunsch aber nie erfüllen zu können.

Beziehungen

Einem Mann namens Gerhard gefällt eine Frau namens Susanne. Er fragt sie, ob sie ins Kino gehen will, sie sagt ja, und die beiden verbringen einen sehr lustigen Abend miteinander.

Ein paar Tage später lädt er sie zum Abendessen ein, und sie haben wieder viel Spaß. Fortan treffen Sie sich regelmäßig, und nach einiger Zeit trifft sich keiner von beiden mit irgendjemand anders mehr.

Eines Abends, als sie nach Hause fahren, schießt ein Gedanke durch Susannes Kopf, und, ohne richtig drüber nachzudenken, spricht sie ihn aus: »Ist dir klar, dass wir uns mit dem heutigen Abend seit genau sechs Monaten treffen?«

Stille.

Susanne kommt die Stille sehr laut vor. Sie denkt: »Oje, ob es ihn nervt, dass ich das gesagt habe? Vielleicht fühlt er sich durch unsere Beziehung eingeschränkt, oder er fühlt sich von mir in eine Pflichtrolle gedrängt.«

Und Gerhard denkt sich: »Wow, sechs Monate.«

Und Susanne denkt sich: »Moment, ich bin gar nicht sicher, ob ich so eine Art Beziehung will. Manchmal hätte ich lieber mehr Freiraum, ich werde Zeit brauchen, mir zu überlegen, ob ich so weitermachen will. Ich meine, wo führt uns das hin? Wird es immer so weitergehen, oder schreiten wir auf eine Ehe zu? Vielleicht sogar auf Kinder? Darauf, unser restliches Leben miteinander zu verbringen? Bin ich bereit, diese Verpflichtung einzugehen? Kenne ich diesen Menschen überhaupt?«

Und Gerhard denkt sich: »Hm, das heißt, es war ... mal sehen ... Februar, als wir anfingen, uns zu treffen, das war gleich, nachdem ich das Auto beim Service hatte, das heißt ... wie ist der Kilometerstand?

Au weia! Die Karre ist überfällig für einen Ölwechsel!«
Und Susanne denkt sich: »Er ist besorgt. Ich sehe es in seinem Gesicht. Vielleicht war mir nicht ganz klar, wie er die Sache sieht. Vielleicht will er mehr von unserer Beziehung, mehr Intimität, eine tiefere Bindung, vielleicht hat er sogar schon vor mir gespürt, dass ich mich zu sehr zurückhalte. Ja, das ist es. Deswegen spricht er so selten über seine Gefühle. Er hat Angst, zurückgewiesen zu werden.«
Und Gerhard denkt sich: »Die sollen sich auf jeden Fall noch einmal das Getriebe ansehen. Ist mir völlig egal, was diese Deppen sagen, die Schaltung funktioniert noch immer nicht richtig. Und diesmal können sie es auch nicht aufs kalte Wetter schieben. Wir haben 30 Grad, und das Ding hier schaltet sich wie ein Lastwagen von der Müllabfuhr. Und ich habe diesen inkompetenten Gaunern 1200 Euro bezahlt!«
Und Susanne denkt sich: »Er ist sauer. Ich kann's ihm nicht übel nehmen, ich wär's auch. Ich fühle mich so schuldig, ihm das anzutun, aber ich kann nichts für meine Gefühle, ich bin einfach unsicher.«
Und Gerhard denkt sich: »Wahrscheinlich werden sie sagen, es gibt nur 90 Tage Garantie, diese Säcke!«
Und Susanne denkt sich: »Wahrscheinlich bin ich viel zu idealistisch und warte auf einen Ritter auf einem weißen Pferd, während ich hier neben einem superlieben Menschen sitze, einem Menschen, mit dem ich gern zusammen bin, um den ich mich wirklich sorge und der sich wirklich um mich sorgt. Einem Menschen, der wegen meiner selbstherrlichen Schulmädchenfantasien leiden muss.«
Und Gerhard denkt sich: »Garantie? Die reden von Garantie? Können sie haben, ich nehme ihre Garantie und stecke sie ihnen in ...«
»Gerhard«, sagt Susanne laut.
»Was?«, sagt Gerhard erschrocken.
»Bitte quäl dich nicht so«, sagt sie, während sich ihre Augen mit Tränen füllen. »Vielleicht hätte ich niemals ... Oh Gott, ich fühle mich so ...«
(Sie verstummt, schluchzt.)
»Was?«, sagt Gerhard.

»Ich bin so dumm«, schluchzt Susanne. »Ich meine, ich weiß, dass es nie einen Ritter geben wird. Es ist so dumm. Weder einen Ritter noch ein Pferd.«
»Es gibt kein Pferd?«, fragt Gerhard.
»Du denkst auch, dass ich dumm bin, oder?«, sagt Susanne.
»Nein!«, sagt Gerhard, froh, endlich eine richtige Antwort zu haben.
»Die Sache ist die ... es ist einfach so ... ich brauche ein wenig Zeit«, sagt Susanne.
(Es entsteht eine 15sekündige Pause, in der Gerhard versucht, so schnell er kann mit einer sicheren Antwort aufzuwarten. Endlich fällt ihm etwas ein, das funktionieren sollte.)
»Ja«, sagt er.
(Susanne, tief bewegt, berührt seine Hand) »Oh Gerhard, denkst du wirklich so darüber?«, fragt sie.
»Worüber?«, fragt Gerhard.
»Über ein wenig mehr Zeit«, sagt Susanne.
»Oh«, sagt Gerhard, »ja.«
(Susanne dreht sich zu ihm und sieht ihm tief in die Augen, wodurch er schrecklich nervös darüber wird, was sie als Nächstes sagen wird, besonders, wenn darin ein Pferd vorkommen sollte. Endlich spricht sie.)
»Danke, Gerhard«, sagt sie.
»Ich danke Dir!«, sagt Gerhard.
Dann bringt er sie nach Hause, wo sie sich auf ihr Bett legt, eine von Konflikten geschüttelte, gequälte Seele, und bis in den Morgen weint. Gerhard fährt nach Hause, holt sich eine Tüte Chips, dreht den Fernseher auf und wird schnell von der Wiederholung eines Tennismatches zwischen zwei Neuseeländern, von denen er noch nie was gehört hat, in den Bann gezogen. Eine leise Stimme irgendwo in seinem Kopf sagt ihm, dass heute in dem Auto höchstwahrscheinlich etwas wirklich Wichtiges passiert ist, aber er ist sicher, dass er niemals verstehen wird, was das war, also beschließt er, nicht weiter darüber nachzudenken.
Am nächsten Tag wird Susanne ihre beste Freundin anrufen, viel-

leicht sogar noch eine, und mit ihr sechs Stunden lang über die ganze Sache reden. In sorgfältiger Detailarbeit werden sie alles, was sie sagte, und auch alles, was er sagte, analysieren, jedes Wort, jeden Ausdruck, jede Geste, um Nuancen in der Bedeutung des Gesagten zu finden und um jede mögliche Variante durchzugehen. Das Ganze wird sich wochenlang, wenn nicht monatelang hinziehen, ohne jemals in einer plausiblen Schlussfolgerung zu enden, aber auch, ohne jemals langweilig zu werden.

Irgendwann während dieser Zeit wird Gerhard, während eines Squashmatches mit einem Freund, der sie beide kennt, kurz innehalten und fragen: »Peter, hat Susanne mal ein Pferd gehabt?«

Und das ist der Unterschied zwischen Männern und Frauen.

© Dave Berry. Titel des Originaltextes: »A Complete Guide to Guys«

Wenn Sie in einer Beziehung sind, dann haben Sie schon den idealen Partner. Sie brauchen nicht weiter zu suchen, sondern können alles mit diesem Partner, der Ihre Herausforderung für Wachstum und Ihre Chance zum Glück ist, lernen.

Mann und Frau sind unterschiedlich und werden sich daher auch immer ein wenig fremd bleiben. Das erzeugt zunächst Faszination, aber später oft auch ein Stück Angst. Wer Angst hat, kann leicht aggressiv werden, um sich zu schützen.

In Systemischen Aufstellungen, in denen man auch seine Beziehung auf einer anderen Ebene anschauen kann, wird deutlich, dass Frauen genauso hassen und den gleichen Zorn in sich tragen wie Männer. Zorn von Frauen auf Männer kann ein sehr alter Zorn sein, der aus Generationen kommt, in denen sich Frauen Schlimmes von Männern gefallen lassen mussten.

Oft haben Frauen, genau wie Männer, ihren Schmerz unterdrückt und sind dadurch böse auf alles Mögliche geworden; ihren Zorn leben diese Frauen dann häufig unbewusst in der Familie oder im Beruf aus. Das kann dazu führen, dass es kein Mann einer solchen Frau recht machen kann.

Geht er auf sie zu, wirkt er aufdringlich. - Hält er sich zurück, muss er ein Angsthase sein. - Ist er lieb zu ihr, ist das seine Masche. - Wird er auf sie wütend, zeigt er sein wahres Gesicht.- Will er ihr und sich Freiheit gewähren, ist er nicht wirklich an ihr interessiert.- Will er jede Minute mit ihr verbringen, klammert er. - Möchte er sie in den Himmel heben, ist er ein hoffnungsloser Träumer. - Würde er sie am liebsten auf den Mond schießen, ist er gemeingefährlich. - Spricht er von seinen Gefühlen, trägt er sein Herz immer gleich auf der Zunge. - Verschließt er sich vor ihr, entpuppt er sich als Eisberg. - Pokert er um ihre Zuneigung, versucht er sie zu bluffen. - Legt er seine Karten auf den Tisch, hat er garantiert noch ein As im Ärmel. - Was er ihr auch gibt, es ist nicht genug! Gibt er endlich auf, hat er es nie richtig versucht!

Ein Muster in Beziehungen kann sein, dass die Frau den Mann provoziert, um seinen Zorn zu sehen; viele Männer tun sich dann schwer, ihren Zorn angemessen zu zeigen und halten ihn zurück oder werden gewalttätig; wenn ein Mann nie zornig wird, verbirgt er vor seiner Frau einen wesentlichen Teil seiner Kraft; Frauen werden unzufrieden, wenn sie dem Zorn des Mannes nicht begegnen; das Bedürfnis der Frau, diesen Zorn zu sehen, ist enorm als Kraft, nicht als Gewalt; wenn der Mann seinen Zorn kontrolliert und ohne Gewalt ausdrückt, ist das für viele Frauen entspannend und erleichternd, weil er nicht mehr alles mit sich machen lässt.
Männer neigen in Beziehungen schon bei geringerer Intensität von Ärger eher zu Überflutung als ihre Frauen. Untersuchungen zeigen, dass bei Ehestreitigkeiten der Puls des Mannes viel schneller steigt als der seiner Frau. Männer werden also durch die Auseinandersetzung stärker belastet. Allerdings sinkt der Puls des Mannes sofort um zehn Schläge pro Minute wenn er anfängt dichtzumachen; es wirkt sich wie ein gesunder Schutzmechanismus aus, dass die Wut nicht unkontrolliert durchbricht, einmal für den Mann selbst, dann aber auch für die Frau. Das Dilemma ist, dass im gleichen Moment, in dem der Mann ruhiger wird, der Puls bei der Frau schlagartig beschleunigt. Jetzt sind die Frauen die stärker Belasteten, bei denen

die Überflutung einsetzt. Die erste Grundlage für Glück und Erfüllung in Beziehung und Partnerschaft ist Liebe. Die zweite Grundlage sind Ordnungen, und dies wiederum heißt, dass es auch darum geht, Grenzen anzuerkennen. Wenn Sie Grenzen anerkennen, sind Sie frei. Das ist vielleicht nicht kausal, aber es ist die Wirklichkeit.

Was nutzt es dem Fisch, wenn er aus dem Wasser springt und an der Luft erstickt?

Sie erinnern sich sicher, dass Systeme auf Ordnungen und Gesetzmäßigkeiten basieren. Das gilt auch für Paarbeziehungen: Jeder Partner kommt nämlich mit seinem System zu dem des jeweils anderen dazu, und durch ihre Verbindung entsteht wieder ein neues System. Wer heiratet, muss wissen, dass er die Familie des anderen mit heiratet. Das heißt, er muss die Familie des Partners achten, als wäre sie der Partner selbst. Nur dann kann die Liebe gelingen.

Eine der wichtigsten Ordnungen in einer Beziehung ist die, dass ein Ausgleich zwischen Geben und Nehmen existieren muss. Ungleichgewicht und Spannungsverhältnis drängen nach Auflösung. Sollte das Paar sich trennen, ist es wichtig, dass sich beide Partner gegenseitig achten und jeder dem anderen für die gemeinsame Zeit und das Gegebene dankt. Jeder muss seinen Teil der Verantwortung für das Scheitern tragen und den jeweils anderen dessen Teil tragen lassen. Jeder gibt dem anderen einen Platz in seinem Herzen. Beide bleiben immer miteinander verbunden, wenn gemeinsame Kinder existieren. Ein Kind verkörpert die Liebe, die früher zwischen den Partnern bestand.

Wenn der frühere Partner missachtet wird, dann weiß der neue Partner, dass er selbst morgen vielleicht das gleiche Schicksal erleiden wird. Auf einer tiefen Ebene solidarisiert sich der neue Partner mit dem ehemaligen.

Wer seinen Vorgänger missbilligt, der wirft seinem Partner vor, vorher eine schlechte Wahl getroffen zu haben.

Wer den Platz seines Vorgängers nicht achtet, unterminiert die neue Beziehung.

Wenn Sie sich selbst lieben, ist es egal, wen Sie heiraten. Erst wenn Sie eine Beziehung zu sich selbst haben, können Sie eine Beziehung zu andern haben. Wenn Sie Ihr Selbst entdeckt haben, brauchen Sie niemanden anderen mehr dafür, d.h., Sie können eine Beziehung wählen, freiwillig. Sie brauchen den anderen Menschen nicht, um Ihr eigenes Selbst zu stärken, um einen Mangel auszugleichen, der ja sowieso nur ein vermeintlicher Mangel ist. Sie brauchen sich nicht mehr mit einem anderen Menschen zu »schmücken«.

Vielleicht aber glauben Sie das, weil Sie etwas wiederherstellen wollen, was Sie vor langer Zeit einmal erlebt haben, nämlich die symbiotische Einheit mir einem anderen Menschen, Ihrer Mutter. Wenn Sie nicht bemerken, dass diese Zeit der symbiotischen Einheit vorbei ist, werden Sie in Ihren Liebesbeziehungen garantiert Probleme bekommen. Starke, erwachsene Liebesbeziehungen können nur zwei Individuen erleben, die ihr Selbst entdeckt und gestärkt haben. Ist das nicht der Fall, besteht die Gefahr, dass einer von beiden den Partner auf einen Sockel stellt. Dies ist das Fundament für Abhängigkeit und die Liebe kann nicht gedeihen.

Erich Fromm hat diese Tragik in seinem Buch *Die Kunst des Liebens* durch zwei Sätze charakterisiert: »Ich brauche dich, weil ich dich liebe« und »Ich liebe dich, weil ich dich brauche.«

Außer zur Erhaltung der Art »braucht« kein Mann eine Frau und keine Frau einen Mann. Die Zeit, in der Sie, lieber Leser, eine Frau gebraucht haben, um zu überleben, ist lange vorbei, nämlich ungefähr seit Ihrem zweiten Lebensjahr.

Die Zeit, in der Sie, liebe Leserin, einen Mann gebraucht haben, um zu überleben, ist sogar noch länger her, ungefähr 10.000 Jahre oder mehr. Aber dieses Muster des »Brauchens« ist so tief in uns eingraviert, dass wir selten auf die Idee kommen, es zu überprüfen.

Im Leben geht es um die Entdeckung Ihres eigenen Selbst, und dazu müssen Sie das Selbst anderer bemerken. Denn erst in der Spiegelung der anderen können Sie sich sehen. Ohne andere wüssten Sie gar nicht, dass Sie *sind*.

Nun haben Sie natürlich in Ihrem Leben eine Vielzahl von Beziehungen. Es gibt Beziehungen in Ihrem Leben, die Sie »Freunde« nennen. Je nachdem, ob und wie weit Sie bereit sind zu vertrauen, werden Sie viele oder wenige Freunde haben. Übrigens wird man Sie an Ihren Freunden recht gut erkennen können. Sie werden in Ihrem Leben immer solche Menschen anziehen, die Ihrem jeweiligen Entwicklungsgrad entsprechen. Wenn Sie einen großen Schritt in Ihrer Entwicklung tun, werden Sie Ihre Freunde nur behalten, wenn diese die Schritte mitgehen. Wenn nicht, werden Sie andere Freunde finden. Dazwischen werden Sie vielleicht einen Moment lang allein sein, weil Neuorientierung Zeit braucht.
Sie werden übrigens Freunde recht gut daran erkennen, wie diese mit Ihrer Entwicklung umgehen. Freunde, die Ihre Entwicklung blockieren, sind keine Freunde. Sie brauchen sie nur als Bestätigung dafür, dass Sie mit Ihrer Lebensanschauung Recht haben. Ein zuverlässiger Gradmesser für jede Ihrer Beziehungen ist Ihre *Zufriedenheit,* nicht Ihre *Befriedigung.*
Komplizierter wird es schon mit Paarbeziehungen. In der Regel beginnt eine solche Beziehung mit dem »Verlieben«. Sie begegnen einem Menschen, der eine ganz bestimmte Saite in Ihnen zum Schwingen bringt. Diese Saite klingt so schön, Sie sind ganz verzaubert. Irgendwann einmal sagen Sie dem anderen: »Ich liebe dich.« Wir suchen das Gefühl, einfach geliebt zu werden, so wie wir sind.
Mario Simmel hat einem seiner Romane den Titel gegeben: *Liebe ist nur ein Wort.* Das stimmt zunächst einmal. Jeder Mensch füllt dieses Wort mit seinem Inhalt und meistens noch nicht einmal mit seinem, sondern mit dem aus Romanen, Filmen oder Schlagern. Wenn zwei Menschen sich also sagen »Ich liebe Dich«, so mögen sie dies aus ihrer Sicht durchaus ehrlich meinen, der andere wird aber meistens etwas ganz anderes verstehen. Nämlich seinen Inhalt dieses Satzes.
Kaum einem Kind wird beigebracht, sich selbst zu lieben. Es soll Vater und Mutter lieben, den lieben Gott, Onkel und Tante, die Geschwister, aber sich selbst - wenn überhaupt - zuletzt. Sonst wird man als Egoist verschrien. Egoist ist zu einem Schimpfwort gewor-

den. Ein Egoist weiß aber, dass sein Ego ist, dass er ein Ich oder ein Selbst hat. Und erst, wenn man das crkannt hat, kann man es auch in anderen erkennen und lieben.
Wenn Sie sich selbst nicht lieben, ist der Satz »Ich liebe dich« sogar eine Lüge; denn Sie werden niemanden lieben können, wenn Sie sich selbst nicht lieben.
Schon in der Bibel steht: »Liebe deinen Nächsten *wie* dich selbst« und nicht *anstatt* dich selbst. Die Konsequenz der fehlenden Selbstliebe reicht noch weiter: Nicht nur, dass Sie niemanden anderen lieben können, Sie können auch nicht glauben, dass jemand anders Sie lieben kann. Jemand, der sich selbst nicht liebt, weiß ganz tief drinnen, dass es niemanden geben wird, der ihn lieben kann. Selbst wenn jemand da ist, der ihm dies dauernd versichert, wird ein tiefer Zweifel jedes Vertrauen verhindern. Er wird sogar immer nach Beweisen suchen, um seine Zweifel zu bestätigen. Wenn die Quelle vergiftet ist, wird der ganze Fluss vergiftet sein. Die Quelle muss also entgiftet werden, und das ist das eigene Selbst.
Und noch etwas anderes ist der Tod der Liebe: *Verpflichtungen*.
Liebe ist ein Kind der Freiheit und lässt sich nicht verpflichten. Das wäre so, als wenn Sie eine Rose dazu verpflichten wollten, ewig zu blühen. Dies funktioniert aber nur mit einer Plastikrose.
Aber es ist genau das, was viele Menschen mit der Eheschließung versuchen: Sie wollen sich einander zu Liebe verpflichten, sie möchten einen »Liebesvertrag«. Sie möchten etwas festhalten, was sie als einmalig erleben, als etwas sehr Schönes.
Wenn Sie ein Liebender sein wollen, fangen Sie an, sich selbst zu lieben, sonst ist der Partner nur dazu da, Ihre Wünsche und Sehnsüchte zu erfüllen, Ihnen Ihre einsamen Stunden mit Leben auszufüllen.
Dies ist jedoch unmöglich und das Unterfangen muss scheitern. Einen Mangel kann niemand anderer für uns ausgleichen. Deswegen werden unter Anderem so viele Ehen geschieden. Aber Gott sei Dank scheitert ja nicht jede Ehe. Es kann also nicht an der »Institution Ehe« liegen, die nicht umsonst zu den heiligen Ritualen in fast allen

Gesellschaften und Kulturen gehört. Die Ehe ist die tiefste Bindung, die zwei Menschen miteinander eingehen können, alles andere bleibt in einer gewissen Weise immer *unverbindlich*. Aus der Systemischen Arbeit mit Paaren haben wir die Erkenntnis gewonnen, dass langes Zusammenleben ohne das Ritual der Eheschließung, immer auch eine Verletzung des Partners ist. Implizit wird damit ausgedrückt, dass noch etwas Besseres kommen kann, oder es zeigt, dass man Angst davor hat, sich wirklich auf den anderen einzulassen, was den Partner kränkt. Sich zu binden, hat auch etwas mit Ehrlichkeit zu tun und zeigt vor allem eventuellen gemeinsamen Kindern, dass sie sich auf die Eltern verlassen können. Was meist nicht gesehen wird ist, dass Bindung die Freiheit ist, auf die man sich verlassen kann.

Es gab eine Zeit, da wurde von einigen Leuten die »offene Ehe« propagiert, und manche tun es heute noch. Das Ehepaar Nena und George O´Neill gaben sogar einem Buch diesen Titel, in dem sie schilderten, wie toll es ist, wenn Außenbeziehungen erlaubt sind und wenn sich die Partner gegenseitig darüber auch informieren. Auch nach dem Scheitern der Ehe der Autoren verkaufte sich das Buch gut. George O´Neill signierte seine Bücher allerdings dann so: »*Wer nach allen Seiten offen ist, kann nicht ganz dich t sein.*«

Solange die Ehe von beiden Partnern als etwas Lebendiges betrachtet und behandelt wird und jeder den anderen wirklich *anschaut*, wird sie leben. Lebendige Liebe ist wie eine Rose, die die Pflege und Aufmerksamkeit des Gärtners braucht.

Liebe ist wie ein schöner Vogel, mit dessen Schwingen man bis in den »siebten Himmel« fliegen kann. Dieser Vogel hasst Käfige, er stirbt, wenn er eingesperrt ist. Aber der Mensch neigt dazu, alles Schöne einzusperren, damit er es immer anschauen und sagen kann: »Das gehört mir.« Welche Illusion! Nur wer innen arm ist, wird alles Schöne einsperren. Wenn Sie das Schöne in sich entdeckt haben, können Sie alles äußere Schöne loslassen. Dann kommt es freiwillig und bleibt.

Jeder, der den Satz »Ich liebe dich« sagt, kann damit nur das Maß oder die Form von Liebe meinen, die er als Kind erfahren hat. Und das ist bei jedem Menschen anders. Wenn Sie in Ihrer Beziehungen unzufrieden sind, werden Sie die Tendenz haben, die Beziehung zu verlassen und den nächsten »perfekten Partner« suchen. Nur, bedenken Sie, sich selbst nehmen Sie in die nächste Beziehung mit. Sie werden zwar einen anderen Partner bekommen, aber die »Probleme« werden ziemlich schnell die gleichen sein. - In jeder Beziehung. - Sie können auch diese Beziehung wieder verlassen, werden aber irgendwann hoffentlich zu der Erkenntnis gelangen, dass Sie selbst der Grund für Ihre Unzufriedenheit sind. Und diese Erkenntnis ist in der Tat eine kleine Erleuchtung.

Eines Tages kam Gott zu Adam und sagte: »Es ist nicht gut, dass du alleine bist, ich merke, dir ist langweilig, und ich will ja auch, dass es nach deinem Tod weitergeht. So habe ich mir überlegt, dir eine Frau zu erschaffen. Sie wird 170 cm groß sein und lange blonde Haare und blaue Augen haben, außerdem einen wohlgeformten Busen und lange Beine. Sie wird nie ›Nein‹ sagen, wenn du mit ihr beisammen sein willst, sie wird eine tolle Mutter für eure Kinder sein, eine perfekte Hausfrau und eine gute Köchin. Willst du solch eine Frau haben, Adam?«

Adam überlegte und kratzte sich am Kopf. Dann erwiderte er: »Das hört sich sehr gut an, Gott, aber wie ich dich kenne, kostet mich das was, was muss ich dafür geben?«

Gott antwortete: »Dafür musst du mir dein rechtes Bein geben.«

Adam überlegte und sagte: »Und was bekomme ich für eine Rippe?«

Viele Menschen sind auf der Suche nach ihrem Seelengefährten, weil sie irgendwann einmal davon gehört haben, dass es so etwas gibt, und weil sie mit diesem Seelengefährten das Erleben paradiesischer Zustände erwarten. Es ist der Traum vom Ritter auf dem weißen Pferd oder der jungfräulichen perfekten Prinzessin, die einem jeden Wunsch von den Augen abliest. In dieser Erwartung kann man den Wunsch sehen, mit der Mutter oder dem Vater symbiotisch zu verschmelzen. Manche wären sicherlich überrascht zu hören und zu sehen, dass ihr Seelengefährte vielleicht gerade in einem fünf Jahre alten Körper lebt, oder in einem 95-jährigen. Dass der Seelengefährte in einem passenden Alter ist, dürfte schon ein enormer *Zufall* sein, und wer sagt denn, dass wir mit dem Seelengefährten unbedingt paradiesische Zustände erleben müssen. Vielleicht haben wir uns ein ganz anderes Lernprogramm auferlegt.

Ein Schüler fragte Nasrudin eines Tages, warum er nie geheiratet habe.
»Ach«, antwortete Nasrudin, »ich hatte mir vorgenommen, nur dann zu heiraten, wenn ich die perfekte Frau gefunden habe. So suchte ich lange Jahre und begegnete vielen Frauen, die nett und schön und intelligent waren. Aber keine davon war perfekt.«
Nach einer kleinen Pause fuhr er fort: »Eines Tages sah ich sie. Ich wusste sofort, dass sie in jeder Hinsicht perfekt war. Und als ich sie dann kennen lernte, stellte sich heraus, dass sie tatsächlich in jeder Hinsicht ein makelloses Juwel war.«
»Und, warum hast du sie dann nicht geheiratet?«, fragte der Schüler.
Nasrudin seufzte tief: »Das Problem war, dass sie den perfekten Mann suchte.«
Wenn Sie Lust zu einem Test haben, machen Sie Folgendes: Schließen Sie die Augen und stellen Sie sich vor, durch die Tür kommt Ihr Seelengefährte, Ihr idealer Partner. Und während dieser Mensch in den Raum kommt, verwandelt er sich in die Person, die Sie selbst sind. Wären Sie dann glücklich?
Daraus ergibt sich doch zwangsläufig die Tatsache, dass Sie selbst es sind, um dessen Liebesfähigkeit es geht. Aus dem Grund wird es Ihnen auch nichts helfen, wenn Sie vor Ihrem »Alltag« auf eine Insel fliehen, denn Sie werden schon dort sein. Wirkliche Liebe erkennt den anderen an, so wie er ist. Mit allem, was diesen Menschen ausmacht, und mit dem tiefen Wissen, dass er genau so richtig ist, wie er ist.
Beziehungen sind die wichtigste Erfahrung unseres Lebens. Ohne sie sind wir nichts. Buchstäblich. Und das ist so, weil wir in der Abwesenheit von allem anderen nicht sind.

Glücklicherweise gibt es wirklich niemanden, der keine Beziehung hat. Tatsächlich stehen wir wirklich immer in Beziehung zu allem und jedem. Wir haben eine Beziehung mit uns selbst, wir haben eine Beziehung mit unserer Umwelt, wir haben eine Beziehung mit unserer Familie, wir haben eine Beziehung mit unserer Arbeit, wir haben eine Beziehung miteinander. Tatsache ist, dass wir alles, was wir über uns selbst wissen und erfahren, im Kontext unserer Beziehungen verstehen. Aus diesem Grunde sind Beziehungen etwas Heiliges. Alle Beziehungen.

Und irgendwo tief in unserem Herzen und unserer Seele wissen wir das auch. Deshalb sehnen wir uns so nach Beziehungen - nach bedeutungsvollen Beziehungen.

Und zweifellos ist das auch der Grund dafür, dass wir solche Probleme mit ihnen haben. Auf irgendeiner Ebene muss uns ganz klar sein, wie viel auf dem Spiel steht, und das macht uns nervös. Normalerweise selbstsichere und kompetente Personen pfuschen, stolpern, weichen aus und stürzen, zerbröseln und rufen um Hilfe.

Tatsächlich hat unsere Spezies nichts mehr Probleme bereitet, hat uns nichts mehr Schmerz verursacht, hat nichts mehr Leid geschaffen oder zu mehr Tragödien geführt als das, was eigentlich dazu da ist, uns die größte Freude zu bereiten unsere Beziehungen miteinander.«

(Aus: Walsch »Gespräche mit Gott«)

Von Prinzessinnen und Fröschen

Das Märchen ***Der Froschkönig oder der eiserne Heinrich*** hat bis heute nichts an Aktualität eingebüßt. Es ist interessant, dass gerade dieses Märchen zu den wohl bekanntesten gehört, was sicherlich kein Zufall ist, da es doch eines unserer schwierigsten Lebens-Themen anpackt: *Beziehungen*.

Symbolisch, also bildhaft verpackt, wird in Märchen praktische Lebenshilfe gegeben. Sie geben Anregungen dazu, wie psychische Prozesse weitergeführt werden können, und halten einen Spiegel vor. Über das Märchenmotiv kann man auf sein eigenes Leben zu sprechen kommen, Parallelen und kreative Entfaltungsmöglichkeiten finden. Aus meiner therapeutischen Arbeit weiß ich, dass gerade die Geschichte vom Froschkönig so manchem Paar geholfen hat, sein Beziehungsdrama zu verstehen. Unzähligen Seminaren, in denen wir Märchen gespielt und hinterher besprochen haben, verdanke ich die Einsichten, die ich hier wiedergeben möchte, denn in diesem Märchen wird etwas Grundlegendes über Paarbeziehungen und Konflikte zwischen Männern und Frauen gesagt.

In den alten Zeiten, wo das Wünschen noch geholfen hat, lebte ein König, dessen Töchter waren alle schön, die jüngste von ihnen war so schön, dass die Sonne selber, die doch so vieles schon gesehen hat, sich verwunderte, sooft sie ihr ins Gesicht schien.

Die meisten Märchen gehen von einer bestimmten Familienkonstellation aus, aus der heraus die Helden die Reise ihrer Entwicklung antreten. Meist geht es um Ablösungen, Wandlungen und neue Bindungen - so auch hier. Die junge Frau in diesem Märchen ist etwas Besonderes, denn sie ist die hübsche jüngste Tochter des Königs: Papas kleine Prinzessin. Sogar die Sonne ist verwundert über ihre Schönheit.

In solche Schwärmerei vermag so mancher Vater verfallen, der anderen von den Qualitäten der geliebten Tochter übertrieben und ohne einen Blick für die Realitäten berichtet. So beschreibt man einen anderen Menschen eigentlich nur durch die Brille der Verliebtheit, die ja bekanntlich rosafarben ist. Und viele Väter sind tatsächlich in ihre Töchter »verliebt«, warum, das wird man später noch sehen. Auch poliert er mit seiner Schwärmerei so ganz nebenbei seinen Selbstwert auf, denn sie ist ja *seine* Tochter. In welch missliche Lage ein Vater damit seine Tochter bringen kann, wird unter anderem in dem Märchen *Rumpelstilzchen* drastisch geschildert, in dem ein armer Müller dem König erzählt, seine Tochter könne aus Stroh Gold machen. Eltern können ihre Kinder zuweilen maßlos überschätzen und bringen sie durch hoch gesteckte Erwartungen in manche Schwierigkeiten.

Aber zurück zum Froschkönig.

Wenn nun der Tag recht heiß war, ging die jüngste Prinzessin hinaus in den Wald und setzte sich an den Rand des kühlen Brunnens. Und wenn sie Langeweile hatte, nahm sie eine goldene Kugel, warf sie in die Höhe und fing sie wieder auf. Das war ihr liebstes Spiel.

Langeweile hat sie und wenn es ihr heiß wird, weiß sie auch schon, wo es Kühlung gib: Im Wald bei einem Brunnen. Da wird der Frosch aber Augen gemacht haben. Kokettiert sie da etwa schon mit ihm? Probiert sie aus, welche Möglichkeiten und welche Wirkung sie auf Männer hat? »Und ewig lockt das Weib?« Wenn einem langweilig ist, kann man auf alle möglichen Gedanken kommen - auch auf unmögliche.

Nun trug es sich einmal zu, dass die goldene Kugel der Königstochter nicht in die Händchen fiel, sondern auf die Erde schlug und gerade in den Brunnen hineinrollte. Die Königstochter folgte ihr mit den Augen nach, aber die Kugel verschwand, und der Brunnen war tief, so tief, dass man keinen Grund sah.

Da erleidet eine Frau einen Verlust. Es handelt sich um eine Königstochter. Das heißt, dass sie in ihrem Inneren bereits eine Königin ist, so wie jeder Buchensamen in seinem Inneren schon die Buche ist und jede Raupe schon der Schmetterling. Sie hat alle

Voraussetzungen, selber eine Königin zu sein, so wie jede Frau. Noch ist sie es aber nicht, genauso wenig wie der Frosch weiß, dass er ein König ist. Das müssen beide noch herausfinden, und sie tun es in diesem Märchen gemeinsam, denn dafür sind Beziehungen auch da.

Sie ist in eine missliche Lage geraten. Ihre goldene Kugel fällt während des Spielens in einen Brunnen, und damit hat sie die Situation nicht mehr im Griff. Viele Frauen (aber auch Männer) spielen mit der Fülle ihrer Möglichkeiten, und manchmal fordern sie das Schicksal geradezu heraus, wenn sie in der Nähe tiefer Brunnen spielen, in denen Frösche wohnen. Jetzt ist es passiert, und das Jammern ist groß.

Da fing die Prinzessin an zu weinen und weinte immer lauter und konnte sich gar nicht trösten. Als sie so klagte, rief ihr plötzlich jemand zu: »Was hast du nur, Königstochter? Du schreist ja, dass sich ein Stein erbarmen möchte.«

Das muss ja wirklich schlimm gewesen sein, dass sich sogar ein Stein erbarmen würde, das kann man(n) ja gar nicht überhören. Und wie viele Männer, macht auch der Frosch in diesem Fall aus einer Mücke einen Elefanten. Die Frau weint, und für seine Ohren sind es Schreie. Aber sie locken ihn immerhin aus dem Brunnen seiner Unbewusstheit an die Oberfläche, und dadurch bekommt auch seine Seele eine Chance, Licht ins Dunkel zu bringen. Meist sind es die Frauen, die Männer durch ihre Emotionalität aus einem tiefen und langen Dornröschenschlaf aufwecken.

Immer lauter weint sie, heißt es. Traurige Frauen rufen meist auch Tröster auf den Plan, und diese Männer tun alles Mögliche, nur damit sie endlich aufhört zu weinen. Die Welt ist voller Helden und Retter. Es gibt Frauen, die Hilflosigkeit geradezu als Waffe einsetzen. Sie spielen das kleine unschuldige Mädchen, ihre Stimmlage wird auf einmal höher, und ihr Blick geht von unten nach oben. Solch einer Frau muss man(n) doch helfen. Es wird genügend Männer geben, die da sofort zu Hilfe eilen und sich aufopfernd um die Arme kümmern, und meist sind es Frösche. Aber das hat seinen Preis, wie die Frauen später dann bemerken werden. Oft bekommen sie den Helfer gar nicht mehr los. Wäre ja auch unfair, jetzt, wo es einem wieder besser geht, den Retter von damals vor den Kopf zu stoßen. Gerne halten sich manche Frauen solche Männer »warm«, denn man kann ja nie wissen, wann man sie noch einmal brauchen kann. Reparaturen fallen an, Umzüge, Autokauf und so manches mehr. Und der »Froschmann« tut dann alles, nur um in der Nähe seiner Angebeteten sein zu dürfen. Oft geht dies bis zu Selbstaufgabe. Alle Freunde sagen es ihm, nur er selbst sieht es nicht, welches Spiel da mit ihm getrieben wird.

Die Königstochter ist verzweifelt, und wer verzweifelt ist, tut manches, was er sonst nie tun würde. Auch wird man in solch einer Situation Zusagen machen, die man unter normalen Umständen nie machen würde. So auch diese junge Frau.

Sie sah sich um, woher die Stimme käme, da erblickte sie einen Frosch, der seinen dicken, hässlichen Kopf aus dem Wasser streckte. »Ach, du bist's, alter Wasserpatscher«, sagte sie. »Ich weine über meine goldene Kugel, die mir in den Brunnen hinabgefallen ist.«

Das ist schon sehr bemerkenswert. In ihrer Verzweiflung hat sie noch die Stirn, den Frosch zu beleidigen. Das ist wohl die Arroganz einer Prinzessin, und er ist sicherlich nicht ihr Typ. Dass ihre Kugel in den Brunnen gefallen ist, braucht sie ihm eigentlich nicht zu sagen, das wird er als Hausherr bemerkt haben. Sie kennt den Frosch gut, und auch er weiß, mit wem er es zu tun hat, denn zweifelsohne ist sie nicht das erste Mal im Wald bei seinem Brunnen.

»Sei still und weine nicht«, antwortete der Frosch, »ich kann wohl Rat schaffen, aber was gibst du mir, wenn ich dein Spielwerk wieder heraufhole?«

Das sagen viele »Eiserne Heinrichs«, wenn die Frau weint: »Sei still, hör auf zu weinen«. Erinnern Sie sich, das Märchen heißt: »Der Froschkönig *oder* der Eiserne Heinrich«, nicht *und* der Eiserne Heinrich. Diese Männer gehen der Gefühlslage der Frau nicht auf den Grund. Wenn sie ihr auf den Grund gehen würden, würden sie mit ihren eigenen Gefühlen konfrontiert, und dann wären sie die Hilflosen. Sie müssten merken, dass sie ihr Herz in eiserne Bande gelegt haben. Die meisten Frauen beklagen sich darüber, dass ihre

Männer nicht über ihre Gefühle reden können. Der Cartoonist Uli Stein hat dies in einem seiner Kalender persifliert:
Sie: »Sprich doch auch mal über deine Gefühle!«
Er: »Ich habe das Gefühl, es gibt heute noch Regen.«
So kommt der Frosch also lieber gleich zur Sache, er kommt zu etwas, was er kann, nämlich beraten, und er kommt zum Geschäft.
»Was du haben willst, lieber Frosch«, sagte sie, »meine Kleider, meine Perlen und Edelsteine, auch noch die goldene Krone, die ich trage.«
Auf einmal ist der Frosch ein lieber Frosch. Eben noch wurde er beleidigt, jetzt aber, da er nützlich zu werden scheint, ist er lieb. Sie wickelt ihn um den Finger. Das hat sie sicher bei Papa ausgiebig lernen können. Wie man Männer mit vielen Versprechungen gefügig macht. Sie bietet ihm aber nur Äußerlichkeiten an, nur Materielles, von dem sie genug besitzt und über das sie sich wahrscheinlich auch definiert - mehr nicht. Was aber soll ein Frosch damit anfangen? Im Brunnen wird ihm dies alles nicht viel nützen. Innerlich wird sie lachen, wenn sie sich den alten Wasserpatscher mit Krone und Juwelen vorstellt.
Der Frosch antwortete: »Deine Kleider, deine Perlen und Edelsteine und deine goldene Krone, die mag ich nicht; aber wenn du mich liebhaben willst, und ich soll dein Geselle und Spielkamerad sein, an deinem Tischlein neben dir sitzen, von deinem goldenen Tellerlein essen, aus deinem Becherlein trinken, in deinem Bettlein schlafen: wenn du mir das versprichst, so will ich hinuntersteigen und dir die goldene Kugel wieder heraufholen.«
Der Frosch erklärt sich also bereit, die Kugel zurückzuholen, aber er knüpft Bedingungen daran. Wahrscheinlich wäre er da schon erlöst worden, wenn er nicht der Versuchung erlegen wäre, die »Gunst der Stunde« zu nutzen, indem er sich einen Vorteil aus der Not der Frau zu verschaffen suchte. Für ihn sollte es doch ein Leichtes sein, eine Kugel aus seinem Brunnen zu holen. Hier wird klar, dass es sich bei der goldenen Kugel nicht um etwas Materielles handelt, denn sonst hätten die Juwelen als Gegenleistung gereicht. Der Frosch erkennt

den wahren Wert, und er sieht hier seine Chance für den sozialen Aufstieg. Er verlangt, was zu den damaligen Zeiten unumgänglich war. Wenn man einer Frau ihre Unschuld nahm, hatte man sie auch zu heiraten, und so ist es in vielen Ländern und Kulturen noch heute. Eine Frau, die ihre Unschuld verloren hatte und von dem Mann nicht geheiratet wurde, war vogelfrei, war fast aussätzig. Sie hatte keinen Schutz mehr, keine Rechte und keine Sicherheit. Oft machte sie sich zur Sklavin des Mannes, der sie in seiner »unendlichen Güte« doch noch heiratete.

»Ach ja«, sagte sie, »ich verspreche dir alles, was du willst, wenn du mir nur die Kugel wiederbringst.« Sie dachte aber: ›Was der einfältige Frosch schwätzt, der sitzt im Wasser bei seinesgleichen und quakt und kann keines Menschen Geselle sein.‹

Natürlich kann sie nicht Nein sagen, wenn sie ihre Kugel wieder haben will, darüber denkt sie gar nicht nach, Hauptsache, sie hat ihr Spielzeug wieder. Manche Dinge kann man aber nicht rückgängig machen. Viele Beziehungen sind solche Frosch-Prinzessinnen-Beziehungen, und nicht immer ist die Frau die Prinzessin. Oft habe ich von Paaren gehört, wenn ich sie in einer Paartherapie gefragt habe, warum sie denn damals geheiratet hätten: »Als es mir schlecht ging, war der andere für mich da.« Sie sagt zwar »Ja«, denkt aber »Nein«. Sie hat nicht den Mut, in ihrer Not zu dem zu stehen, was sie fühlt, und sie unterschätzt ihn, wenn sie ihn für einen einfältigen Schwätzer hält. Sogar in ihrer Not ist sie überheblich und zeigt die Hybris einer verwöhnten Tochter aus reichem Hause, die sich ihrer gesellschaftlichen Stellung schon durchaus bewusst ist.

Der Frosch, als er die Zusage erhalten hatte, tauchte seinen Kopf unter, sank hinab, und über ein Weilchen kam er wieder heraufgerudert, hatte die Kugel im Maul und warf sie ins Gras.

Da sieht man, dass es für einen Frosch einfach ist, die Kugel aus dem Brunnen zu holen, es dauerte nur ein Weilchen. Obwohl er sie im Maul hatte, erkennt er ihren Wert nicht, denn er übergibt das wertvolle Gut nicht in ihre Hände, sondern wirft die Kugel ins Gras, was die Königstochter verletzen muss. Für Frosch-Männer hat Sexualität einen anderen Wert, denn mit dieser Geste missachtet er ihre Jungfräulichkeit. Da er sich selbst noch nicht gefunden hat, lebt er ohne innere Ausrichtung und kann daher auch den Wert seines Gegenübers weder sehen noch achten. Da er durch seine Verwünschung selbst verletzt wurde, verletzt er andere und wird noch durch manches Bett hüpfen auf der Suche nach sich selbst.

Die Königstochter war voll Freude, als sie ihr schönes Spielzeug wiedererblickte, hob es auf und sprang damit fort.

»Warte, warte!«, rief der Frosch. »Nimm mich mit, ich kann nicht so laufen wie du!« Aber was half es ihm, dass er ihr sein Quak-quak so laut nachschrie, wie er nur konnte! Sie hörte nicht darauf, eilte nach Hause und hatte den Frosch bald vergessen.

Prinzesschen ist also froh, sie hat ihren Spaß gehabt und eilt davon, ohne auch nur noch einen Gedanken an ihn zu verschwenden. Auch sie hat den Frosch missbraucht, denn sie hat ihn dazu benutzt, ihre Langeweile zu vertreiben. Der Frosch watschelt hinterher. Er kann mit der Frau nicht Schritt halten, und auf sein Gequake hört sie auch nicht, die beiden sprechen eben nicht die gleiche Sprache. Das gehört übrigens zu den Hauptvorwürfen, die sich Paare gegenseitig machen: »Du verstehst mich nicht.« Auch im Berufsleben kommen viele Männer mit starken Frauen nicht mit und quaken alles Mögliche über sie und hinter ihr her.

Bald hat sie ihn auch schon vergessen und sitzt mit Papa vergnügt am Tisch. Ihre Welt ist wieder in Ordnung - glaubt sie. Viele denken nach einem flüchtigen Techtelmechtel, dass dies keine Konsequenzen habe. Es hat aber Konsequenzen. Vielleicht nicht immer im Außen, aber doch in der Seele. Und jede auch noch so flüchtige Beziehung wird ihre Wirkung auf die folgenden Beziehungen haben.

Bei der Königstochter handelt es sich hier um ihre erste sexuelle Erfahrung, und damit treten bei ihr, im Gegensatz zu Männern, weitreichende körperliche und seelische Veränderungen ein. Zum einen kann sie schwanger werden und trägt an den Folgen zunächst einmal neun Monate, in denen nichts mehr so ist wie vorher. Sie erzeugt Milch, sie ernährt das Kind, sie hütet und erzieht es. Wenn der

Mann sie verlässt, hat sie ungefähr weitere 18 Jahre die alleinige Verantwortung für das Kind - erst dann ist für sie der Geschlechtsakt vorbei. Sie hat eine biologische, physiologische und psychologische Umwälzung erfahren, die sie als ganzes körperliches Wesen erfasst. Für den Mann ist rein biologisch gesehen die ganze Sache nach einigen Sekunden vorüber. 18 Jahre gegenüber 18 Sekunden!
Über all diese Risiken hat sich die Königstochter sicher nicht viele Gedanken gemacht, als sie sich mit dem Frosch einließ. Auch hierbei hätte ihre Mutter ihr im Vorfeld eine Hilfe sein können. Symbolisch hat sie mit der goldenen Kugel dort draußen im Park ihre Unschuld verloren, und damit ist es ihr Abschied von der Kindheit. Schon auf dem Heimweg wird ihr klar geworden sein, dass sie das Spiel übertrieben und, welchen Fehler sie mit ihrem Versprechen begangen hat (da hat sie sich wirklich »versprochen«) und auf wen sie sich da eingelassen hat. Sie reagiert, wie viele reagieren: Sie tut nämlich so, als sei nichts gewesen, und möchte die ganze Sache schnell vergessen.
Natürlich kann man nur eine Zeit lang so tun, als sei nichts gewesen, denn das Leben holt einen immer ein.
Am andern Tag, als sie sich mit dem König und allen Hofleuten zur Tafel gesetzt hatte und eben von ihrem goldenen Tellerlein aß, da kam, plitsch platsch, plitsch platsch, etwas die Marmortreppe heraufgekrochen. Als es oben angelangt war, klopfte es an die Tür und rief. »Königstochter, jüngste, mach mir auf!«
Auch der Frosch macht sich unterwegs keine Gedanken darüber, ob diese Frau, die inzwischen wieder von ihrem goldenen Teller isst, nicht doch eine Nummer zu groß für ihn sein könnte, obwohl er bei seinem Tempo sicherlich genügend Zeit gehabt hätte. Entweder ist er ein Macho und leidet an maßloser Selbstüberschätzung, wie viele seiner Geschlechtsgenossen, oder aber sein Verstand ist in die Regionen gerutscht, von denen böse Zungen behaupten, er sei bei Männern immer dort. Im günstigsten Fall hat ihm seine Innere Stimme zugeflüstert, dass sein Platz im Schloss ist, bei den Königen. Wie schön wäre es, wenn junge Männer lernen dürften, ihrer Intuition zu vertrauen und ihrer Inneren Stimme zu lauschen, und nicht als

»Weicheier« verschrien würden, wenn sie es tun. Dieser junge Mann scheint aber eher etwas ungehobelt zu sein oder linkisch. Kommt er doch aus seinem Brunnen in ein Schloss, in eine für ihn fremde Welt, in die er noch nicht hineingehört. Dazu bedarf es noch einiges an Entwicklung. Scheinbar hat er von seinen Eltern auch nicht gelernt, wie man sich beim ersten Besuch der Angebeteten verhält. Das hätte er von seinem Vater lernen müssen: Die Regeln im Umgang mit Frauen.

Er kommt also die Treppe hinaufgelatscht - auch noch die Marmortreppe bei Königs -, und bringt nicht einmal Blumen mit, sondern fordert barsch: »Mach die Tür auf.«

Hier wird noch einmal der soziale Unterschied zwischen den beiden deutlich. Wenn die Partner aus völlig verschiedenen Kulturen oder sozialen Schichten kommen, haben sie es in der Regel schwerer, genügend Angleichung im Alltagsleben hinsichtlich einer gemeinsamen »Sprache« in den unterschiedlichsten Bereichen zu erlangen. Leichter tun sich Paare, die aus gleichen oder ähnlichen sozialen Umfeldern kommen. Wohl aus diesem Wissen heraus gibt es Kulturen, in denen die Eltern die Partner für ihre Kinder aussuchen. Unsere Scheidungsraten scheinen diesem Vorgehen Recht zu geben.

Die Prinzessin hat schließlich auch ihren Stolz, so jemandem muss man ja die Tür vor der Nase zuschlagen. Glaubt er etwa, dass sie ihm gehört, nur weil sie einmal in seinen Armen lag? Da muss er schon mehr zeigen - vor allem aber Anstand. Sie sagt es ja, er ist garstig.

Sie lief und wollte sehen, wer draußen wäre. Als sie aber aufmachte, saß der Frosch vor der Tür. Da warf sie die Tür hastig zu, setzte sich wieder an den Tisch, und es war ihr ganz ängstlich zumute. Der König sah wohl, dass ihr das Herz gewaltig klopfte, und sprach: »Mein Kind, was fürchtest du dich? Steht etwa ein Riese vor der Tür und will dich holen?«

»Ach, nein«, antwortete sie, »es ist kein Riese, sondern ein garstiger Frosch.«

»Was will der Frosch von dir?«

Die »Konsequenz« klopft an die Tür, und das verwöhnte Töchterchen bekommt es mit der Angst zu tun, damit hat sie nicht gerechnet. Das hätte die Mutter ihr beibringen müssen, aber von der ist in diesem Märchen nicht die Rede. Von der Mutter sollte jede Tochter lernen, wann die Zeit des Spielens, die Kindheit, vorüber ist, und was es heißt, eine Frau zu sein, und wie man mit Männern umgeht. Dabei sollte jede Mutter ihrer Tochter ein Vorbild sein. So wie sie in der Beziehung zum Vater ist, gibt sie ihrer Tochter das lebende Modell, das nachgeahmt wird. Entweder ist sie so wie die Mutter oder das genaue Gegenteil. In beiden Fällen ist es ein Nachahmen.

In diesem Märchen scheint sich die Mutter zurückgezogen zu haben, warum auch immer, vielleicht sogar in den Tod. Hat diese Tochter ihren Platz eingenommen, denn von ihren Schwestern wird gar nicht gesprochen, sie sitzt allein mit dem Vater und den Hofleuten zu Tisch. Erinnern Sie sich bitte an das systemische Modell des Mobiles: Fehlt ein Teil, verändern andere Teile ihre Position, um den Ausgleich herzustellen.

Töchter nehmen in der Regel den Platz der Mutter ein, wenn diese sich emotional zurückgezogen hat oder noch mit jemandem anderen innerlich verbunden ist, zum Beispiel einer früheren Liebe. Wenn die »Vatertochter« es nicht schafft, sich von ihm zu lösen, wird kein anderer Mann eine wirkliche Chance haben.

Dem König im Märchen bleibt Töchterchens Aufregung nicht verborgen. Er müsste sie eigentlich sehr gut kennen, und dennoch nimmt er sie auf den Arm, wenn er fragt, ob dort ein Riese stehe, der sie holen möchte. Natürlich weiß er, dass seine Wachen diesen nie durchgelassen hätten. Oder kennt er seine Tochter letzten Endes gar nicht wirklich, ist er Opfer seiner eigenen Überschätzung? Der Frosch vor der Tür aber wird vom Vater nicht ernst genommen. Das ist keine wirkliche Konkurrenz. Er ist neugierig, was der Besuch möchte. Das interessiert jeden Vater, was der männliche Besucher, zumal der erste, von der Tochter will, obwohl er es eigentlich wissen müsste.

»Ach, lieber Vater, als ich gestern im Wald bei dem Brunnen saß und spielte, fiel meine goldene Kugel ins Wasser. Als ich deshalb weinte, hat sie mir der Frosch heraufgeholt. Und weil er es durchaus verlang-

te, versprach ich ihm, er sollte mein Spielgefährte werden. Ich dachte aber nimmermehr, dass er aus seinem Wasser käme. Nun ist er draußen und will zu mir herein.«
Jetzt ist die Katze aus dem Sack. Die Prinzessin gesteht alles und gibt sich dabei hilflos und unschuldig - sie ist das Opfer. Weil *er* unbedingt wollte, habe sie zustimmen *müssen*, den Frosch aber gar nicht ernst genommen. Sicher hofft sie, dass der Papa das regeln wird, so wie viele Eltern die Dinge für ihre Sprösslinge regeln, wenn diese etwas angestellt haben. Einen Gefallen tun sie ihnen damit allerdings nicht. Kinder brauchen Grenzen, und sie müssen erfahren dürfen, dass ihre Handlungen auch Konsequenzen haben. Wenn die Prinzessin auch noch sagt, dass sie den Frosch gar nicht ernst genommen habe, sagt sie ihrem Vater damit auch, dass er immer noch der Größte für sie ist, dass die Geschichte mit dem Frosch nur ein dummer Ausrutscher war. Jetzt muss doch Papa die Sache regeln. Das tut er aber nicht, im Gegenteil, er hebt den moralischen Zeigefinger. Und der Frosch lässt sich nicht abwimmeln und wird deutlicher.
Indes klopfte es zum zweitenmal und rief: »Königstochter, jüngste, mach mir auf, weißt du nicht, was gestern du zu mir gesagt bei dem kühlen Brunnenwasser? Königstochter, jüngste, mach mir auf.«
Da sagte der König: »Was du versprochen hast, das musst du auch halten; geh nur und mach ihm auf.«
So, nun wissen es alle. Jeder konnte es hören, ob er wollte oder nicht. Und da sicher jeder hören will, was sie denn nun gesagt hat, dort am kühlen Brunnenwasser - vor allem aber Papa, wird er moralisch und befiehlt ihr, die Tür aufzumachen.
Fängt er jetzt erst mit der Erziehung an, wo das »Kind in den Brunnen gefallen« ist? Jetzt dürfte es zu spät sein, denn das sollte eine Tochter in dem Alter schon längst wissen. Oder weiß er, dass man mit solchen Sprüchen sein Kind in solch einer Situation, wo es wirklich Hilfe bräuchte, auf die Palme bringen kann? Auf jeden Fall lässt er sie zunächst einmal zappeln, und er wird das Spiel auch noch weiter treiben, wie man gleich sehen wird. Ein Frosch ist für ihn immer noch keine Gefahr. Er wird sich den Knaben einmal näher anschauen.

Sie ging und öffnete die Türe, da hüpfte der Frosch herein, ihr immer auf dem Fuße nach, bis zu ihrem Stuhl. Da saß er und rief: »Heb mich herauf zu dir.« Sie zauderte, bis es endlich der König befahl. Als der Frosch erst auf dem Stuhl war, wollte er auf den Tisch, und als er da saß, sprach er: »Nun schieb mir dein goldenes Tellerlein näher, damit wir zusammen essen.«

Wohl oder übel geht sie also zur Tür. Das muss sie selber machen, obwohl sicherlich auch Dienstboten anwesend sind. Und was tut der Frosch? Er folgt ihr auf dem Fuße nach, wie es heißt. Wie alle Verliebten hat er nur Augen für *sie*. In seiner Verliebtheit erscheint sie ihm als schönste und kostbarste aller Frauen, sie will er behalten, und wenn sich das Objekt der Begierde und Sehnsucht auch nur ein Schrittchen entfernt, entstehen leicht alte Ängste der Verlassenheit. Arthur Schopenhauer hat diesen Zustand der Verliebtheit als eine milde Form des Wahnsinns bezeichnet.

Dann stellt der Frosch weiter seine Forderungen, begrüßt die Anwesenden nicht und tut so, als sei er mit seiner Prinzessin allein im Raum. Er bedankt sich noch nicht einmal beim Papa für dessen Hilfe. Er weicht ihm aus, da er befürchten muss, von diesem auf einen unerbittlichen Prüfstand gehoben zu werden. Für ihn ist die Beziehung zur Angebeteten schon so symbiotisch, dass er sogar vom gleichen Teller essen möchte. Da kann man nur sagen: Liebe macht blind. Er schaut sich nicht um, er betrachtet sich nicht die Umgebung, in die er da hineingekommen ist und die ihm viel Aufschluss über seine Zukünftige geben könnte.

Er hätte doch Prinzesschens Verärgerung sehen müssen, dem sein Auftritt vor allen Leuten sicher auch peinlich war. Ein Frosch sitzt bei der Königstochter. Ihm hätte auffallen müssen, dass sie ihr Versprechen noch einmal überdacht hat. Schaut er sie nicht mehr an? Wer seinen Partner nie richtig anschaut (und ich meine hier nicht das angucken), wird Wesentliches verpassen. Der Frosch hat scheinbar nur noch sein Anliegen im Sinn. Er beharrt auf der Einlösung des Versprechens.

Das tat sie zwar, aber man sah wohl, dass sie's nicht gerne tat. Der

Frosch ließ sich's gut schmecken, aber ihr blieb fast jedes Bisslein im Halse. Endlich sprach er: »Ich habe mich satt gegessen und bin müde, nun trag mich in dein Kämmerlein und mach dein seiden Bettlein zurecht, da wollen wir uns schlafen legen.«

Dass er in seiner Ungehobeltheit wirklich noch ein Frosch ist, beweist der Verehrer auch hier wieder. Er scheint inzwischen nur noch seine eigene Befriedigung zu verehren. Er lässt es sich schmecken und bemerkt nicht, wie ihr jeder Bissen im Halse stecken bleibt. Wird sie hier schon auf ihre spätere Rolle vorbereitet, in der sie das Los vieler Frauen teilen wird, für deren Männer ihre Anwesenheit als etwas Selbstverständliches genommen wird, dem man kaum noch Beachtung zu schenken braucht? Er kommt heim, lässt sich bedienen, isst sich satt, legt dann die Füße hoch und erwartet auch noch ein seidenes Bett. Der Verdacht liegt nahe, dass der Frosch die Prinzessin mit seiner Mutter verwechselt. Dies ist eine unreife Beziehung, sie soll ihn füttern, versorgen und auch noch in ihre Kammer ins gemachte Bett tragen. Warum läuft er nicht selber, bis ins Schloss hat er es doch auch geschafft? Männer, die ihre Mutter entweder nicht hatten oder mit ihr auf ähnliche Weise verstrickt sind wie die Vatertöchter mit ihrem Vater, werden sie in jeder Frau suchen.

Hat seine Mutter ihn »verwünscht«, in einem Brunnen zu leben, das heißt, in lebenslanger Unbewusstheit? Durfte auch er nicht *wissen*? Später erzählt er der Prinzessin von einer bösen Hexe, die ihn mit einem Fluch belegt habe. In der Märchensymbolik wird der »böse« Anteil der Mutter oft nach außen verlagert - in Hexen oder Stiefmütter - damit bleibt das Bild von der guten Mutter bewahrt.

So wie der Frosch eben die symbiotische Verschmelzung mit der Mutter beim Essen vom gleichen Teller gesucht hat, hofft er, sie jetzt im Bett zu finden.

Die Königstochter fing an zu weinen und fürchtete sich vor dem kalten Frosch, den sie nicht anzurühren getraute und der nun in ihrem schönen reinen Bettlein schlafen sollte.

Darüber muss die Königstochter traurig sein, denn instinktiv spürt die Frau, dass sie gar nicht gemeint ist und dass die Beziehung in

Wirklichkeit kalt bleibt. Oft bleiben die Frauen aus Mitleid bei einem Mutter-Mann, und oft sind es Vater-Töchter, die ihre Einheit mit dem Vater dadurch nicht wirklich aufgeben müssen. Sie möchte ihr Bett rein halten, und damit zeigt auch sie, dass sie unreif ist und Sexualität als etwas Schmutziges erlebt.

Der König aber ward zornig und sprach: »Wer dir geholfen hat, als du in der Not warst, den sollst du hernach nicht verachten.«

Nun wird Papa aber richtig sauer, und er beweist auf den ersten Blick wieder einmal, wie wenig Einfühlungsvermögen er besitzt, denn er scheint die Not der Tochter immer noch nicht zu sehen. Weiß er, wie es für einen Mann ist, nicht richtig von seiner Frau *genommen* zu werden? Kann er seine Wut über sein eigenes Schicksal erst jetzt an der Tochter auslassen, wo sie das Familiendrama re-inszeniert und ihm den Spiegel seiner eigenen Beziehung vorhält? Wird es ihm gerade jetzt schmerzlich bewusst? Spätestens jetzt solidarisiert er sich mit dem Frosch und zeigt sich seiner Tochter gegenüber kaltherzig, wohl auch, weil er hier den Verrat seiner Frau auf die Tochter projizieren kann.

Da packte sie ihn mit zwei Fingern, trug ihn hinauf und setzte ihn in eine Ecke.

Jetzt, wo es keinen Ausweg mehr gibt, packt sie den Frosch wie mit einer Kneifzange mit zwei Fingern und zeigt damit auch ihrem Vater, was sie von seinen Moralvorstellungen hält. Sie trägt den Frosch zwar hinauf in ihr Zimmer, stellt ihn dort aber erst einmal in die Ecke. Das war zu meiner Schulzeit noch eine beliebte Strafe bei den Lehrern. Ungezogene Schüler wurden in die Ecke gestellt.

Als sie aber im Bett lag, kam er gekrochen und sprach: »Ich bin müde, ich will schlafen so gut wie du: heb mich herauf, oder ich sag's deinem Vater.« Da ward sie erst bitterböse, holte ihn herauf und warf ihn aus allen Kräften wider die Wand. »Nun wirst du Ruhe haben, du garstiger Frosch.«

Hier wird die Solidargemeinschaft zwischen Vater und Frosch deutlich. Der Frosch kann sich der väterlichen Unterstützung sicher sein, sogar bis ins Zimmer der Tochter. Zuerst kriecht er heran und wird sicherlich damit für die Prinzessin noch unattraktiver. Dann wird er eindringlicher und droht ihr mit dem Vater. Das macht ihr drastisch deutlich, woran sie ist. Jetzt ist sie Frau und hat die Männer gegen sich, will er ihr in seiner noch jungenhaft pubertären Naivität glauben machen. Dadurch bekommt sie die Gelegenheit, ihre Wut zu spüren und auch auszudrücken. Unter Aufbietung all ihrer Kräfte, wirft sie ihn gegen die Wand.

Viele Beziehungen kommen an diesen Punkt der Sprachlosigkeit, allerdings ohne dass eine Verwandlung stattfindet. In der Verzweiflung darüber, dass man den gewünschten Zustand nicht herstellen kann, eskaliert die Gewalt und schaukelt sich danach immer wieder hoch. Gewalt in der Ehe gehört zu den am meisten tabuisierten Themen, und in diesem Zusammenhang finde ich es interessant, dass die meisten Menschen, wenn man sie nach dieser Szene fragt, sich zu erinnern glauben, dass der Frosch durch einen Kuss verwandelt worden sei.

Als er aber herabfiel, war er kein Frosch, sondern ein Königssohn mit schönen und freundlichen Augen. Der war nun nach ihres Vaters Willen ihr lieber Geselle und Gemahl.

Das Märchen wäre kein Märchen, wenn es uns nicht auch eine Lösung zeigen würde. Der Frosch wird verwandelt in den, der er ist, in einen schönen, freundlichen Königssohn. Sein wahrer Kern darf sich nun zeigen. So scheint es also zu stimmen, dass hinter jedem erfolgreichen Mann eine starke Frau steht und dass kein Mann ohne Hilfe einer Frau erleuchtet werden kann. Sogar Jesus hatte seine Maria Magdalena. Aber auch er hat ihr geholfen, indem er sie herausgefordert und nicht locker gelassen hat. Mit diesem Akt des Herauslassens lange aufgestauter Gefühle befreit sich aber auch die Vater-Tochter und wird zur reifen Frau. Sie wird zum ersten Mal eindeutig, steht zu ihren Gefühlen und verleugnet nicht mehr ihre dunkle Seite des Hasses - sie wird menschlicher. Jetzt kann sie einem Mann seine Grenzen aufzeigen und sich damit gleichzeitig abgrenzen, was ihr auch den Respekt des Vaters einbringt, der der Beziehung seinen Segen gibt. Der Segen der Eltern für eine Ehe wird heute weitgehend ausgeklammert und unterschätzt. Eine Beziehung, die ohne diesen Segen geschlossen wird, wird meist nur durch den Trotz gegen die Eltern zusammengehalten.

Mit diesem Akt des Gegen-die-Wand-geworfen-Werdens dürften alle seine Illusionen und Wünsche nach der symbiotischen Verschmelzung in sich zusammengefallen sein, genau wie ihre Suche nach dem Retter. Er ist nicht der starke Helfer, und sie ist nicht die Lichtgestalt, die er gesehen hat. Die Täuschung ist beendet, sie sind enttäuscht. Das Annehmen der Enttäuschung befreit.

Da erzählte er ihr, er wäre von einer bösen Hexe verwünscht worden, und niemand hätte ihn aus dem Brunnen erlösen können als sie allein, und morgen wollten sie zusammen in sein Reich gehen.

Erst nach seiner Befreiung kann er ihr erzählen, was mit ihm geschehen ist, denn durch ihre Aktion hat er Bewusstheit erlangt. Da er von einer Frau verwünscht wurde, kann auch nur eine Frau ihn retten, und bei seiner Hartnäckigkeit ist zu vermuten, dass er gespürt hat, dass es diese Frau ist.

Dann schliefen sie ein, und am andern Morgen, als die Sonne sie aufweckte, kam ein Wagen herangefahren, mit acht weißen Pferden bespannt, die hatten weiße Straußfedern auf dem Kopf und gingen in goldenen Ketten, und hinten stand der Diener des jungen Königs, das war der treue Heinrich. Der treue Heinrich hatte sich so betrübt, als sein Herr war in einen Frosch verwandelt worden, dass er drei eiserne Bande hatte um sein Herz legen lassen, damit es ihm nicht vor Weh und Traurigkeit zerspränge. Der Wagen aber sollte den jungen König in sein Reich abholen; der treue Heinrich hob beide hinein, stellte sich wieder hinten auf und war voller Freude über die Erlösung.

Jetzt können sie einander vertrauen und einschlafen, sie müssen nicht mehr kämpfen. Mit der aufgehenden Sonne kann etwas Neues erwachen und seinen Lauf nehmen. Die gleiche Sonne, von der am Anfang berichtet wurde, scheint jetzt nicht mehr auf ein Mädchen, sondern auf eine reife Frau und einen erwachsenen Mann. Seine befreite Männlichkeit und Lebenskraft kann wohl kaum besser als durch die acht Pferde mit ihren weißen Federn symbolisiert werden, und wie er schon angekündigt hat, holt er sie nun heim in sein Reich. Dass er seine Kräfte in der Hand hat, dass er sich zügeln kann, zeigen die goldenen Ketten. Die Frau folgt nun dem Mann, und dieser dient dem Weiblichen, denn der Diener steht hinten auf dem Wagen. Es wird auch gesagt, dass dieser Diener treu ist. Sie wird sich also auf ihn verlassen können.

Mit dem Verlassen des väterlichen Schlosses ist es ihr endgültiger Schritt von der Prinzessin zur Königin.

Und als sie ein Stück Wegs gefahren waren, hörte der Königssohn, dass es hinter ihm krachte, als wäre etwas zerbrochen. Da drehte er sich um und rief:

»Heinrich, der Wagen bricht.«

»Nein, Herr, der Wagen nicht, es ist ein Band von meinem Herzen, das da lag in großen Schmerzen, als Ihr in dem Brunnen saßt, als Ihr ein Frosch wart.«

Noch einmal und noch einmal krachte es auf dem Weg, und der Königssohn meinte immer, der Wagen bräche, und es waren doch nur die Bande, die vom Herzen des treuen Heinrich absprangen, weil sein Herr erlöst und glücklich war.

Durch das dreimalige Brechen der Bande, die er um sein Herz gelegt hatte, wird die dauerhafte Befreiung seines Herzens dargestellt. Das im Brunnen gebundene Herz ist nun befreit für die reife Liebe zu seiner Frau. Die beiden sind nun in einer anderen Art zusammen, nicht mehr in der »Von-einem-Teller-essen-Symbiose«.

In dem Buch von Kahlil Gibran *Der Prophet* gibt es dazu einen wunderschönen Text:

Vereint seid ihr geboren
und vereint sollt ihr bleiben immerdar.
Doch lasset Raum zwischen eurem Beinandersein,
und lasset Wind und Himmel tanzen zwischen euch.
Liebet einander, doch macht die Liebe nicht zur Fessel:
Schaffet eher daraus ein webendes Meer
zwischen den Ufern eurer Seelen.

Füllet einander den Kelch,
doch trinket nicht aus einem Kelche.
Gebet einander von eurem Brote,
doch esset nicht vom gleichen Laibe.
Singet und tanzet zusammen und seid fröhlich,
doch lasset jeden von euch alleine sein.
Gleich wie die Saiten einer Laute allein sind,
erbeben sie auch von derselben Musik.
Gebet einander eure Herzen,
Doch nicht in des anderen Verwahr.
Und stehet beieinander: Denn die Säulen des Tempels stehen einzeln,
und Eichbaum und Zypresse wachsen nicht
im gegenseitigen Schatten.«

Wenn die »Liebe« geht

Es gibt ein Buch, in dem es um das Phänomen *Stalking* geht und das den Titel trägt: *Wenn Liebe zum Wahn wird*. Der Titel ist irreführend, denn Liebe kann gar nicht zum Wahn werden. Wohl aber das, was man für Liebe gehalten hat.

Der Begriff »Stalking« kommt aus der Jägersprache und bezeichnet das pirschende Einkreisen einer Beute. Wie ein guter Jäger sammelt der Stalker alle Informationen über sein Opfer, um es jederzeit stellen zu können.

Die meisten Stalker hatten vorher eine Beziehung mit ihrem Opfer, und die Studien belegen, dass weitaus mehr Männer stalken und meistens Frauen die Opfer sind.

Jetzt fragen Sie sich vielleicht, warum Stalking hier Erwähnung findet. Weil Stalking das Gegenteil von Liebe ist. Dass dieses Phänomen in unserer Gesellschaft so stark zunimmt, zeigt, wie sehr wir die andere Seite, nämlich die Liebe noch gar nicht verstanden haben.

30.4.2005: Ein Mann (41) löscht in Rheinfelden (Baden-Württemberg) seine gesamte Familie aus. Er erschießt seine Ehefrau (30), seine beiden 4 und 7 Jahre alten Kinder sowie seine 74 und 79 Jahre alten Eltern. Hintergrund soll eine Ehekrise gewesen sein. Die Frau war mit den Kindern ausgezogen und wollte die Scheidung.

22.3.2004: In Augsburg ersticht ein 37-Jähriger seine Schwiegermutter (53), die Tochter (7) seiner Frau aus erster Ehe, seinen Schwager (25), seinen Freund (26) und seine Ehefrau (24). Das vermutliche Motiv: Eifersucht und Beziehungsprobleme zwischen ihm und seiner Frau. Dem Täter gelingt die Flucht in die Türkei, wo er festgenommen wird. Im Gefängnis begeht er Selbstmord.

16.6.2003: Mit vier Schüssen tötet ein Bauunternehmer (70) im saarländischen Quierschied seine 35 Jahre alte Frau, die beiden

gemeinsamen 9 Jahre alten Kinder und dann sich selbst. Als Motiv werden Trennungsabsichten der Frau vermutet.
6.5.2003: Vermutlich aus Eifersucht erschießt ein Fernfahrer (48) in Herren-Sulzbach (Rheinland-Pfalz) seine Frau (35), deren Liebhaber (27) und seine Schwiegermutter (66). Der Schwiegervater (70) wird schwer verletzt. Die beiden 8 und 10 Jahre alten Kinder überleben unverletzt. Der Familienvater begeht nach der Tat Selbstmord.
3.2.2002: Eine vierköpfige Familie wird Opfer eines Dramas in Sindelfingen-Maichingen (Baden-Württemberg). Die Mutter (35) wird mit Tochter (5) und Sohn (2) im Schlaf mit einer Axt erschlagen. Der Vater (36) verunglückt auf der Autobahn tödlich. Der Verdacht erhärtet sich, dass er für das Familiendrama verantwortlich war.
Diese Fälle sind lediglich die Spitze des Eisberges, und alle haben einmal mit »Liebe« begonnen.

Chic ist, wer cool ist. Das Motto lautet: »Nur keine Gefühle zeigen«. Aber dass das, was man sich da zulegt, nur eine Fassade ist, zeigt die Tatsache, in welche Konflikte gerade dann ein Mensch gerät, wenn diese Fassade bröckelt. Dann nämlich, wenn er doch von etwas berührt wird und er nicht lernen durfte, dass Schmerz zum Wachstum gehört. So entstehen Konflikte, die häufig in der Zerstörung des Selbst enden - durch Drogen oder Suizid - oder in der Zerstörung eines anderen Menschen.
Dies gehört zu den Auswirkungen der Desillusionierung, um die es im letzten Kapitel vom Froschkönig ging. Denn nicht jeder Frosch (männlich wie weiblich), der an die Wand geworfen wird, verwandelt sich danach in einen König oder eine Königin. Der Frosch kann sich nämlich auch wieder grollend in seinen Brunnen zurückziehen und dort auf die nächste Kugel warten, deren Besitzerin ihm wieder alles Mögliche verspricht. Er kann sich aber auch dazu entschließen, der Königstochter das Leben von nun an schwer zu machen, aus Rache, weil sie seine kindlichen Wünsche nicht erfüllt hat.
Daraus ergeben sich drei Kategorien von Stalkern:
Stalker aus einer intimen Beziehung (»Ich weiß, dass du mich in

Wirklichkeit liebst.«), Verehrer/Innen, die einer Illusion unterliegen und Rächertypen.

Stalker aus der ersten Kategorie sind meist Männer, die ihre Partnerin nicht loslassen können, sei es aus verletztem Stolz, Eifersucht o. Ä., Männer, die einfach nicht wahrhaben wollen, dass die Beziehung oder das, was sie dafür gehalten haben, beendet ist. Und oft ist es so, dass das jeweilige Opfer sogar Mitleid mit dem betreffenden Mann hat, weil *er* ja »so leidet«. Studien belegen, dass diese Männer nicht wirklich liebesfähig sind, in der Beziehung eher emotional kalt waren und sie stark kontrollieren wollten. Die meisten Opfer machen einen entscheidenden Fehler: Sie lassen es langsam ausklingen, geben *ihm* Zeit, die Sache zu verarbeiten, und oft reden sie mit dem Stalker »noch ein letztes Mal«. Wenn das Opfer zum Beispiel sagt: »Ich möchte mit dir zurzeit keine Beziehung«, hört der Stalker: »Morgen können wir eine Beziehung haben.« Wenn das Opfer sagt: »Ich brauche einfach mehr Raum«, macht der Stalker daraus: »Wenn ich sie mit ihren Freundinnen ausgehen lasse, wird sie schon zurückkommen.« Aus einem »Es geht einfach nicht«, wird ein »Man kann es hinkriegen.« Was Opfer wissen müssen, ist, dass es keine Chance gibt für Verhandlungen oder Eingeständnisse. Die einzige Chance ist ein klares »Nein!«

Nach dem klaren »Nein« darf nie mehr etwas kommen.

Frühere Intimpartner haben meist ihr gesamtes Selbstwertgefühl aus dem Satz »Ich liebe dich« der Partnerin oder des Partners bezogen.

Das Schlimmste für einen Stalker ist es, wenn man ihn ignoriert. Das ist wie bei kleinen Kindern, sie werden alles versuchen, auch schlimme Dinge, um ihre Aufmerksamkeit zu erlangen. Deshalb ist das Gegenteil für sie nur mit Mühe zu ertragen. Das Opfer darf den Stalker nicht länger in dieser Abhängigkeit belassen. Wenn wir in der Zeitung lesen, dass jemand seinen Expartner umgebracht hat, so ist dies ja nur die Spitze des Eisberges. Die täglichen Beziehungsdramen mit körperlicher oder seelischer Gewalt finden in der Presse keinen Platz.

Stalker der zweiten Kategorie hatten entweder wenig oder gar keinen Kontakt mit ihren Opfern. Es kann sein, dass sie an einer Krankheit wie Schizophrenie, Erotomanie oder manischer Depression leiden. Sie unterliegen einer Täuschung, die sie an ihre Opfer bindet. Meistens glauben sie, dass ihr Opfer sie liebt, ja, sie können sogar glauben, dass sie eine Beziehung mit dem Opfer haben. Aus der Öffentlichkeit gibt es genügend Beispiele für ein solches Stalking. (Steffi Graf, Eisermann, Madonna, David Latterman waren oder sind Opfer von Stalking.)

Die meisten dieser Stalker sind unfähig, in der Realität eine echte Beziehung einzugehen, sie hatten meist auch noch nie eine Beziehung. Sie suchen sich dann »unerreichbare« Opfer aus wie Stars, Lehrer, verheiratete Menschen, ihren Arzt, Therapeuten oder Pfarrer. Die Stalker gleichen die Realität in ihrer Phantasiewelt an. »Die imaginäre Liebe ist immer noch besser als gar keine.«

Viele Stalker kommen aus einem Lebenshintergrund emotionaler Einsamkeit oder von Missbrauch. Sie haben kein Gefühl für ihre Identität und beziehen ihren Selbstwert aus der übersteigerten Verehrung einer höher gestellten Persönlichkeit. »Wenn sie/er mich liebt, kann ich gar nicht so unbedeutend sein.«

Studien belegen, dass diese Stalker die hartnäckigsten sind. Selbst wenn das betreffende Opfer mit einem klaren »Nein« reagiert, wird der Stalker das für sich so übersetzen: »Das muss sie wegen ihres Mannes sagen, aber in Wirklichkeit liebt sie mich.« oder »Ihr Agent hat ihr gesagt, dass es nicht gut für ihre Karriere sei, aber in Wirklichkeit liebt sie mich.«

Die Stalker der dritten Kategorie sind keine aus Liebeskummer, sondern aus Rache. Sie haben sich über etwas geärgert, was ihr Opfer getan hat - in ihrer Einbildung oder in der Realität. Opfer dieser Stalker können Politiker sein, auch Vorgesetzte oder Arbeitskollegen.

Niemand möchte gern Opfer sein - oder sich dies eingestehen. Übliche Aussagen sind: »Ich werde mich nicht zum Opfer machen.« Oder: »Ich werde mein Leben doch nicht verändern, nur weil ich ein Opfer von Stalking bin.« Wenn Sie aber Opfer eines Stalkers geworden sind, hat sich Ihr Leben bereits verändert, für immer. Bevor Sie nicht akzeptieren, dass Sie Opfer eines Verbrechens sind, helfen Sie dem Stalker. Das Verbrechen besteht darin, gestalkt zu werden, und Sie müssen mannigfaltige Vorsichtsmaßnahmen ergreifen. In jedem Falle aber müssen Sie dem Stalker gegenüber ein klares »Nein« aussprechen, und zwar einmal und für immer, und danach dürfen Sie niemals mehr eine Reaktion zeigen. Je mehr Sie erwidern, desto mehr Power geben Sie ihm.

Und wer kann dem Stalker helfen? Sicherlich nicht sein Opfer. Allerdings finden Stalker, die begreifen, dass sie ein Problem haben, in einer Therapie sehr gute Möglichkeiten, von diesem loszukommen. Hier haben sie die Chance zu erkennen, dass ihr Leben nicht mehr von einer geliebten Person abhängt, wie es ja im Leben eines jeden Menschen in seiner frühen Kindheit der Fall ist. Auch kann zum Beispiel erkannt werden, dass der eigene Selbstwert nicht von der Zuneigung eines anderen Menschen bestimmt wird. Sicherlich ist für die meisten Stalker eine starke Verletzung des Egos eingetreten, wenn die geliebte Person sich zurückgezogen hat.

Geld und Berufung

An einem wunderschönen See saß ein Indianer und angelte, als ihn ein Manager, der dort in Urlaub war, ansprach.
»Warum nehmen sie nicht zwei Angeln?«
»Warum?«, fragte der Indianer zurück.
»Weil sie dann mehr Fische fangen und sich ein Boot kaufen können.«
»Warum?«
»Weil Sie dann noch viel mehr Fische fangen und eine Menge Geld verdienen.«
»Warum?«
»Weil Sie dann eine Fischfabrik bauen und viele Leute für sich arbeiten lassen können.«
»Warum?«
»Weil Sie dann öfter mal Urlaub machen können.«
»Das mache ich doch schon«, war die lapidare Antwort.

Ein heißes Thema: das liebe Geld. Wie viel Hass und Liebe, wie viel Glück und Unglück doch an diesen gedruckten Papierchen hängen! (Die es nicht mehr sehr lange geben wird.)
So mancher hat dafür sein Leben lassen müssen, und viele sitzen hinter Gittern, weil sie das Spiel mit dieser materialisierten Energie falsch verstanden haben.
Geld regiert die Welt, und mit Geld wird die Welt regiert - dies ist eine bittere Erfahrung für viele Menschen, die sich verkaufen, anstatt sich selbst zu verwirklichen und damit Geld zu verdienen.
Für diejenigen, die nicht im existenziellen Überlebenskäfig gefangen oder davon abhängig sind, sich Macht und Image durch Geld zu erkaufen, ist Geld eine Form von Energie - an sich neutral, ebenso wie ein Messer oder ein Stein. Ob ich den Stein oder das Messer als

Werkzeug oder als Mordinstrument benutze, liegt an mir. Das Gleiche gilt für den Umgang mit Geld und jeder Art von Energie. Der Mensch setzt den Akzent zum Konstruktiven oder Destruktiven. So kann man ein Land mit Geld entweder aufbauen und so den dort lebenden Menschen helfen, ein lebenswertes Leben zu haben, oder man kann es zerstören. Das Wechselspiel funktioniert am besten, weil damit am meisten Geld verdient wird. Kein Wirtschaftswunder ohne vorhergegangenen Krieg.

Durch selbst geschaffene Abhängigkeiten wie ein auf Kredit aufgeblasener Lebensstil, Statussymbole wie Haus, Auto, Kleidung etc. haben wir uns einen Käfig gebaut, weil wir inzwischen glauben, dass wir das alles brauchen. Die großen »Freiheiten«, die uns durch den Konsum bestimmter Artikel suggeriert werden, haben uns in Wirklichkeit zu Sklaven gemacht. Indem wir uns dem Materiellen verschrieben haben, haben wir die emotionale und geistige Selbstverwirklichung aus den Augen verloren und stattdessen die scheinbare Sicherheit des durchschnittlich Mittelmäßigen gewählt.

Doch der Spiegel der Realität ist unerbittlich, aber fair. Er ist ein Spiegel all dessen, was wir ausgesät haben, und das ist für viele wahrlich ein unangenehmer Bumerang. Auch im Bereich Spiritualität und Selbstverwirklichung spielt Geld eine viel zu wichtige Rolle und bietet manchen Anlass zu unguten Gefühlen und Missverständnissen.

Die folgenden Thesen sind Teil eines Arbeitspapiers, einer »Reichtumsbewusstseins-Beratung«, die der Rebirthing-Begründer Leonard Orr herausgegeben hat. Sie sind von so umwerfender Klarheit, dass sie es verdienen, jedermann bekannt zu werden, um für uns alle von Nutzen zu sein.

Reichtumsbewusstsein und Armutsbewusstsein.

Reichtumsbewusstsein ist dein natürlicher Zustand der Einheit mit Geist, Natur, Menschheit und deinem inneren Selbst. Es ist die Gewissheit, dass die unzähligen Reichtümer des Universums da sind für deinen liebevollen und sorgfältigen Gebrauch, für den schöpferischen und vertrauensvollen Ausdruck deiner Göttlichkeit in dieser

Welt. Armutsbewusstsein ist die Angst, nicht genug zu bekommen, und die Leugnung des Selbstwertes. Es bedeutet, der natürlichen Fülle des Lebens zu misstrauen und die eigenen schöpferischen Fähigkeiten zu ignorieren.

Es ist eine gesellschaftlich bestärkte Geisteskrankheit, die Leute mit viel Geld genauso befallen kann wie jene, die keines haben.

Nur für Geld zu arbeiten, ohne Freude oder Befriedigung durch die Arbeit selbst, ist ein Ausdruck von Armutsbewusstsein, von Angst und Zweifel. Es gibt weder genug Geld zum Ausgeben noch Zeit, sich daran zu erfreuen, denn kein Geldbetrag kann jemals den Mangel an Zufriedenheit bei der Arbeit ausgleichen.

Ohne Lebensfreude beim Verdienen des »Lebensunterhalts« verliert man sogar den Spaß am Geldausgeben, weil man weiß, dass jeder ausgegebene Pfennig wieder durch dieselbe alte und unbefriedigende Tretmühle verdient werden muss.

Wir sind ständig auf der Jagd nach billigen Waren, anstatt unsere Lebensqualität zu verbessern. Anstatt das Einkommen zu erhöhen, suchen wir Mittel und Wege, unsere Ausgaben zu verringern.

Menschen bleiben bei unkreativen, erstickenden Tätigkeiten aus dem Glauben heraus, dies sei für das wirtschaftliche Überleben notwendig. Sie fürchten, wenn sie die Arbeit tun würden, die Ihnen entspricht, müssten sie finanzielle Opfer bringen.

Dieser Armutsglaube, der natürlich ganz bewusst in die Menschen implementiert wird, in ihr eigenes Bewusstsein wie in das der anderen, ist der einzige Grund, warum sie es so erfahren. Tatsache ist jedoch, sobald wir mit unserer wahren Natur in Einklang stehen, lieben wir es, zu arbeiten als äußeren Ausdruck unseres Seins. Die Wahrheit ist: Wenn wir eine Arbeit wählen, die unsere Kreativität und unser Interesse in Anspruch nimmt, arbeiten wir für die Freude an unserem Tun. Wir haben dann Zugang zu gewaltigen Quellen von Begeisterung als Grundlage zum Erfolg, genauso wie zu größerer Gesundheit und größerem Glück. Wenn wir uns selbst in unserer Arbeit ausdrücken, produzieren wir etwas von wirklichem Wert, das wir mit anderen teilen. Wir verdienen.

Wenn wir unsere Berufung finden dürfen und sie gefunden haben, brauchen wir auch nicht mehrere Jobs, wie es ein Ökonom im Fernsehen erklärte, sondern wir werden glücklich und erfolgreich mit und in unserem Beruf. Wir leben nicht mehr, um zu arbeiten, sondern arbeiten gerne, um zu leben. Niemand wird dann mehr am Montag die Tage bis zum Wochenende zählen und nur auf den nächsten Urlaub hinarbeiten. Eine der Ursachen unserer Wirtschaftskrise finden wir sicher auch in der fehlenden Moral und Ethik. Hier wird nur allzu oft auf die rein persönliche Bereicherung geschaut und nicht auf die vielfältige Verantwortung, die ein Unternehmen hat. Schauen Sie nur auf die Wirtschaftsskandale großer Konzerne in der BRD, zum Beispiel bei Mannesmann und VW. Es wird zwar immer wieder versucht, aber man kann eben nicht alles unter den Teppich kehren. Ich bin sicher, dass wir jeweils nur die Spitze des Eisberges sehen dürfen. Die Herren an den Konzernspitzen sind intelligent genug, sich nicht erwischen zu lassen. Die Auswirkungen sind, da es sich bei einem Unternehmen ja auch um ein System handelt, bis in die kleinsten Ebenen zu spüren. Auch hier gelten die Gesetze: Wie oben so unten, wie im Großen so im Kleinen. Und jeder kennt wohl den Spruch: Der Fisch fängt am Kopf an zu stinken.

Deutschland scheint ein Selbstbedienungsladen zu sein, und man kann sich die Frage stellen, warum diese Mentalität der Basarökonomie fast epidemisch um sich greifen kann. Was uns in der Arbeits- und Berufswelt fehlt, ist Spiritualität. Es wird zwar oft behauptet, diese habe keinen Platz dort, aber wenn jemand spirituell ist, kann er diese ja nicht nach Belieben ausschließen. Spiritualität (v. lat.: spiritus = Geist, Hauch) bezeichnet das Bewusstsein, dass die menschliche Seele ihren bzw. der menschliche Geist seinen Ursprung einer göttlichen oder transzendenten Instanz verdankt oder zu einer absoluten höheren Wirklichkeit in Beziehung steht. Sie ist die besondere, nicht notwendigerweise im konfessionellen Sinne verstandene religiöse Lebenseinstellung eines Menschen, der sich auf das transzendente oder immanente göttliche Sein konzentriert bzw. auf das Prinzip der transzendenten, nichtpersonalen letzten

Wahrheit oder höchsten Wirklichkeit und der weiß, dass sich diese Wahrheit durch alle Lebensbereiche zieht. Warum sollte sie auch vor irgendetwas Halt machen?
Leider wird ein spiritueller Mensch in unserer Öffentlichkeit fälschlicherweise meist als Realitätsflüchtling bezeichnet, der sich geistig abschirmt. Bei wirklicher Spiritualität ist allerdings das Gegenteil der Fall. Man wird sich fragen müssen, warum das so ist. Wer hat kein Interesse daran, dass wir unser Leben spirituell ausrichten, wo doch sogar auf der Ein-Dollar-Note ein sehr spirituelles Zeichen zu sehen ist? Natürlich gibt es Menschen die man als Realitätsflüchtlinge bezeichnen kann, weil sie zum Beispiel von ihren Erwartungen enttäuscht wurden (Diskrepanz zwischen Lebensentwurf und Lebenswirklichkeit) oder ihre Umwelt als eine Realität ansehen, mit der sie sich nicht identifizieren können oder wollen. Diese Leute finden sie aber eher in der Drogenszene.
Wenn in der Verbindung zwischen Ethik und Moral auch Spiritualität ihren Platz in Unternehmen gefunden hat und die Profitmaximierung nicht mehr die einzige Antriebsfeder ist, wird sich vieles zum Guten wenden. Aus dem *Standor*t Deutschland kann dann ein *Bewegungsraum* werden.

Terror am Arbeitsplatz

Wenn man über Beziehungen, Geld und Beruf spricht, darf man die Beziehungen, die wir im Berufsleben haben, nicht außen vor lassen. Ähnliche Auswüchse wie diejenigen, die wir vom Problem Stalking kennen, haben wir in unserer Arbeitswelt mit Mobbing, von dem jeder zumindest schon einmal gehört hat.

Das Wort »Mobbing« kommt aus dem Englischen »to mob« und bedeutet, dass Menschen über etwas herfallen oder sich auf etwas stürzen. Einen randalierenden Haufen bezeichnet man als »Mob«, und laut Duden ist mobben »das ständige Schikanieren von Arbeitskollegen, mit der Absicht, jemandem von seinem Arbeitsplatz zu vertreiben.«

Das Wort »Mobbing« wird im Zusammenhang mit unkollegialem Verhalten, Intrigen und Schikanen unter Mitgliedern einer Organisation benutzt. Mobbing ist in aller Munde, obwohl es dieses Verhalten schon seit ewigen Zeiten gibt und es früher sogar durchaus sinnvoll sein konnte. Als wir noch mit der Keule um uns schlugen und einen harten Überlebenskampf ausfechten mussten, hing das Überleben einer Gruppe nämlich unter anderem von deren Einigkeit und Einheit ab. Jede Fremdartigkeit konnte auch als Bedrohung angesehen werden. Gruppen befolgen (immer) - oft auch unbewusst - bestimmte festgelegte Verhaltensregeln. Bricht ein Mitglied aus einer Gruppe aus und verhält sich nicht regelkonform, kommt es zu Sanktionen gegen den Außenseiter.

Mobbing gibt es also nicht erst seit heute, es nimmt aber ständig zu, obwohl das direkte Überleben nicht mehr davon abhängt. In vielen Köpfen ist der Entwicklungsschritt, dass Andersartigkeit nicht Bedrohung, sondern Bereicherung sein kann, noch nicht vollzogen. Mobber verhalten sich noch wie vor Tausenden von Jahren. Immer mehr Menschen leiden darunter. In vielen Fällen löst Mobbing sogar Krankheiten aus. Durch Mobbing kommt es in Firmen zu Ausfall- und Fehlzeiten, reduzierter Leistungsfähigkeit und oft zu einer reduzierten Motivation bei allen Mitarbeitern. Mobbing kostet Energie in jeder Form, und zwar jeden.

Laut dpa sind 75 % der Vorgesetzten an Mobbing beteiligt, und das Ganze kostet die Wirtschaft ca. 15 Milliarden Euro - pro Jahr. Man nimmt an, dass ca. 50 % der Krankmeldungen eine Folge von Mobbing sind.

Mobbing findet aber nicht nur in der Arbeitswelt statt. Wenn Sie sich erinnern, werden Sie Mobbing schon aus Ihrer Schulzeit kennen, und jeder von uns war wahrscheinlich schon einmal Opfer, Täter oder Mitläufer. In jeder Schulklasse gibt es Außenseiter, die gehänselt werden. Das ist im Grunde nichts anderes als Mobbing in der Firma. Mobbing kann es überall dort geben, wo Menschen über eine längere Zeit miteinander zusammen sind und sich ihre Kollegen oder z. B. Mitschüler nicht selbst ausgesucht haben. Schlimm ist, dass beim Mobbing meist mehrere mitmachen und das Opfer schikanieren. Es gibt aber nicht nur eine Ursache für Mobbing.

Eine Theorie, die zum Beispiel bei der Psychotherapie sehr hilfreich ist, besagt, dass jedem Verhalten eine positive Absicht zu Grunde liegt. Was könnte also die positive, aber unbewusste Absicht sein? Wenn wir in der Entwicklungsgeschichte zurückgehen und uns erinnern, dass alles Anders-Sein als Bedrohung erlebt wurde, so ist die positive Absicht beim Mobben der Schutz der Gruppe. Eine weitere positive Absicht, auch unbewusst, ist der Stressabbau, den der Mobbende für sich selbst erreicht. Fällt doch auf, dass Mobber selbst häufig unter Anspannung und Karriere- oder Leistungsdruck stehen und so eine Möglichkeit haben, die angestaute Energie loszuwerden. Sicher ist, dass die Mobber häufig selbst unter Minderwertigkeitsgefühlen leiden und die eigene Schwäche auf andere projizieren. So wird wenigstens einmal Macht gefühlt.

Frauen und Männer mobben unterschiedlich. Weibliche Mobber tun z. B. Folgendes:

Andere lächerlich machen, hinter dem Rücken schlecht über andere reden, permanente Kritik an der Arbeit des anderen, Gerüchte verbreiten, diffuse Andeutungen machen, ohne aber je konkret zu werden.
Männliche Mobber gehen eher wie folgt vor: Andere auflaufen lassen, jemanden ignorieren und nicht mehr mit ihm sprechen, Drohungen aussprechen und Druck ausüben, Angriffe auf persönliche oder religiöse Überzeugungen oder den anderen permanent unterbrechen.
Jede Gruppe braucht ihr »schwarzes Schaf«. Schwarze Schafe erfüllen eine unschätzbare Aufgabe für das Überleben der Gruppe. Alle so genannten negativen Anteile der einzelnen Mitglieder können auf das schwarze Schaf projiziert werden. Zum Mobbing gehören immer mindestens zwei Personen. Es scheint unfair zu sein, bei den Opfern nach Ursachen für die Situation zu suchen - schließlich leiden diese Menschen sehr unter ihrer Situation. Es kann aber sehr interessant und vor allem für diese hilfreich sein, einmal hinzuschauen, warum immer nur sie gemobbt werden, während andere immer verschont bleiben. Es liegt nahe, dass bestimmte Verhaltensweisen oder Einstellungen und auch Glaubenssätze jemanden immer wieder in die Rolle des Opfers bringen. Typisch ist in jedem Falle, dass eine Reihe von äußerlich erkennbaren Merkmalen andere Menschen zum Mobben zu provozieren scheint, z. B. äußerliche Auffälligkeiten in Kleidung, Aufmachung oder Frisur, Vernachlässigung der Hygiene oder auch eine Behinderung. Gemeinsamer Faktor ist immer die Andersartigkeit eines Menschen. Wer in irgendeiner Hinsicht anders ist als die Menschen, die ihn umgeben, ist ein potenzielles Mobbing-Opfer.
Als Gemobbter kann man fast nichts tun, aber eben nur fast! Am wichtigsten ist es, nicht erst zum Opfer zu werden. Das heißt, man sollte darauf achten, dass man die ungeschriebenen Regeln einhält und gute soziale Kontakte aufbaut. Das ist sicherlich leichter gesagt als getan, erkennt man vor allem doch die ungeschriebenen Regeln nicht sofort.

Außerdem riecht das Ganze dann nach unkritischer Anpassung an die bestehenden Verhältnisse. Und sind es nicht gerade die Neuen, die frischen Wind und innovative Ideen in eine Firma bringen können? Das A und O ist immer noch ein gutes Betriebsklima. In jedem Fall muss man auch bereit sein, ein wenig über seinen eigenen Schatten zu springen. Anfängliche schnippische Bemerkungen sollte man sehr feinfühlig aufnehmen und sich Gedanken darüber machen.

Als Neuer ist Ihre Wahrnehmungsfähigkeit, auch der nonverbalen Signale, besonders gefragt, damit Sie frühzeitig einlenken können. Das heißt nicht, dass Sie zum Ja-Sager oder Duckmäuser werden sollen. Es gibt Mittel und Wege, die es beiden ermöglichen »ihr Gesicht zu wahren«.

In unseren Coachings erleben wir immer wieder, wie die Mobbing-Opfer durch das genaue Hinschauen auf die Spur alter Verhaltens- und Glaubensmuster kommen und diese auflösen können. Dadurch wachsen die eigene Wertschätzung und Akzeptanz, was wiederum auf die Kollegen ausstrahlt, denen dadurch jede Angriffsfläche genommen wird.

Aber wie bei dem Problem Stalking muss auch den Mobbern geholfen werden können. Liegen die Ursachen doch hier oft in belastenden familiären Konstellationen, für die man sich dann am Arbeitsplatz ein Ventil sucht. Auch ist es sicherlich einfach, ungeliebte oder ungelebte Eigenschaften auf jemand anderen zu projizieren.

Jeder vierte Beschäftigte unterliegt statistisch der Gefahr, einmal im Verlauf seines Arbeitslebens von Mobbing betroffen zu sein.

Bei Mobbing-Betroffenen führen die hohen seelischen Belastungen oft zu Erkrankungen des Körpers, also zu psychosomatischen Krankheiten.

Schon nach wenigen Tagen können Beschwerden auftreten. Magen- und Darmprobleme, Schlaf- und Konzentrationsstörungen, Kopfschmerzen und depressive Verstimmungen sind die ersten seelischen und körperlichen Reaktionen auf Mobbing.

Je länger das Opfer dem Mobbing ausgesetzt ist, desto stärker entwickeln sich chronische Krankheiten wie Erkrankungen des Herzkreislaufsystems, des Magen- und Darmtraktes, Atemwegs- und Hauterkrankungen usw. Häufig treten nach langen Phasen der sozialen Stigmatisierung schwere Depressionen, Medikamentenabhängigkeit oder Suchterkrankungen auf, und die Suizidgefährdung steigt beträchtlich.

Wichtig ist, dass eine möglichst frühe Intervention stattfindet. Wer zuschaut, wie andere mobben, macht sich selbst mitschuldig. Gespräche im Kollegenkreis können Problembewusstsein wecken. Es erfordert viel Zivilcourage, allein gegen Mobber aufzutreten. Zumindest kann der Betriebsrat oder je nach Einzelfall auch der Vorgesetzte informiert werden. Mobbingopfer benötigen soziale Unterstützung.

Information oder Programm?

Im Laufe unseres Lebens werden wir nach außen orientiert. Unsere Gesellschaft ist absolut nach außen orientiert: auf Konsumgüter, auf andere Menschen, denen wir zu einer zweifelhaften Berühmtheit verhelfen, auf die Medien, die »öffentliche Meinung«, die Modeströmungen. Jemand, der nach außen orientiert lebt, ist natürlich viel besser zu manipulieren, da er ja gelernt hat, sich nach anderen zu richten. Er wird sogar der Illusion unterliegen, dass das »Außen« verantwortlich für sein Wohlergehen ist.

Kein Machthaber ist daran interessiert, dass wir nach innen gehen. Er wäre sehr schnell machtlos.

Die Großen sind nicht durch sich selbst groß, sondern durch die anderen, durch all die, denen es ein Entzücken bereitet, sie als groß zu erklären. Durch vieler Leute Würdelosigkeit entsteht diese eine überragende Ehre und Würde. Durch vieler Leute Kleinheit und Feigheit entsteht diese auf einem Punkt aufgehäufte Summe von Größe und durch vieler Leute Verzicht auf Macht diese gewaltige Macht. Ohne Gehorsam ist der Befehlshaber und ohne Diener ist der Herr nicht möglich. (Robert Walser)

Im Folgenden möchte ich nun, wie versprochen, auf die zweiten, dritten und vierten Hermetischen Axiome, die ich anfangs schon beschrieben habe, näher eingehen.

In seinem Buch »Wasserkristalle« zeigt der japanische Arzt und Forscher Masaro Emoto eine ganz besondere Seite des Wassers. Er untersucht das Wasser auf seine biophysikalischen Eigenschaften. Emoto belegt, dass Wasser lebt und die Fähigkeit hat, Gefühle und Informationen aufzunehmen. So ist Wasser nicht nur das Nahrungsmittel Nummer eins, sondern auch Informationsträger Nummer eins. Dies erklärt auch die Heilkräfte der heiligen Quellen, z. B. der von

Lourdes. Emoto beschreibt und erklärt aus wissenschaftlicher Sicht, wie er die ungeahnten Kräfte des Wassers erfahren konnte. Die überwältigende Resonanz auf sein Buch »Die Botschaft des Wassers« veranlasste ihn, all die Fragen, die auf ihn einströmten, in diesem Buch ausführlich zu beantworten. Emoto erreicht damit die Herzen der Menschen. Seine Betrachtungsweise ist wertfrei. Er zeigt lediglich auf, wie man die Dinge aus unterschiedlichen Blickwinkeln betrachten kann. Dadurch fordert er den Leser auf, sich selbst Gedanken zu machen und Konsequenzen daraus zu ziehen.

Masaru Emoto beweist die Existenz einer unsichtbaren, geistigen Welt und verbindet wie kaum ein anderer Forscher Wissenschaft und Spiritualität. Mit seinen nahezu mystischen Bildern beweist der 58-jährige Arzt und Visionär aus Tokio nichts Geringeres als die Existenz dieser für unsere Augen unsichtbaren, geistigen Welt.

»Die materielle Kultur des Menschen hat ihre Grenzen erreicht«, sagt Emoto nach zwölfjähriger Forschungsarbeit. In zehntausenden Versuchen hat er herausgefunden, dass Wasser nicht nur gute und schlechte Informationen, Musik und Worte, sondern auch Gefühle und Bewusstsein speichert.

Seinen Forschungen gingen folgende Überlegungen voraus: Kristalle sind feste Substanzen mit regelmäßig angeordneten Atomen und Molekülen. Schneekristalle haben, durch ihre unterschiedlichen Bedingungen, unter denen sie entstehen, nie das gleiche Aussehen. Wenn Wasser überall gleich wäre, müssten schon die verschiedenen Wasserarten auf der Welt die gleiche Kristallstruktur aufweisen. Seine Theorie ließ ihn Folgendes glauben: Wenn ein Wassermolekül auskristallisiert, wird reines Wasser zu einem reinen Kristall, verunreinigtes Wasser hingegen würde, so dachte er, nicht so schön kristallisieren. Plötzlich war ihm klar, dass er über die Wasserkristalle einen Anhaltspunkt über die Qualität des Wassers bekommen könnte.

1994 begann er zu experimentieren. Er musste alle Wasserproben einfrieren, die notwendigen Geräte beschaffen und verschiedene Bedingungen beachten. Das Fotografieren von Kristallen war nur möglich, wenn z. B. die genaue Kühltemperatur und eine spezifische

Zeitdauer des Kühlens eingehalten wurde und auch die Lichtführung auf das Objekt stimmte. Bevor ihm das erste Bild eines Wasserkristalls glückte, musste er in zwei Monaten einige hundert Filmrollen verbrauchen. Als dann endlich das erste Bild gelang, vergrößerte er sein Labor, und ein Projekt »Kristallfotografie« mit mehreren Mitarbeitern entstand.

Die Annahme, dass Pflanzen ein Bewusstsein haben, bestärkte Emoto zu weiteren Experimenten. So stellte er die Behauptung auf, dass Pflanzen unterschiedlich schnell wachsen, je nachdem, ob sie netten oder garstigen Worten ausgesetzt sind. Mittlerweile sind diese Theorien wissenschaftlich erwiesen und in dem Werk *Das geheime Leben der Pflanzen* nachzulesen.

Das Wasser, das also z. B. in Pflanzen enthalten ist, so Emotos Vermutung, muss also den Worten » zuhören«.

Menschen werden fröhlich und ermutigt, wenn sie bestimmte Musik hören, es gibt auch Musik, die Menschen entmutigt und zornig macht, vor allem in Kombination mit negativen Texten. Emotos Theorie ging davon aus, dass sich vermutlich das Wasser im Körper verändert. Die Schwingungen der Musik und der Worte, die durch die Luft weitergeleitet werden, beeinflussen Wasser wahrscheinlich stärker als jedes andere Element. Gute Musik und freundliche Worte müssten also eine positive Wirkung auf Wasser ausüben.

Emoto stellte destilliertes Wasser zwischen zwei Lautsprecher und spielte ein ganzes Musikstück bei normaler Lautstärke ab. Zuvor hatte er über hundert Bilder von destilliertem Wasser aufgenommen. Die Kristalle zeigten gut geformte bis weniger schöne Kristalle, hatten aber fast alle sechseckige Kristallform. Wundervolle Kristalle zeigten sich, nachdem das Wasser z. B. mit einem berühmten Violinenstück von Bach bespielt worden war. Dagegen sieht ein Kristall nach dem Bespielen mit einem traurigen Volkslied zerstört aus.

Die Bilder dazu können Sie sich nicht nur in Emotos Büchern, sondern auch im Internet auf zahlreichen Webseiten anschauen.

Nach den Musikexperimenten wollte Emotos Team nun wissen, wie Wasser auf Worte reagiert. Papierschilder wurden jeweils auf zwei

Glasflaschen geklebt. Auf dem einen Schild stand z. B. »Danke«, auf dem anderen »Dummkopf«. Die Ergebnisse waren unbegreiflich, auch für das Team. Ein wunderschönes Kristall bildet das Wasser, das dem Gefühl von Liebe und Dankbarkeit ausgesetzt wird. Auch die Namen der fünf Weltreligionen auf Japanisch, Englisch und Deutsch auf Wasserbehälter geklebt, ergaben überraschend ähnliche kristalline Formen. Dagegen brachten negative Worte wie »Du machst mich krank. Ich werde dich töten.« missgebildete Kristalle hervor. Mit Heavy Metal-Musik und Schimpfworten beschalltes Wasser wurde bei den Tests völlig zerstört, die ursprünglichen Kristallformen zerbrachen in tausend Stücke.

Nach den Erkenntnissen Emotos werden die Informationen im Spannungsfeld zwischen dem Atomkern und seinen umkreisenden Elektronen und denen sich zusammenschließenden Clustern gespeichert. Die Welt der Neutrinos ist auf der gleichen Bewusstseinsstufe wie die der Menschen. Deshalb hängt die tiefste Ebene der Dinge vom Bewusstsein der Menschen ab.

Emoto sagte gegenüber der Zeitschrift »Sein« in Berlin:

Wollen wir die Natur nicht vollends zerstören, müssen wir uns Klarheit über die unsichtbare, geistige Welt verschaffen. Die Botschaft des Wassers zeigt uns eindeutig und auf einfach zu verstehende Weise, dass die Grundlage der Natur Liebe und Dankbarkeit ist. Da wir Menschen zum größten Teil, nämlich zu 70 Prozent, aus Wasser bestehen, liegt die Schlussfolgerung nahe: Wir müssen unglaublich darauf achten, wie wir mit uns, unseren Mitmenschen und der Natur umgehen.

Die Oberfläche der Erde besteht ebenfalls zu 70 Prozent aus Wasser. Sie können durch die Bilder Emotos mit Ihren eigenen Augen den Beweis dafür sehen, dass Wasser alles andere als leblos ist, sondern dass es tatsächlich lebendig und fähig ist, auf all unsere Gedanken und Gefühle zu reagieren und zu antworten.

Vielleicht können Sie dadurch wirklich anfangen zu begreifen, dass Sie die wunderbare Macht und Fähigkeit besitzen, kraft der eigenen Wahl Ihrer Gedanken und Absichten, sich selbst zu heilen. Doch das

Wunder von gestern ist die Wissenschaft von heute. So ist es, fast ein halbes Jahrtausend lang, immer gewesen.

Nun, warum erzähle ich Ihnen das alles?

Wo das Schiff hingesteuert wird, ist unschwer zu erkennen. Wir brauchen uns nur einmal unsere Fernsehsendungen anzuschauen, und wir wissen wessen Geistes Kind wir werden sollen oder schon sind. Angesichts der täglichen Talkshows (fast ausnahmslos von amerikanischen Sendern kopiert), der Seifenopern oder der so genannten Prominews drängt sich die Frage auf, wie tief ein Land und seine Gesellschaft eigentlich noch sinken müssen.

Alle Macht den Medien!

Ein Medium ist im allgemeinen ein Träger oder ein Übermittler von jemandem oder etwas.

Das Wort Medium bezeichnet in der Publizistik- und Kommunikationswissenschaft ein Kommunikationsmittel, eine einzelne Publikationsform, über die diese Medien publizieren.

Im Okkultismus, der Esoterik und in den Grenzwissenschaften ist ein Medium eine Person, von der angenommen wird, dass sie Verbindung mit spirituellen Wesen (Geister, Verstorbene usw.) herstellen kann.

In der Biologie bezeichnet der Begriff Medium ein Nährmedium, auch als Substrat bezeichnet, das zur Züchtung von Mikroorganismen und Gewebekulturen dient. Man unterscheidet zwischen flüssigen (Bouillon bzw. Nährbouillon) und festen Nährmedien (Nährboden).

Die Medien, mit denen wir im täglichen Leben zu tun haben, sind Fernsehen, Rundfunk und Presse. (Presse!) Diese Medien sind in Händen Weniger, die ihre Macht dazu benutzen, die »öffentliche Meinung« zu bilden. Sie verfügen sogar über die Macht, Wahlen zu entscheiden, denn die Berichterstattungen sind alles andere als objektiv. Im Rahmen der Globalisierung werden es immer weniger, die hier ihre Hände im Spiel haben. So sind in Deutschland beispielsweise seit längerer Zeit einige Sender in amerikanischen Händen.

Fernsehen ist fabelhaft. Man bekommt nicht nur Kopfschmerzen davon, sondern erfährt auch gleich in der Werbung, welche Tabletten dagegen helfen. (Bette Davis)

Besonders das Fernsehen hat in unserem Leben einen solch ungesunden Platz eingenommen, dass gerade durch dieses Medium die Formung unserer Anschauungen (öffentliche Meinung) erfolgen kann. Die Tricks, die hierzu angewandt werden, sind äußerst raffiniert und subtil und wirken gerade deshalb so sicher.
Das meiste aber, das wir vorgesetzt bekommen, dient der »Unterhaltung« - und zwar 24 Stunden lang auf mehr als 20 Kanälen in einem durchschnittlichen Haushalt. So wird es uns nie langweilig werden. Wem es langweilig wird, der könnte ja auf »dumme Gedanken« kommen. Der Einfluss der täglichen Talkshows, Spielshows, Serien und anderer Blödelsendungen ist so groß, dass kaum noch Nachrichten geschaut werden, die allerdings auch alles andere als objektiv oder umfassend sind. Die meisten dieser Sendungen richten sich nach amerikanischen Muster oder sind direkt von dort gekauft. Ist ja auch eine einfache Methode. Man produziert eine Serie mit bestimmten Inhalten und braucht diese dann nur noch zu synchronisieren. In Griechenland laufen dann die gleichen Serien wie in Deutschland oder Südamerika - das ist wirkliche Globalisierung oder Gleichmacherei, ganz wie Sie wollen. Eine Steigerung wird nur noch von den Bossen in Hollywood erreicht, die unter zuhilfenahme hochbezahlter Starmarionetten der Welt zeigen, wo es lang zu gehen hat. Wenn man einem Menschen in einem Film lange genug etwas immer wieder zeigt, hält er es für Realität. Nach einer durchgeführten Untersuchung glaubten 70 Prozent der Sechsjährigen, dass Alf existiert, konnten ihn genau beschreiben, während sie durch ihre gemalten Bilder aussagten, dass Kühe lila sind. Hollywood hat eine solche Macht erreicht, dass es sogar möglich wurde, dass ein gelernter Schauspieler Präsident des mächtigsten Landes der Erde werden konnte. Regieanweisungen war er ja schon gewohnt. Praktisch, nicht wahr? Wenn ein Präsident dann keine Marionette mehr sein möchte, wird er einfach umgebracht. Schon der Berater von Präsident Kennedy äußerte sich einmal dahingehend, dass die künftigen Präsidenten Schauspieler sein müssten. Wer ist noch mal Gouverneur von Kalifornien? Die Macht der Medien sprach Bundeskanzler

Schröder nach der Wahl im September 2005 sogar direkt an, indem er sagte, dass sich die SPD *trotz Medienmanipulation* durchgesetzt habe. Indirekt hat er seinen Wählern damit gesagt, dass sie so blöd gewesen seien, sich von den Medien beeinflussen zu lassen, er selbst aber hat das Fernsehen benutzt. Natürlich weiß er, dass das Fernsehen bestimmt, wer gewählt wird, und natürlich gibt es so etwas wie »das Fernsehen« nicht, denn es sind Menschen, die es machen. Die haben die Macht im Lande. Als kleines Beispiel dafür mag dienen, dass das ZDF den damaligen Kanzler Willy Brandt kurz vor den Wahlen ins Sportstudio eingeladen hat, einer Sendung, die sicherlich auch von vielen gesehen wird, die bei rein politischen Sendungen eher wegzappen.

Bei einigen Medien muss der Kanzler aber dennoch in ein Nest gestoßen sein, denn einige reflektierten nach den Wahlen kritisch ihre Positionen. Sind dort nicht genügend kluge Köpfe, dass sie das vorher tun können? Oder tun sie nur so, als wollten sie sich bessern?

Wie auch immer: Was man sät, wird man ernten!

Aber zurück zum Fernsehprogramm. Mal ganz im Ernst: Interessiert es Sie wirklich, ob Hans Schmidt, den Sie noch nie gesehen haben, der wirkliche Vater des Kindes seiner Ex ist? Interessiert Sie die schmutzige Wäsche, die die beiden vor einem Millionenpublikum waschen - angeheizt und »medienwirksam« aufgehetzt von einem Moderator, der so tut, als sei er an einer Klärung interessiert? Sie waschen ihre Wäsche ja noch nicht einmal - was noch einen Sinn hätte. Immerhin kann der Zuschauer, der dies alles vorgesetzt bekommt, denken: Bei mir ist es nicht so schlimm, mir geht es dagegen doch richtig gut. Alles eine Frage der Relationen. Raffiniert, nicht wahr? Ein Hoch auf die Quote!

Das Gros der Informationen, die uns über alle Sender entgegenflimmern und sich in unser Bewusstsein implementieren, befassen sich mit den Themen Mord, Totschlag, Vergewaltigung, Krieg, Rassenhass, Betrug, Sex und Pornografie. In den letzten Jahren ist sogar eine stark zunehmende Anzahl solch negativer Eindrücke (Ein-druck!) zu beobachten. Erklärt wird uns das alles mit unserem Recht auf

Information. Und schlimmer - es soll der Vorbeugung dienen! Ja, wer sind wir denn, dass uns täglich Morde gezeigt werden müssen, damit wir nicht selbst morden! Wir werden nicht informiert, sondern programmiert! Dass wir bereits programmiert sind, zeigt, dass solche Sendungen bei den Zusehern auf Resonanz stoßen. Man will es inzwischen, und man will immer mehr davon! Ein Kinofilm ohne knallharte Action hat doch kaum noch eine Chance auf Erfolg. Erinnern Sie sich an das, was ich vorher in diesem Buch gesagt habe. Das, was wir denken, wird eintreffen. Das, womit wir uns beschäftigen, wird eintreten. Dies ist eines der elementaren geistigen Gesetze, und diejenigen die uns beeinflussen, wissen das. Es ist genau so gewollt. Jetzt höre ich Einwände wie: Aber es gibt doch auch gute Sendungen wie Tier- oder andere Naturdokumentationen. Ja, die gibt es. Aber haben Sie schon einmal darüber nachgedacht, warum man die meisten Tierarten nur noch in Gefängnissen (Zoos) oder Filmen sehen kann? Finden Sie das nicht auch pervers? Und was ist mit den wertvollen politischen oder geschichtlichen Dokumentationen, für die sogar extra Sender eingerichtet wurden? Glauben Sie wirklich, dass Sie dort die Wahrheit erfahren? Träumen Sie weiter: Schöne neue Welt!

Denken Sie doch einmal darüber nach, wann eine Gewaltaktion »Terrorismus« und wann sie »Verteidigung« oder »Vorbeugung« genannt wird und von wem. Kann man den Überfall auf und Einmarsch in ein anderes Land, sogar noch gegen den Beschluss der UNO, nicht auch Terrorismus nennen? Bis heute wartet die Welt noch auf die Beweise, die eine solche Aktion eventuell rechtfertigen können, die zumindest als Rechtfertigung ins Feld geführt wurden. Man wird sie uns weiter schuldig bleiben. Oder wie soll man ein Wirtschaftsembargo gegen das gleiche Land nennen, dem tausende von unschuldigen Kindern zum Opfer fielen und an dem korrupte Politiker auch noch kräftig verdient haben? Der amerikanische Präsident wurde übrigens tatsächlich für den Friedensnobelpreis vorgeschlagen. Nun ja, Nobel hat immerhin das Dynamit erfunden.

Alleine das Schüren der Angst vor terroristischen Anschlägen

bezweckt bei der Bevölkerung, dass diese dann viel leichter einer ständig zunehmenden Überwachung und Beobachtung zustimmt. Es dient ja alles der eigenen Sicherheit, und jeder kann doch sicher sagen: Ich habe ja nichts zu verbergen!
Ist es Ihnen wirklich einerlei, ob *Big Brother* weiß, wo Sie wann waren, was Sie wo gekauft haben und wann Sie mit wem über was gesprochen haben?
Damit wir die ständige Bedrohung, die uns weiß gemacht wird, auch nicht aus den Augen oder gar aus dem Bewusstsein verlieren, werden seit einiger Zeit in den großen Metropolen Europas immer häufiger Übungen durchgeführt, die dazu dienen sollen, im Ernstfall effektiv helfen zu können. Ab und zu taucht auch mal wieder ein Videoband von Al Kaida auf, mit dem wir an die enorme Bedrohung erinnert werden, die von den einstigen Freunden und Vasallen der Supermächte ausgeht. Mag ja alles auch irgendwo sinnvoll sein, aber nach einer groß angelegten Katastrophenübung in Mailand sagte der Chef der dortigen Feuerwehr, dass eine solche Übung vollkommen unrealistisch sei, da im Normalfall nie so viele Mannschaften und Fahrzeuge vor Ort wären. Man hatte diese aus der ganzen Region für diese Übung vorher dorthin beordert. Und ich bezweifle stark, ob die Menschen sich im Echtfall genauso verhalten würden wie unter diesen »Laborbedingungen«. Wenn dies also alles sinnvoll sein soll, bleibt die Frage offen: Für wen?
Wenn es im Fernsehen nicht um Gewalt oder deren Verherrlichung geht, wird uns erklärt, wer ein Star ist, und gezeigt, welcher Rummel um ihn gemacht wird. Star heißt Stern. Wie klein muss der Himmel eigentlich sein, an dem diese Leute leuchten können? Oder finden Sie es zum Beispiel gerechtfertigt, dass unseren Kindern und Jugendlichen leicht unterbelichtete Menschen, die sich in einen Container sperren und Tag und Nacht beobachten lassen, als Stars serviert werden? Sollen wir hier etwa darauf vorbereitet werden, dass es ganz normal wird, ständig unter Beobachtung zu stehen? Die Antwort darauf kann sich jeder selbst geben. Zufällig heißt diese Sendung ja auch *Big Brother*, passend, nicht wahr? Man ist sich seiner Sache und

seiner Zuschauer so sicher, dass man sich sogar traut, das Kind schon einmal beim Namen zu nennen.
Die Sendung *Deutschland sucht den Superstar* sucht nicht einen Mitbürger, der sich besonders aufopferungs- und liebevoll um behinderte oder kranke Mitmenschen kümmert, der eine zum Wohl der Menschheit revolutionäre Erfindung gemacht hat oder sich besonders im Tierschutz engagiert, sondern suggeriert vor allem unseren jungen Mitmenschen, dass es das erstrebenswerteste Ziel im Leben ist, ziemlich schlecht singend für eine ziemlich kurze Zeit von den Medien erst zum Kakao eingeladen und später durch denselben gezogen zu werden. Für den Fall, dass sie dann doch ein wenig Erfolg haben sollten, gibt es mit Sicherheit Verträge, die sie an die binden, die auch schon vorher kräftig verdient haben. Spätestens innerhalb eines Jahres ist der ganze Spuk dann vorbei - die nächste Staffel wartet ja schon. Sucht da also wirklich *Deutschland* den Superstar?
Echte Superstars sind lebenslänglich Superstars, und darüber hinaus. Papst Johannes Paul, Martin Luther King, Elvis Presley, Vincent van Gogh, Johann Wolfgang von Goethe, Wolfgang Amadeus Mozart, John Lennon, Ernest Hemmingway, Mahatma Gandhi gehören dazu. Die Liste kann man Gott sei Dank sehr weit ausbauen. Fragen Sie doch mal einen 16-Jährigen nach diesen Namen. (Es mag vereinzelt 16-Jährige geben, die Ihnen die richtige Antwort geben.)
Wenn Sie das alles wirklich interessiert, was Ihnen über den flimmernden Altar täglich 24 Stunden lang aufgetischt wird, frage ich Sie: Haben Sie nichts zu tun? Und selbst wenn Sie nichts zu tun haben, kann das der Sinn IHRES Lebens sein?
Bitte verstehen Sie mich richtig. Ich mache Ihnen daraus keinen Vorwurf, sondern möchte Ihnen bewusst machen, wie sehr wir alle dazu manipuliert werden, von uns weg, hin zu Dingen zu schauen, die keinerlei Relevanz für unser eigenes Sein haben. Ist das Bildung? Ist das alles einem Volk der »Dichter und Denker« würdig? Sie kennen die Antwort.
In jedem Wahlkampf hört man unter anderem, wie wichtig Bildung ist, und die Pisa Studien belegen ja auch deutlich, dass es hier an

vielem fehlt. Da muss man sich doch fragen: Warum ist das so? Steckt da System dahinter? Warum setzt man seinem Volk Banalitäten vor? Man könnte doch gerade das Medium Fernsehen - jetzt wo wir schon einmal daran gewöhnt sind - einsetzen, um das Volk wirklich zu bilden. Da es nicht getan wird, kann die Antwort doch nur lauten: Man hat kein wirkliches Interesse daran! Wie steht es denn mit der Allgemeinbildung? Zur Allgemeinbildung müssten doch auch die universellen geistigen Gesetze gehören, die aber in der staatlichen Schule nicht gelehrt werden. Der Wortschatz der Kinder war vor hundert Jahren deutlich größer als heute.
Wer wissen will, wie das Bild einer Gesellschaft ist oder gewollt ist, sollte sich das Werbefernsehen einmal aus einer kritischen Distanz anschauen - wenn er es geschafft hat, rechtzeitig aus der Volltrance aufzuwachen, in die er durch die gerade unterbrochene Sendung versetzt wurde.
In Satiresendungen werden manchmal Werbefilme aus den 50er und 60er Jahren gezeigt, und man macht sich damit über die damalige »heile Welt« lustig. In unserer heutigen Werbung dominieren Egoismus, Austrickserei und eine Zeitlang auch das »Für-dumm-Verkaufen« der Männer, die ja so wenig Ahnung von den wirklich wichtigen Dingen des Lebens haben. Da sind ja sogar die Kinder schlauer, die ihren allein erziehenden Vater mit einem Schokoladenpudding besänftigen können. Jeder Werbefachmann weiß, dass die subtile Botschaft, die so ganz nebenbei übermittelt wird, am besten beeinflusst. Im genannten Beispiel ist die subtile Botschaft die, dass es normal und sogar toll ist, allein erziehend zu sein. Normal ist es ja auch schon fast. Ob es auch toll ist? Fragen Sie nach!
Ein weiteres Dilemma, in das wir hineingeraten können, wenn wir nicht höllisch aufpassen, wird durch den stets präsentierten und übertriebenen Körperkult aufgezeigt. Magersüchtige, oft drogenabhängige Models zeigen uns, wie man auszusehen hat, die »Schönheitschirurgen« verdienen kräftig an aufgespritzten Lippen und aufgepumpten Brüsten, und eine ganze Industrie lebt gut vom stark übertriebenen Anti-Aging-Wahn.

Die Firma Dove hat jetzt eine Kampagne gegen diesen Wahn gestartet, indem sie eine 96-jährige Frau auf ihren Werbeplakaten zeigt. Egal, ob es nur ein Marketinggag ist, hier wird - vielleicht nur unbewusst - etwas aufgezeigt.

Was ist das für eine Gesellschaft, in der Alter ein Makel ist? Könnte es nicht wunderbar sein, wenn die Alten gewürdigt und gehört werden würden und wenn man sie - wie bei vielen Naturvölkern - in einer Art Ältestenrat zu Wort kommen ließe? Das muss ja nicht unbedingt heißen, dass man nur das macht, was die Alten wollen, aber sie könnten sicherlich so manchen Blick auch mal in eine andere Richtung lenken.

Auf den Philippinen herrscht immer noch eine traditionelle Lebensweise vor, in der die Familienbande und der Zusammenhalt der Generationen an erster Stelle stehen. Dort werden bei allen wichtigen Entscheidungen immer auch die Eltern und Großeltern um Rat gefragt. Seit einigen Jahren werden dort im Werbefernsehen, vor allem wenn es um amerikanische Produkte geht, kurze Botschaften eingeblendet, mit denen dem Zuschauer gesagt wird: Du alleine entscheidest. Die direkte Botschaft ist: Frag bloß nicht deine Familie. Man muss wirklich nicht sehr schlau sein, um zu wissen, dass ein philippinischer Großvater seinem Enkel wohl von manchem der Produkte abraten würde. Aber es geht ja schließlich um Konsum, nicht um das, was man wirklich braucht. Es geht um Befriedigung, nicht um Zufriedenheit. Mit Zufriedenheit ist ja auch kein Geld zu verdienen. Die meisten Umsätze werden heutzutage mit den Homeshopping-Sendern gemacht. Irgendwo hab ich einmal gelesen, dass diese Sendungen Ursache für die unglaublich hohe Privatverschuldung in den USA sind. Sicher werden wir in Deutschland auf diese Welle nicht lange warten müssen, die Ausläufer kann man ja schon beobachten. Es ist ja so bequem. Auf dem Weg in die Stadt und dort in ein Geschäft könnte uns ja auch zum Nachdenken darüber anregen, ob wir wirklich brauchen, was uns in diesen Sendungen ständig unter die Nase gerieben wird.

Gehen Sie doch einmal durch Ihr Haus oder Ihre Wohnung und

machen eine Liste von den Dingen, die Sie wirklich brauchen. Wenn Sie ehrlich zu sich sind, genügt ein ziemlich kleines Blatt Papier - wetten?
Die Fernseh-Manipulation fängt bei denen an, die am leichtesten zu beeinflussen sind, weil sie uns bedingungslos vertrauen, unseren Kindern. Kinder sind unter den Fernsehkonsumenten die süchtigsten, gefolgt von Jugendlichen bis zu den Erwachsenen. Die Vormittage am Wochenende gehören sogar überwiegend den Kleinen, denn als Babysitter leistet das Fernsehen wirklich gute Dienste. In den Filmpausen werden die lieben Kleinen dann auf Konsum getrimmt, sie werden auf Kurs gebracht. Der Markenterror beginnt bereits im Kindergarten und findet seine Fortsetzung bei Überfällen auf Schüler, weil diese die begehrte Jacke der Marke XY tragen.
Wer derart zum Konsum erzogen wird, wem beigebracht wird, dass Glück mit Besitz oder Gebrauch von Dingen zusammenhängt, wird nie zur Ruhe kommen, weil er ja ständig mehr und Neues braucht, um das Fass ohne Boden in ihm zu stopfen. Wenn man aber still wird, zur Ruhe kommt, kann man erkennen, was man wirklich braucht und was alles überflüssig ist. Ein indianischer Schamane verriet mir einmal einen Trick, wie man herausbekommen kann, was man wirklich benötigt: Einmal pro Jahr durch das Haus gehen, alle Schränke durchschauen und alles herausnehmen, was man in diesem Jahr nicht gebraucht hat. Schon so manches Kinderzimmer ist derart vollgestopft, dass man kaum noch hindurchkommt.
Der Amerikaner David Grossman, Professor für Psychologie, ist Mitautor des Buches *Hört auf, unseren Kindern das Töten beizubringen - Aufruf gegen die Gewaltdarstellung in Film und Fernsehen, auf Video- und Computerspielen.*
Er geht in seinem Bericht auf die Gewaltdarstellung in den Medien ein und erklärt, dass Geschriebenes über Gewalt Kindern von bis zu acht Jahren nicht berührt und dazu noch durch den lesenden Verstand gefiltert wird. Akustisch ausgedrückte Gewalt wird von Kindern unter vier Jahren nicht verstanden, da das Reden über Gewalttaten im Vorhirn verarbeitet werden muss, bevor es sich auf den emotionalen

Bereich auswirken kann. Ganz anders ist es bei optischen Eindrücken. Mit achtzehn Monaten ist der Verstand eines Kindes so ausgeprägt, dass es Handlungsabläufe wahrnehmen kann. Bilder von Gewalttaten wirken direkt auf das emotionale Zentrum! Wissen Sie, was David Grossman in seinem vorherigen Beruf war? Er war Schießtrainer und Ausbilder in der amerikanischen Armee. Er schildert auch, wie Soldaten an das Töten gewöhnt werden: Durch Computerspiele! Da der Mensch von Natur aus eine angeborene Hemmung hat, andere Menschen zu töten, ist schon eine gehörige Portion Manipulation und Training nötig, diese lästige Hemmschwelle abzubauen.

Der Spiegel einer Gesellschaft sind seine Kinder.

Kinder und Jugendliche werden in unserer Gesellschaft also immer früher mit Gewalt und Suchterscheinungen konfrontiert. Das Einstiegsalter für Nikotin und Alkohol liegt mittlerweile bei etwa zehn Jahren. Nach einer Umfrage gaben 70 % der 11-Jährigen an, schon einmal einen Alkoholrausch gehabt zu haben. Ein Hoch auf die leckeren Alkopops.

Nettes Wort, nicht wahr? Alkopops sind, wie Sie vielleicht wissen, Mischgetränke aus Spirituosen und Wasser, Limonade oder Saft. Sie werden größtenteils abgefüllt in handliche Flaschen oder Dosen im jugendlichen Design. Die Getränke enthalten oft etwa 4 cl Schnaps. Der Gehalt an Spirituosen beträgt durchschnittlich 13-15 %, sodass das fertige Getränk circa 5,5 % vol enthält. Das entspricht in etwa dem eines starken Bieres. Die Variationsbreite ist jedoch sehr groß und reicht von circa 2 % vol bis 7 % vol. In einer Disconacht können leicht sechs bis acht Flaschen Alkopops getrunken werden. Das wären zehn bis 14 Schnäpse.

Alkopops enthalten außerdem häufig Konservierungsstoffe, Farbstoffe und Aromen. Teilweise sind sie auch versetzt mit Koffein, Taurin, Inosit und Glucuronolacton, wie sie in Energy-Drinks zu finden und die als Wachmacher oder Leistungsförderer bekannt sind. Der durch Süßstoffe und Aromen geprägte Geschmack maskiert den bitteren Geschmack des Alkohols, sodass auch Kinder diese Mischgetränke »wie Limonade« trinken können. Es wird diskutiert, ob durch Geschmack und Aufmachung der Eindruck entstehen könnte, dass diese Mischgetränke zur Gruppe der Softdrinks zählen. Alkopops haben sich längst zu einer neuen Einstiegsdroge entwickelt. Was tut der Staat? Er erhöht die Preise für diese Getränke, verdient durch die Alkoholsteuer mit und mahnt mit erhobenem Zeigefinger, wie gefährlich Alkohol ist - für Jugendliche wohlgemerkt. Die jungen Verbraucher schreckt das wenig, wie die Aufdrucke auf den Zigarettenpackungen deutlich beweisen. Im Gegenteil, Jugendliche finden es cool. Und jemanden, der schon suchtkrank ist, kann man durch solche Aufschriften sicherlich nicht heilen. Immerhin kann man sein eigenes Gewissen beruhigen, denn man hat es ja draufgeschrieben, und da wir in einem demokratischen Land mit mündigen Bürgern leben, kann ja schließlich jeder selbst entscheiden, womit er sich umbringt. Dies ist dann die Gewalt nach innen. Aber auch Gewalt nach außen ist ein Thema - wie man sehen kann.

Jugendliche greifen viel eher zur Waffe, wenn sie selbst einmal Zeugen einer bewaffneten Auseinandersetzung waren. Das bestätigt eine US-Studie, die den Wurzeln gewaltsamen Verhaltens nachging. Der federführende Autor der Studie »Firearm Violence Exposure and Serious Violent Behavior«, der Sozialmediziner Felton Earls von der Harvard Universität in Boston, vergleicht Gewalt mit einer Infektionskrankheit: »Mit jedem gewaltsamen Verbrechen, das wir verhindern können, beugen wir einer Kaskade von Folgeverbrechen vor.« Das persönliche Erleben von Gewalt verdopple bei jungen Menschen das Risiko eines eigenen Gewaltaktes innerhalb der folgenden zwei Jahre.

Die Untersuchung basiert auf Interviews mit 1.500 Kindern und Jugendlichen aus verschiedenen Stadtteilen von Chicago über einen Zeitraum von fünf Jahren und geht nach Angaben ihrer Autoren weit über die sonst üblichen Fragen hinaus. Demnach hat das Erlebnis einer gewaltsamen Konfrontation mehr Einfluss auf künftige gewalttätige Tendenzen eines jungen Menschen als alle anderen Faktoren -

von Armut über Drogenmissbrauch bis zur problematischen Familiensituation. Aggressionen, und Gewalttaten in Kindergärten und Schulen nehmen auch hierzulande stetig zu. Lehrer- und Schülermorde an Bildungseinrichtungen sind längst kein amerikanisches Phänomen mehr. Alleine in bayrischen Gefängnissen saßen im September 2005 23 Prozent mehr Straftäter wegen körperlicher Gewaltdelikte ein als im Jahre 2003!
Das Programm »Papilio« will diesen Erkenntnissen Rechnung tragen. Es wurde speziell für Kindergärten entwickelt und in einem Modellprojekt im Raum Augsburg eingeführt. Durch konstruktive Prävention im Kindergartenalter versucht Papilio, Sucht und Gewalt bereits im Ansatz zu bekämpfen. Da es unerlässlich ist, den Risiken in der kindlichen Entwicklung sehr früh entgegenzuwirken, werden drei- bis sechsjährige Kinder beim Aneignen kognitiver und sozialer Fähigkeiten unterstützt. Untersuchungen zur Entwicklung von Sucht- und Gewaltverhalten haben ergeben, dass Verhaltensstörungen, die sich zwischen dem dritten und siebten Lebensjahr entwickeln, ein ganz besonderes Risiko darstellen. Nach dem achten Lebensjahr lassen sich bestimmte Verhaltensweisen nur noch schwer korrigieren. Aus dieser Erkenntnis heraus wurden für Papilio kindorientierte Maßnahmen entwickelt, um Suchtverhalten und Gewalt so früh wie möglich zu begegnen. Ein ermutigender Ansatz, traurig aber, dass wir so etwas brauchen.
Wie bei vielen ähnlichen Projekten, die es in den letzten Jahren immer wieder gegeben hat, bleiben auch hier die Ursachen von Verhaltensauffälligkeiten außen vor. Gewalttätige Kinder und Jugendliche werden nämlich nicht als solche geboren, sondern im Laufe ihrer Sozialisation dazu gemacht.

Eltern und Lehrer ächzen unter einer neuen Last, die Erwachsene manchmal an den Rand der Verzweiflung treibt: hyperaktive Kinder, Kinder mit einer so genannten Aufmerksamkeitsdefizitstörung, medizinische Bezeichnung ADS. Wie soll man bloß die kleinen zappelnden, unkonzentrierten Nervensägen still bekommen, nach-

dem man sie vorher fast verrückt gemacht hat? Kein Problem. Die Pharmaindustrie erweist sich auch hier als Retter in der Not:
Die Wunderpille heißt Ritalin und macht aus einem Zappelphilipp vorübergehend einen konzentrierten Schüler. Das allerdings hat seinen (meist verheimlichten) Preis: Bereits 1986 veröffentlichte das International Journal of the Addictions eine vergleichende Studie über sämtliche wissenschaftliche Publikationen, die sich mit den Nebenwirkungen von Ritalin (Methylphenidate) auseinandersetzten. Es sind deren über hundert, alle wissenschaftlich abgesichert und zum Teil alles andere als harmlos. Dazu gehören unter anderem: paranoide Psychosen und Wahnvorstellungen, hypomanische und manische Symptome, Halluzinationen der Augen und Ohren (zum Teil stärker als bei der Droge LSD), extreme Abkapselung, Angstzustände, Schlaflosigkeit, Suchtgefahr, psychische Abhängigkeit, Nervenzuckungen und Verkrampfungen, Aggressivität.
Gehirn-Scans an Versuchstieren zeigten außerdem, dass Ritalin - chemisch verwandt mit der Droge Speed - den Blutstrom in alle Hirnbereiche um zwanzig bis dreißig Prozent senkt. Das ist eine sehr beunruhigende Erkenntnis, weil sie auf eine potenzielle Schädigung des Gehirns hinweist. Die Droge Kokain verursacht übrigens eine ähnlich starke Hemmung des Blutstroms. So schreibt denn auch der Psychiater Dr. Peter Breggin: »Stimulanzien wie Ritalin und Amphetamine (...) schädigen das Hirn. Sie reduzieren den Blutstrom, stören den Glukose-Metabolismus und verursachen wahrscheinlich eine dauerhafte Schrumpfung oder Atrophie [Verkümmerung] des Gehirns.«
Es erstaunt daher nicht, dass sich sämtliche US-Streitkräfte weigern, Rekruten aufzunehmen, die Ritalin oder ähnliche psychoaktiv steuernde Medikamente einnehmen. Für dienstuntauglich wird sogar erklärt, wer als Kind auf Ritalin gesetzt wurde und die pharmazeutische Droge heute nicht mehr benutzt.
Hinzu kommt, dass gerade Kinder häufig nicht nur Ritalin erhalten, sondern zusätzlich noch Antidepressiva. Diese Kombination erhöht das Gesundheitsrisiko deutlich und kann zu starken emotionalen

Schwankungen führen. Auf amerikanischen Schulhöfen heißt es schon »Vitamin R«. Andere Teenager nennen es »R-Ball« oder »the smart drug«. Gemeint ist stets dasselbe: eine zu Pulver zerstoßene Pille des Medikaments Ritalin. Der Preis pro Pille liegt zwischen einem und fünf Dollar. Amerikas Kids kaufen sie von denen, die für Ritalin ein Rezept haben. Manche schnupfen das Pulver, andere essen es. Die Folge ist die gleiche: »kurze, intensive Phasen von höchster Energie«, wie die Überwachungsbehörde Drug Enforcement Administration (DEA) warnt. Diese Welle wird sicherlich auch uns erreichen. Eigentlich ist Ritalin dazu da, dem zu begegnen, was man früher einen Zappelphilipp genannt hätte. Die DEA warnt vor dem Missbrauch von Ritalin, weil das Medikament zu einem Massenphänomen geworden ist. Verlässliche Zahlen gibt es kaum, da unbekannt ist, wie viele Eltern und Teenager sich Ritalin im Internet bestellen. Der Schwarzmarkt ist gewaltig. Klar ist jedoch, dass vor allem in leistungsbetonten Mittelklassegegenden in den Vorstädten bis zu 20 Prozent der Kinder ständig unter Ritalin-Einfluss ruhig gestellt sind. Offiziell hatten 1998, dem letzten Jahr mit vollständigen Zahlen, 2,4 Millionen US-Kinder Ritalin-Rezepte. Und dies beginnt im Vorschulalter. Bei kleinsten Konzentrationsstörungen rennen die Eltern los, um ihre Kleinen medikamentös besänftigen zu lassen. Der Leistungsdruck spielt eine entscheidende Rolle. Der Verdrängungswettbewerb für gute Highschools und dereinst gute Colleges beginnt im Kindergarten und hat in dem Maße zugenommen, wie die durchschnittliche Qualität des öffentlichen Bildungswesens sinkt. In Überdosen führt Ritalin zu Krämpfen und Infarkten. Die pharmakologische Betäubung von Amerikas Nachwuchs durch Ritalin ist ein Thema, das die Drogenproblematik längst überholt hat. Der Konsum von Kokain und Crack ist rückläufig. Heroin ist zwar wieder auf dem Vormarsch, aber kein Massenphänomen. Ritalin ist es. Und so machen sich inzwischen viele Gedanken über die gesellschaftlichen Langzeitwirkungen. Man könnte sagen: »Jede Gesellschaft bekommt die Kinder, die sie verdient.«

Nicht selten wird die Schuld an »schlecht« erzogenen Kindern jedoch

zu Unrecht auf die Familie abgeladen, denn diese hat keinen allumfassenden Einfluss auf ihre Zöglinge. Der Staat stiehlt sich zunehmend aus seiner Verantwortung, insbesondere, was die Bereiche Kindergartenbetreuung und Schulbildung anbelangt. Den meisten Pädagogen dürfte der Angstschweiß auf die Stirn treten, würde man von ihnen verlangen, Kindern und Jugendlichen einen verantwortungsbewussten Umgang mit modernen Medien beizubringen. Warum? Weil das nicht zu ihrer pädagogischen Ausbildung vor 15, 20 oder 30 Jahren gehörte. Den vielfältigen und verlockenden Botschaften aus Fernsehen und Internet sind die Sprösslinge aber wie gesagt schon im Kindesalter ausgesetzt. Richtig damit umzugehen, muss ihnen erst beigebracht werden. Und das kann nicht nur die Aufgabe der Eltern sein.
Der suchtmäßige Gebrauch von Fernsehen und Computerspielen führt hauptsächlich zu diesen Auswüchsen der Gewalt und der Unruhe.

Ich bin 1950 geboren, zu einer Zeit, in der nicht in jedem Haushalt mindestens ein Fernsehgerät stand. Wir bekamen 1960 unseren ersten Fernseher anlässlich der Olympiade in Rom. Bis dahin habe ich als einzige Sendung »Lassie« gekannt, weil ich diese Serie ab und zu bei Nachbarn schauen durfte. Ich habe wirklich lange geglaubt, dass es sich bei Lassie um einen einzigen Hund handelte. Harmlos nicht wahr?
Auch nachdem unsere Familie einen Fernseher hatte, wurde sehr genau ausgesucht - was zugegebenermassen bei zwei existierenden Programmen auch nicht sonderlich schwer war - was gesehen werden durfte. Um das Programm zu wechseln, musste man sich aus dem Sessel erheben, und die Sitzgruppen in unserem Wohnzimmer waren auch nicht auf den Fernseher ausgerichtet. Wir haben uns mit Freunden getroffen, mit den Eltern Spiele gespielt und Sport getrieben - das war unsere Freizeitgestaltung.
Schauen Sie sich die Untersuchungen über Fernsehverhalten, Computerspiele etc. bei Kindern und Jugendlichen an, oder fragen sie

einfach in ihrer Nachbarschaft herum. Die Zeiten haben sich geändert, die Programmierung hat funktioniert.
Natürlich weiß ich, dass es auch heute noch Kinder und Jugendliche verantwortungsvoller Eltern gibt, die sich mit anderen Dingen beschäftigen. Hier geht es aber um die Masse. Es geht um ein kollektives Bewusst-Sein. Wie und das Massenhypnose funktioniert, muss ich keinem aufgeklärten Deutschen erklären. Auch dass das Aufwachen aus diesem Zustand unendlich schwer ist, ist heute noch zu beobachten. Steter Tropfen höhlt eben den Stein! Und den Nationalsozialisten stand lediglich der Rundfunk zur Verfügung!
Selbstverständlich hatten die Verführer von damals auch noch andere Methoden und Mittel zur Verfügung, aber ohne dieses Medium hätten ihre Ideen nicht so schnell und so wirkungsvoll verbreitet werden können.
Seit 25 Jahren besuche ich die griechische Insel Korfu, auch um dort Seminare zu leiten. Ein kleiner Ort an der Nordostküste ist mir inzwischen zu einer zweiten Heimat geworden. Hier ist der Fernsehkult wie in einem Zeitraffer zu beobachten gewesen. Früher haben die Fischer oder Restaurantbesitzer abends vor ihren Häusern am Meer in der Sonne gesessen und sich mit den Nachbarn oder ihren Gästen unterhalten. Heute läuft in jeder noch so kleinen Kneipe ständig ein Fernseher. In den größeren Touristenorten der Insel werden die Gäste von laut dröhnenden Superbildschirmen Tag und Nacht beschallt. Sie sitzen mit dem Rücken zum Meer vor den Bildschirmen!
Schlafen Sie auch vor dem Fernseher ein, so wie viele Menschen? Ist die Flimmerkiste auch für Sie ein tolles Schlafmittel? Nun, so funktioniert die Beeinflussung auch am besten. Wenn Sie schlafen oder das Gerät »nur nebenbei« laufen lassen, ohne richtig hinzuhören, wo der Verstand doch noch filtern könnte.
Aus der Hypnosetherapie wissen wir, wie Suggestionen am besten wirken: Wenn der Klient in einem tief entspannten Zustand ist. Der Fernseher als Hypnosegerät? Genau so ist es! Bitte erinnern Sie sich, Sie bestehen zu 70 Prozent aus Wasser!

Egoismus, Dummheit und Gewalt sind die herausragenden Merkmale unserer Gesellschaft geworden, die, unfähig zur Selbsterkenntnis und Selbstkritik, in dem Wahn verharrt, sie stünde fest auf dem Boden des Christentums, strebe nach den Idealen des Humanismus und der Aufklärung und böte ihren Bürgern in demokratischer Selbstbestimmung eine Freiheit, die sonst nirgends auf der Welt zu finden sei. Glauben Sie das auch? Sie sollen es glauben!
Dabei sieht die Realität ganz anders aus:
Hemmungsloser, sich dank Globalisierung grenzenlos entfaltender Egoismus, schamlose Raffgier und Habsucht feiern ihre Triumphe über Menschlichkeit und Gerechtigkeit.
Wachsendes Unwissen und grassierende Dummheit sind das viel beklagte, aber scheinbar gar nicht so ungern gesehene Ergebnis der mangelnden Investitionen in Bildung und Ausbildung sowie der Halbwahrheiten, die eine auf befriedende Desinformation eingestellte Propagandamaschinerie ununterbrochen in die Welt setzt.
Wo Fernsehen, Rundfunk und prall gefüllte Zeitungsregale schier unermessliche Informationsfülle und Wissensreichtum vorgaukeln, findet sich bei näherem Hinsehen nichts als ein kleiner Sumpf von immer gleichem Wort- und Sinngeklingel, der sich nur durch die vielfältige, zielgruppenorientierte Gestalt der äußeren Aufmachung voneinander unterscheidet. Nachricht und Kommentar sind vielerorts nur noch redaktionelles Beiwerk für jene schwindende Zahl »politisch Interessierter«, die, so glaubt das Heer der Marketingexperten, nur über den Umweg »Information« von der alles verheerenden Flut bunter Bilder und großer Versprechungen erreicht werden können.
Die Inhalte geben dann auch exakt das wieder, was der politisch korrekte Journalismus medienübergreifend für geboten hält, als gültige Generalmeinung unters Volk zu bringen. Ausnahmen gibt es. Sie werden übertönt, notfalls belächelt und wenn das nichts hilft, aufgekauft und gleichgeschaltet. Psychologen und Soziologen helfen dabei herauszufinden, wie durch die Auswahl von Nachrichten und Bildern sowie die Häufigkeit ihrer Wiederholung das erwünschte

Weltbild im Bürgerhirn zuverlässig zu erzeugen ist, um die - wenn auch schweigende - Zustimmung zu den Entscheidungen von Wirtschaft und Staat nie ernsthaft in Gefahr zu bringen. Selektive Information ist nicht strafbar, noch nicht einmal greifbar, aber wie schon gesagt, sehr wirksam.

Krieg, Gewalt und Folter haben sich als Mittel der Politik neu etablieren können. Die maßlose Übertreibung des Gefährdungspotenzials des Terrorismus und die im Vergleich dazu maßlose Verharmlosung der kriegerischen Einsätze ganz regulärer Truppen haben viel dazu beigetragen, aus jenem einst sehr ernst gemeinten »Nie wieder Krieg!« der entnazifizierten Deutschen den leicht dahin gesagten, kaum durchdachten Satz: »Wir müssen unsere gewachsenen Verpflichtungen wahrnehmen«, zu machen, der heute die Diskussion dominiert.

Die Zahl der gleichzeitig weltweit stattfindenden Bundeswehreinsätze ist längst nicht mehr an den Fingern einer Hand abzuzählen. So nehmen wir, fest auf dem Boden des Christentums stehend, den Idealen des Humanismus und der Aufklärung verpflichtet und in demokratischer Selbstbestimmung sehenden Auges alles hin:

Die Reichen sind reicher geworden, die Armen ärmer, sagt der Armuts- und Reichtumsbericht der Bundesregierung. Na und? Die Kinder der Armen sind dümmer und die Kinder der Reichen sind klüger geworden, sagt die neueste Pisa-Studie. Ach ja?

Im Irak herrscht immer noch Krieg, und am Hindukusch, wo Deutschland verteidigt wird, wächst immer noch der Mohn. So, so ...

Guantanamo ist nicht aufgelöst, im Sudan werden immer noch die Menschen aus ihren Dörfern vertrieben, im Mittelmeer hat der Seekrieg gegen die Flüchtlingsboote begonnen. Na, na, das ist wohl übertrieben.

Längst denken die Generalstäbe darüber nach, wo die nächste Attacke auf die Achse des Bösen gestartet werden soll, und der deutsche Innenminister will im Norden Afrikas Sammelplätze schaffen, die nicht Lager heißen, um in deutscher Gründlichkeit und aus tief empfundener Humanität das grundgesetzlich garantierte Recht auf

Asyl weit außerhalb der Grenzen Deutschlands und der so genannten Drittstaaten gegen jeden nur denkbaren Missbrauch zu verteidigen, und dies, zu seinem eignen Wohl, noch bevor der arme Neger den gefahrvollen, aber letztlich vergeblichen Weg übers Meer antritt. Und was geht uns das an?
Gelegentlich tauchen sogar Tonbänder auf, die von Geheimdiensten für so echt gehalten werden, dass - ohne Rücksicht auf Verluste und zum Schutz der freien Welt - mit der radikalen Vernichtung aller weltweit installierten, geheimen Tonbandfabriken begonnen werden muss. Auch dazu wird Deutschland seinen Beitrag zu leisten haben. Dies ist längst nicht mehr komisch.
Wenn wir schon einmal dabei sind, die Dinge zu erwähnen, die uns immer gründlicher in eine zweifelhafte Abhängigkeit bringen, darf ein Gerät nicht unerwähnt bleiben: das Handy.
Schauen Sie sich alleine den inflationären Gebrauch von Handys an. Am 17. September 2005 las ich in der Bild-Zeitung, dass es in Deutschland 82 Millionen Handys gibt. Jeder scheint zu glauben, dass er ohne dieses ständig piepsende Ding nicht leben kann. Ständig muss man erreichbar sein, es gibt keine Zeiten der Ruhe mehr. Wissen Sie was? Die wirklich wichtigen Menschen haben gar kein Handy - oder schalten es des Öfteren aus. Nur Dienstboten müssen ständig erreichbar sein.
Dass man immer wissen kann, wo Sie sich aufhalten, wenn Sie ein Mobiltelefon bei sich tragen, wissen Sie hoffentlich. Big Brother lässt grüßen.
Und auch hier wurden und werden Kinder und Jugendlichen, wie beim Fernsehkonsum, die ersten Opfer. Finden Sie es nicht auch erstaunlich, dass es in einer bayrischen Grundschule den Sechsjährigen verboten werden musste, ein Handy im Unterricht zu haben? Kennen Sie einen Jugendlichen, der nicht permanent SMS schreibt? Sehr oft kann man Jugendliche beobachten, die in Gruppen zusammen sind und permanent SMS schreiben - an andere, die gar nicht anwesend sind. Mit den Nächsten wird kaum kommuniziert. Die Programmierung funktioniert perfekt. In Wirklichkeit werden wir so

von den Mitmenschen entfremdet und Bildschirme werden zu unseren Kommunikationspartnern - seien es Fernseher, Handys, Computer oder Playstations.
Während ich diese Zeilen schreibe, sitze ich in Kerkyra, der Hauptstadt der Insel Korfu und gleichzeitig der schönsten Stadt Griechenlands, am Hafen in einem Café. Ich schaue auf die Straße und sehe vor allem die Jugend, die hier unterwegs ist. Jeder hat ein Handy am Ohr und keinen Blick für die wunderschöne Umgebung, in der er sich befindet. Mir gegenüber an einem Tisch sitzt ein junges Pärchen. Er spielt mit einem kleinen Computer, sie schreibt ständig SMS. Kaum jemand ist im Hier und Jetzt. Ich klappe meinen Laptop zu und genieße die Aussicht.

Mentales Training

Viele meinen, dass Mentaltraining etwas mit Esoterik zu tun hat. Wäre dem so, dann wären fast alle erfolgreichen Sportler Esoteriker! Kosmonauten und Astronauten haben als erste ein wissenschaftlich erarbeitetes Mentaltraining absolviert und mit Erfolg eingesetzt.

Die mentalen Techniken wurden weiterentwickelt.

Selbstverständlich können Sie die mentalen Techniken der Spitzensportler auch zur Steigerung Ihres allgemeinen Wohlbefindens und zur Gestaltung Ihrer Karriere einsetzen.

Mentales Training und Meditation, durch die Sie alte Denkmuster auflösen und neue implementieren können, haben in mancher Hinsicht etwas mit Beten gemeinsam. So ergaben sich bei Hirnstrommessungen von Betenden und Meditierenden gleiche Werte. Bei beiden Versuchsgruppen wurden ähnlich tiefe Trancezustände festgestellt. Dass die Wirkung von Gebeten nicht auf Einbildung beruht, haben Wissenschaftler längst bewiesen. Es gibt Ärzte, die Gebet und Meditation zu den wirkungsvollsten Medikamente zählen.

Wenn Sie an eine höhere Macht glauben, die Ihr Leben steuert, dann beten Sie zu dieser Macht. Auch wenn Sie nicht an einen Gott glauben, hilft beten, aber dann werden Sie es eher »meditieren« nennen. Die Wirkung ist die gleiche.

Folgendes gilt als bewiesen:

Wer regelmäßig zu einem (lieben) Gott betet, profitiert nicht nur seelisch, sondern stärkt sein Immunsystem und senkt das Herzinfarkt- und Schlaganfallrisiko. Wer allerdings sein Schicksal als Strafe Gottes interpretiert, wird durch Beten seine Lage eher noch verschlimmern, wie Forschungen im Zentrum für Psychobiologie der Universität Trier belegen. Überhaupt scheinen Meditation und Gebet eher zu wirken, wenn sie nicht auf eine bestimmte Sache, wie zum

Beispiel die Heilung einer Krankheit, ausgerichtet sind, sondern wenn sie einfach aus Freude an der Sache erfolgen.
Jon Kabat-Zinn, ein bedeutender Vertreter der so genannten Body/Mind-Medicine und Begründer der Achtsamkeitsmeditation, die in den USA bereits in vielen Kliniken integriert ist, sagt dazu: »Der beste Weg, in der Meditation Ziele zu erreichen, ist loszulassen...«
Wer im Gebet sein Herz ausschüttet, erfährt dabei oft erst, was ihn im Alltag wirklich bedrückt, und es entlastet seine Seele. Denken Sie an die Klagemauer in Jerusalem.
Auch kurze Stoßgebete können Kraft und Zuversicht geben. Diese Form des Gebetes finden wir ebenfalls in nahezu allen Religionen. Der Jesuitenpater Leppich nannte solche Gebete »Knöpfe, die die Seele zusammenhalten.«
Aus der Hypnosetherapie wissen wir, dass ständig wiederholte Suggestionen, die positiv formuliert sind, ihre Wirkung entfalten. Die wohl bekannteste Suggestion ist: Es geht mir mit jedem Tag besser und besser.
Über die Wirkung von Suggestionen wird sich heute keiner mehr streiten wollen, sie werden überall eingesetzt - ob in der Werbung, in der Politik oder eben auch im Gebet.
Dass dies aber auch nicht ungefährlich ist, haben wir am Beispiel des Dritten Reiches erlebt und sehen es heute noch bei allen Fanatikern weltweit. Insbesondere bei denen, die beten.

Sowohl beim Beten als auch beim Mentaltraining stellen sich mehr oder minder tiefe Trancezustände ein. Viele Menschen haben zunächst einmal Angst, wenn sie hören, dass sie in Trance gehen sollen. Diese Angst ist aber weitgehend unbegründet, da wir täglich sehr oft in Trance sind (beim Fernsehen, im Kino, während des Liebesaktes, beim Autofahren etc.) Man unterscheidet zwischen selbstinduzierter und fremdinduzierter Trance. Bei der fremdinduzierten sollte man sich schon genau anschauen, in wessen Hände man sich begibt. Leider schüren die Showhypnotiseure in Discos oder

Urlaubsclubs die Scheu vor Hypnose oder Trance, weil man den Eindruck gewinnt, einem anderen Menschen völlig ausgeliefert zu sein und eventuell zu Handlungen gebracht werden zu können, die man gar nicht will.
Anders als manchmal in Filmen gezeigt kann auch der geübteste Hypnotiseur niemanden zu einer Handlung bringen, die dessen moralischen Vorstellungen zutiefst widerspricht - etwa zum Mord. Man wacht auch sofort aus der Hypnose auf, wenn Gefahr im Verzug ist - zum Beispiel beim Ausbruch eines Feuers. Der weit verbreitete Glaube, dass man sich an das in Trance Gesagte nicht mehr erinnert, ist ebenfalls falsch: Nur bei fünf Prozent aller hypnotisierten Menschen kommt es nach der Behandlung zu einer so genannten spontanen Amnesie. In Trance erinnert man sich sogar viel besser an Details oder Ereignisse als im Wachzustand.
Was passiert nun in der Hypnose? Die Aufmerksamkeit ist extrem fokussiert, alles Unwesentliche wird ausgeblendet. Die Trance ist - wie Schlaf, Wachsein, Koma oder Narkose - ein Sonderzustand des Gehirns. Hypnose setzt das kritische Urteilsvermögen herab und Suggestionen von außen werden leichter angenommen. Im Körper hypnotisierter Menschen erschlaffen die Muskeln, sinken Blutdruck und Atemfrequenz. Die Hypnose zählt zu den anerkannten Behandlungsformen von Angst, Depressionen und posttraumatischem Stress. Auch physiologisch wirkt sie: Sie kann Blutungen zum Stillstand bringen, Warzen entfernen und Magengeschwüre verkleinern; sie kann beim Abnehmen und beim Verzicht aufs Rauchen helfen; sie kann den Blutdruck senken, chronische Schmerzen, Hautausschläge und Heuschnupfen lindern und Schmerzen bei operativen Eingriffen mindern. Die Hypnose ist ein bedeutender Eingriff in die Psyche des Menschen und bedarf der Kompetenz des kundigen Arztes oder Therapeuten.
Unter einer Trance (französisch, aus altfranzösich transe - hinübergehen) versteht man allgemein einen besonderen geistigen, in der Regel halbwachen Zustand.
Man unterscheidet verschiedene Formen der Trance:

Spirituelle Trance: Diese Form der Trance kann sich in vielen verschiedenen Ausprägungen zeigen. Manchmal ist die Person in Trance unfähig, sich willentlich zu bewegen, manchmal tanzt sie sogar oder führt rhythmische Bewegungen aus. In vielen alten Religionen, aber auch manchmal bei den großen Weltreligionen, wird die Trance als Mittel gebraucht, spirituellen Dingen näherzukommen und so Botschaften oder spirituelle Erkenntnisse zu erhalten.
Im antiken Griechenland gab es so genannte Traumtempel, in die Kranke gingen, um in Trance Hinweise zu ihrer Heilung zu erhalten. Für Orakel wurde die weissagende Person manchmal mit Drogen in diesen Zustand versetzt. Das geschieht teilweise heute noch, z. B. bei den afro-brasilianischen Religionen oder dem so genannten Voodoo.
Hypnose ist im Grunde eine uralte »Technik«. Die Meditationspraktiken der hinduistischen Fakire und Yogis, die auf das zweite Jahrtausend vor Christus zurückgehen, sind wohl die ältesten Methoden. Auch in Ägypten wurde sehr früh Hypnose praktiziert. Der Eber-Papyrus aus der Zeit um 1500 vor Christus gilt als erste Niederschrift einer Anleitung für eine derartige Behandlung. Selbst die Heilungen durch Jesus und seine Jünger Petrus und Paulus, die Handauflegen mit Augenfixierung verbanden, können als Hypnosetherapie interpretiert werden. Damals sah man spirituelle Kräfte am Werk, die durch ein Medium wirkten.
Der Arzt Franz Anton Mesmer (1734 - 1815) wandte ein Verfahren an, das er »animalischen Magnetismus« nannte. Er setzte seine Patienten den Feldern von Stahlmagneten aus, mit deren Hilfe ein heilendes »Fluid« vom Magnetiseur auf die behandelte Person übergehen sollte - eine Vorform der Hypnose. Sein »Mesmerismus« machte ihn in Paris so berühmt, dass er in Hotelfoyers Gruppenheilungen vornahm.
Die **hypnotische Trance** ist eine Veränderung des Bewusstseins mit Einengung der nach außen orientierten Aufmerksamkeit, Minderung des Realitätsbezuges und gesteigerter Suggestibilität, die durch bestimmte Reize, z. B. verbale, optische oder taktile Suggestion, hervorgerufen werden kann. Es wird zwischen einer oberflächlichen Hypnose, die dem Wachzustand ähnlich ist, und einer tiefen, schlaf-

ähnlichen Hypnose, bei der oft eine posthypnotische Amnesie auftritt, unterschieden.
In Trance kann man durchaus fähig sein, sich willentlich zu bewegen, und meist gibt man zusammenhängende Worte von sich.
Als Besonderheit gilt die **Wachhypnose**, in der man sich zwar in einem tranceähnlichen Zustand befindet und in der sogar ein Rapport besteht, man aber trotzdem anscheinend hellwach ist und sich auch so verhalten und bewegen kann, sodass für ungeübte Augen kein Unterschied zum normalen Wachzustand erkennbar ist. Die Trance besteht hier wahrscheinlich unterschwellig und beeinträchtigt das Wachbewusstsein nicht.
In der **drogeninduzierten Trance** kann man durchaus fähig sein, sich willentlich zu bewegen, und kann teilweise zusammenhängende Worte von sich geben. Oft ist diese Art von Trance von Halluzinationen begleitet. Ausgelöst wird sie durch so genannte Halluzinogene wie LSD, Meskalin, Psilocybin, Psilocin und andere Soffe. Auch so genannte »Shrooms« oder »Magic Mushrooms« enthalten halluzinogene Stoffe.
Eine **schmerzinduzierte Trance** wird entweder spontan durch plötzliche Verletzung ausgelöst oder durch bestimmte schmerzhafte Riten (Aschura, Sonnentanz, »Lustschmerz« im Zusammengang mit BDSM). Dabei werden körpereigene drogenähnliche Substanzen ausgeschüttet (Endorphine), die schmerzunempfindlich machen und zur Trance führen.
Neben den bereits erwähnten Wegen gibt es eine Vielzahl von Techniken, um eine Trance auszulösen. Die meisten stützen sich auf repetitive, rhythmische Sinnesreize und Bewegungen wie Trommelmusik, Tanzen, Gesänge, Lichtblitze etc. Hier wird auch die Verbindung mit der Trancemusik deutlich, die sich eben durch durchgängige Rhythmen und - in der Disco - durch visuelle Stimulation auszeichnet. Aber auch durch verschiedene Tätigkeiten wie Sport, Liebesspiel, Beschäftigungen, die hohe Konzentration erfordern, und in (psychischen) Extremsituationen können tranceähnliche Bewusstseinszustände zu Tage treten.

Während in leichten bis mittleren Stadien der Trance das Bewusstsein noch wach ist, ist es in Tieftrance extrem eingeschränkt. Das deutet darauf hin, dass Trance generell nicht ein scharf abgrenzbares Phänomen ist, sondern dass die Übergänge vom normalen Wachzustand und den verschiedenen Trancestufen fließend sind.
Das Mentaltraining bedient sich durchaus der vorgenannten Phänomene, der Anwender hat aber gelernt, sich selbst in diesen Zustand erhöhter innerer Aufmerksamkeit zu versetzen. Diese Art von Training ist unabdingbar für das Erreichen großer Ziele. Erinnern Sie sich an das Hermetische Axiom, dass Geist der Anfang von allem ist.
Im Folgenden stelle ich Ihnen eine Form des mentalen Trainings vor, mit der ich sehr gute Erfahrungen gemacht habe: das kybernetische Mentaltraining.
Alles in uns ist vernetzt und kommuniziert miteinander, so wie auch im Außen alles miteinander vernetzt ist und voneinander abhängt. Eine der wichtigsten Entdeckungen bei der Untersuchung der Großhirnrinde gelang vor etwa 30 Jahren dem kanadischen Neurobiologen David Hubel und seinem schwedischen Kollegen Torsten Wiesel. Sie erhielten 1981 den Nobelpreis für den Nachweis, dass die Neuronen der Großhirnrinde in so genannten neokortikalen Säulen angeordnet sind.
Etwa 2,5 Millionen solcher baumartig verzweigten Säulen finden sich im menschlichen Neokortex, davon hat jede einen Radius von einem halben Millimeter und eine Länge von etwa zwei Millimetern. In einer einzigen »drängen sich, in sechs Schichten angeordnet, etwa 10.000 Nervenzellen«, erklärt der Gehirnforscher Wolf Singer. »Und jede dieser Nervenzellen kommuniziert mit durchschnittlich 20.000 anderen.« Verblüffender noch: »Die Gesprächspartner können dabei in unmittelbar benachbarten Säulen, aber auch in weit entfernten Hirnstrukturen liegen.« Dies ergebe eine »astronomisch anmutende Komplexität, die der des Universums nicht nachsteht«.
Diese Ausführungen sollen nur einen kleinen Einblick in die außerordentliche Komplexität und Funktionsvielfalt unseres Gehirns vermitteln. In seiner Komplexität ist das menschliche Gehirn zu wesent-

lich mehr in der Lage, als wir uns bisher vorstellen konnten, aber immer wieder an einzelnen Beispielen erleben können. Denken Sie nur an die Komplexität der Begabungen eines Wolfgang Amadeus Mozart oder an die Tatsache, dass Kinder mühelos mehrsprachig aufwachsen können. Denken Sie nur an die verschiedenen Sinneseindrücke einer Autofahrt, die Ihr Gehirn in Bruchteilen von Sekunden verarbeiten muss, während Sie sich vielleicht noch mit Ihrem Beifahrer unterhalten oder Radio hören. Das könnte das Gehirn nicht alles leisten, wenn es nicht vernetzt wäre.
Der Begriff »Kybernetik« wurzelt in der griechischen Bezeichnung des Steuermanns, »kybernetes«. Im Lateinischen wurde daraus »gubernare«, im Englischen »governor«. Die Lenkung eines Schiffes, eines Staates, einer Armee oder eines Organismus lässt sich zumindest dann unter einem einheitlichen Gesichtspunkt zusammenfassen, wenn die Orientierung an einem Ziel oder einem Zweck vorhanden ist.
Das kybernetische Mentaltraining ist also eine besondere Form des Mentaltrainings.
Waren Sie es bisher vielleicht gewöhnt, in der Entspannung einer Stimme zuzuhören, so werden Sie beim kybernetischen Mentaltraining mindestens zwei Stimmen hören, von denen jede für sich etwas anderes sagt und die sich dennoch ergänzen. In dem Beispiel, das Sie im Übungsteil oder der CD finden, handelt es sich um zwei Stimmen. Am besten wird es sein, sie hören die CD mit einem Kopfhörer. Die Stimme, die Sie links hören, spricht zu Ihrer rechten Gehirnhälfte, die Stimme von rechts zu Ihrer linken Gehirnhälfte.
Sie können wählen, welcher Stimme Sie zuhören möchten, oder zwischen beiden hin- und herwechseln.
Vielleicht werden Sie aber auch bemerken, dass es schwierig ist, sich zu konzentrieren, sodass es sinnvoller erscheint, in Trance zu gehen, was beabsichtigt ist.
In der Regel *unterfordern* wir unser Gehirn. Aber jemand, der unterfordert wird, dem wird es langweilig. Er wendet sich anderen Dingen zu. Mit dem kybernetischen Mentaltraining wird Ihr Gehirn etwas

mehr gefordert. Daraus kann eine Integration beider Gehirnhälften entstehen, was, wie Sie schon am Anfang lesen konnten, sehr wünschenswert ist. Und außerdem macht es auch noch Spaß. Probieren Sie es einfach aus.

Wenn Sie die CD nicht zur Hand haben, brauchen Sie zwei Helfer, die Ihnen den Text vorlesen. Einer sitz rechts und der andere links von Ihnen. Beide Sprecher müssen den vollständigen Text haben, um zu wissen, wann ihr Einsatz ist. Es gehört ein wenig Übung dazu, diesen Text richtig zu sprechen. Text, der in der Mitte steht, wird von beiden Seiten zusammen gesprochen.

Selbstcoaching

Ein kleiner Junge kam zu seinem Vater und wollte mit ihm spielen. Der aber hatte keine Zeit für den Jungen und auch keine Lust zum Spiel. Also überlegte er, womit er den Knaben beschäftigen könnte. Er fand in einer Zeitschrift eine komplizierte und detailreiche Abbildung der Erde. Dieses Bild riss er aus und zerschnipselte es dann in viele kleine Teile. Das gab er dem Jungen und dachte, dass der nun mit diesem schwierigen Puzzle wohl eine ganze Zeit beschäftigt sei.
Der Junge zog sich in eine Ecke zurück und begann mit dem Puzzle. Nach wenigen Minuten kam er zum Vater und zeigte ihm das fertig zusammengesetzte Bild. Der Vater konnte es kaum glauben und fragte seinen Sohn, wie er das geschafft habe.
Das Kind sagte: »Ach, auf der Rückseite war ein Mensch abgebildet. Den habe ich richtig zusammengesetzt. Und als der Mensch in Ordnung war, war es auch die Welt.«

Leben Sie »Highspeed«? Im Zeitalter von DSL, Hotspots, E-Mails und Glasfaser, von 500 PS-Autos - trotz Energieknappheit - Hochgeschwindigkeitszügen und -flugzeugen, immer rasanteren Filmschnitten in Spielfilmen, immer schneller werdenden Informationsfluten, kein Wunder, sagen Sie vielleicht und denken eventuell: Was kann ich als Einzelner gegen all diese Dinge tun?
Sie müssen nichts dagegen tun, denn diese Entwicklung können Sie in der Tat nicht aufhalten. Warum auch: Es ist wie es ist, niemand kann jetzt schon wissen, wofür es einmal gut sein wird und manches wird uns ja auch erleichtert.
Und dennoch kann jeder etwas für sich tun, wenn er nicht all dem ausgeliefert sein möchte. Sich über die grenzenlose Programmierung und Massenhypnose bewusst zu werden ist der erste Schritt. Der

nächste Schritt ist die De-Hypnose, die bewusste Umprogrammierung.
Wenn Sie dieses Buch gelesen haben, wissen Sie, dass Sie die Person sind, die die Verantwortung hat und dass Sie immer die Führung in Ihrem Leben hatten, auch wenn es manchmal nicht danach aussah.
Aus meiner Erfahrung als Coach weiß ich, dass eine gute Führungskraft zunächst einmal sich selbst managen können, die Führung für das eigene Leben im Griff haben muss, ehe sie erfolgreich andere Menschen führen kann. Viele Manager verwechseln Führung aber mit Machtausübung oder missbrauchen ihre Position lediglich dazu, ihre eigenen Schäfchen ins Trockene zu bringen. Als Führungskraft werden die wenigsten geboren. Man muss es werden. Deswegen gibt es auch in vielen Unternehmen so genannte Führungskräfte-Nachwuchs-Programme, in denen die Manager von morgen an ihre umfangreiche und verantwortungsvolle Aufgabe herangeführt werden.
Ein indianisches Sprichwort sagt: »Wer Menschen führen will, muss hinter ihnen gehen.« Die Aufgabe eines guten Topmanagers ist die, für die Verhältnisse zu sorgen, in denen seine Mitarbeiter ihr volles Potenzial entfalten können. Seien Sie der Topmanager in Ihrem Leben.
Der beste Arzt, der beste Therapeut, der beste Coach sitzt in Ihnen. Das ist Ihnen sicherlich bis hierher klar geworden.
Beginnen Sie Ihr Selbstcoaching damit, bewusst die Basis zu schaffen, für das, was Sie erleben möchten.
Reißen Sie die Grenzen ein, die Sie selbst aufgebaut haben! Das einzige, was begrenzt ist, ist Ihr Körper (durch seine äußere Form). Ihr Bewusstsein aber ist in Wahrheit grenzenlos, und Ihr innerer Gott gestattet es Ihnen, Ihre Träume zu verwirklichen. Irgendwann haben Sie eine Wirklichkeit anerkannt und spielen seitdem das Spiel dieser Wirklichkeit mit, wie ein Schauspieler auf der Bühne. In Wahrheit sind Sie aber der Regisseur und jederzeit frei, eine andere Wirklichkeit zu gestalten.
Denken Sie daran: Probleme sind Lösungen in Arbeitskleidung. Man

kann vor einem Problem weglaufen oder den Kopf in den Sand stecken. Man kann aber auch sagen: »Prima, was gibt es diesmal zu lernen und zu tun?« Bewahren Sie sich Ihren Humor und erlauben Sie ihn sich. Humor ist die feinste und intelligenteste Art, das Leben zu meistern. Humor drückt Seelenstärke aus und gestattet Ihnen, über sich, Ihr Leben und vor allem über Ihre Fehler zu lachen.

Wie viel ist schon geholfen, wenn man über sich und seine »Trips« aus einer vergnügten Distanz heraus so richtig herzhaft lachen kann. Humor ist die Fähigkeit, das Leben leicht zu nehmen, ohne leichtfertig zu sein. Humor gestattet zu lachen, ohne zu verletzen - und das unterscheidet ihn oft vom Witz. Insofern ist Humor haben und witzig sein nicht das Gleiche. Wohl aber können beide gemeinsam in Erscheinung treten. Wenn zum Beispiel ein Mann auf seine Glatze angesprochen wird und er sagt darauf: »Ja früher waren hier Wellen, jetzt ist es Strand«, so beweist er damit beides - Witz und Humor.

Eine sehr wirkungsvolle Methode im Coaching ist die Provokation, und ihr machtvollstes Instrument ist der Humor. Hier kommt es sehr darauf an, dem anderen einen wohlwollend witzigen Spiegel vorzuhalten, ohne ihn zu verletzen. Das kann dem Coach aber nur gelingen, wenn er seinen Klienten achtet, ihn mag und ihn so annimmt, wie er ist. Im Selbstcoaching gelten die gleichen Regeln und Voraussetzungen: Selbstannahme, Liebe, Humor, Gelassenheit und Akzeptanz.

Das ganze Leben ist ein Spiel. Wie sagte Bagger Vance in dem gleichnamigen Film: »Dieses Spiel kann man nicht gewinnen, man kann es nur spielen.«

Ihr Sein gestattet es Ihnen, Ihre Spiele so einzurichten, wie Sie das wollen. Und hören Sie auf, die Schuld für das Nichtgelingen Ihrer Spiele anderen zu geben. Es sieht nur so aus, als vermasselten andere Ihnen Ihr Spiel. In Wirklichkeit sind Sie es selbst; denn auch den anderen haben Sie sich ausgesucht, Sie haben ihm die Macht gegeben, Ihr Spiel zu verderben.

Anerkennen Sie noch heute Ihre großartige geistige Macht und erinnern Sie sich daran, dass die Gedanken frei sind.

Mit dem Gedanken fängt ALLES an - im Geistigen wird ausnahmslos die Ursache für ALLES gelegt - kein Ding kann sein, ohne dass es vorher im Gedanken war. In der Umkehrung bedeutet das: Alles das, was Sie in Ihrer eigenen Welt wahrnehmen, haben Sie zuerst gedacht, es durch Gedanken und Gefühle belebt, es dadurch in die Existenz gezwungen - ohne Ausnahme. Sie selbst sind der Architekt Ihres Schicksals! Durch die Macht Ihrer Gedanken stehen Sie auf der Stufe eines Mitschöpfers dieses Universums! Die Konsequenz daraus ist: Der Mensch ist sich selbst durch seine Gedanken der größte Feind oder der beste Freund. Wenn der Mensch sein Denken ändert, ändert sich die Welt.

Ein furchtbarer Sturm kam auf. Der Orkan tobte. Das Meer wurde aufgewühlt, und meterhohe Wellen brachen sich ohrenbetäubend laut am Strand.
Nachdem das Unwetter langsam nachließ, klarte der Himmel wieder auf. Am Strand lagen aber unzählige Seesterne, die von der Strömung an den Strand geworfen waren.
Ein kleiner Junge lief am Strand entlang, nahm behutsam Seestern für Seestern in die Hand und warf sie zurück ins Meer.
Da kam ein Mann vorbei. Er ging zu dem Jungen und sagte: »Du dummer Junge! Was du da machst ist vollkommen sinnlos. Siehst du nicht, dass der ganze Strand voll von Seesternen ist? Die kannst du nie alle zurück ins Meer werfen! Was du da tust, ändert nicht das Geringste!«
Der Junge schaute den Mann einen Moment lang an. Dann ging er zu dem nächsten Seestern, hob ihn behutsam vom Boden auf und warf ihn ins Meer. Zu dem Mann sagte er: »Für ihn wird es etwas ändern!«

Als Wissenschaftler Anfang des 20. Jahrhunderts die Natur der Materie und des Atoms erforschten, stellten sie mit Verwunderung fest, dass Materie gar nicht so real ist, wie sie immer dachten - sie besteht offenbar eher aus Energieballungen, die man als stehende Wellen elektronischer Energie beschreiben kann. Insbesondere konnten die Physiker Aufenthaltsort und Impuls eines Elektrons nur beschreiben als Funktion von Wahrscheinlichkeiten. Zudem mussten sie anerkennen, dass das Elektron und damit alle Materie offenbar Eigenschaften von Bewusstsein besitzen. Durch diese Erkenntnisse hat sich die Wissenschaft letztlich selbst den Boden für ihre materialistische Grundeinstellung unter den Füßen weggezogen. Angesichts dieser Einsichten soll Albert Einstein einmal gesagt haben: »Es sieht immer mehr so aus, als ob das ganze Universum nichts anderes ist als ein einziger grandioser Gedanke!« - und damit erkannte er wirklich den Kern der Wahrheit.

So gibt es wohl sogar einige Wissenschaftler, die vermuten, dass Gedanken-Kräfte letztendlich Ursache aller Dinge und allen Seins sind, aber sie wissen nicht, wie es funktioniert - und sie können es nicht wissen, solange sie das Gefühl leugnen, die Zwillings-Schwester der Gedanken! Weil aber die Mehrheit der Wissenschaftler weiterhin auf dem materialistischen Dogma beharrt, dass alles messbar und experimentell erforschbar sein muss, Materie daher kein Bewusstsein besitzen darf, im Widerspruch zu Erkenntnissen ihrer eigenen Wissenschaft, hat diese sich selbst blind gemacht gegenüber der Wahrheit, was Gedanken sind - denn grobe Messgeräte können das Wesen der Gedanken und des Bewusstseins nicht offenbaren.

Die Wissenschaft wird daher vermutlich weiterhin vergeblich mit Messgeräten nach überlichtschnellen Teilchen suchen, den Tachyonen, die ihre Theorien untermauern, ohne jedoch jemals auf die Idee zu kommen, dass ihre eigenen Gedanken-Partikel eigentlich genau diese Tachyonen sind, die sich nur beharrlich weigern, sich den groben Messversuchen der Experimentalphysik zu offenbaren.

Sie können doch ganz leicht erkennen, dass Sie Ihre Gedanken nur deshalb in Vergangenheit und Zukunft und zu den entferntesten Objekten im Universum ohne den geringsten Zeitverlust senden können, weil Gedanken jede beliebige Über-Lichtgeschwindigkeit annehmen können.

Spirituelle Meister und Lehrer lehren uns bereits seit Anbeginn der Zeit, dass alles Gedanke oder elektronische Lichtenergie ist! So wie unsichtbarer Wasserdampf (= feuchte Luft), sichtbarer Wasserdampf (= Wolken), Wasser oder Eis immer das Gleiche sind, nämlich Wasser auf unterschiedlichen Energieniveaus oder Schwingungsebenen, so sind Gedanken die Essenz aller sichtbaren und unsichtbaren Dinge. Alle Dinge sind letztendlich Gedanken auf unterschiedlichen Energieniveaus.

Die Qualität aller Dinge, insbesondere, ob etwas sichtbar oder unsichtbar ist, wird nur durch die Frequenz oder Schwingungsrate der Gedanken bestimmt - Materie ist dabei nur gleichsam geronnener, in Form erstarrter Gedanke. So wie ein Flugzeugpropeller unsichtbar wird, wenn man seine Drehzahl erhöht.

Gedanken sind für uns unsichtbares Hyper-Licht, Elektronen ohne materiellen Mantel, der ihre Schwingungsrate mindern könnte, elektronische Lichtenergie deren Energiequanten sich mit beliebiger Über-Lichtgeschwindigkeit bewegen.

Der Gedanke ist das unteilbar höchste Absolute oder der grenzenlose Bewusstseins-Raum. Darum sind alle Gedanken an jedem Punkt des grenzenlosen Bewusstseins-Raumes wie in einem Hologramm immer gegenwärtig - und haben von diesem Standpunkt aus gesehen in Wahrheit auch keine Geschwindigkeit. Beachten Sie diesen Teilaspekt bei der Verlangsamung von Gedanken zu Materie - unsere Welt der Materie entsteht bei diesem Vorgang durch Verzerrung und Spaltung in Teilchen, die nur in der Dualität existieren - durch Illusion. Eine wichtige Erkenntnis aus dieser Tatsache ist, dass unsere Welt der Materie und der Formen nur durch die Illusion der Dualität erfahrbar ist, wir also nichts ohne die Brille der Dualität wahrnehmen können. Alles, was uns die Sinne vermitteln, ist aus umfassenderer Sicht perfekte Illusion, die wir nicht durchschauen können, bis wir lernen ohne die Brille der Dualität zu sehen, wie es die Meister tun. Bitte DENKEN Sie ab sofort immer daran!

Bevor Sie mit dem Selbstcoaching beginnen, sollten Sie ein Wort aus Ihrem Sprachgebrauch streichen: Es ist das Wort NEIN und alles, was dieses Wort sonst noch ausdrückt wie KEIN, NICHT oder NIE.

Dies erfordert Übung und Disziplin und einen sehr bewussten

Gebrauch der Sprache, insbesondere, da wir mit diesen Wörtern aufgezogen wurden und sie uns so in Fleisch und Blut übergegangen sind, dass sie dem Verstand schon kaum mehr auffallen. Einer anderen Instanz in Ihnen, Ihrem Unbewussten, fallen diese Wörter sehr wohl auf, und es richtet sich genau nach dem, was Sie sagen oder denken, und nicht nach dem, was Sie meinen oder eigentlich sagen wollten.
Ich möchte Ihnen das an einigen Beispielen verdeutlichen:
Die Sprache des Unbewussten ist das Bild und nicht das Wort. Beim Mentaltraining verknüpfen Sie Wörter bzw. Gedanken mit Bildern. Bildhaft ist es aber nicht möglich, das Wort »nicht« oder »kein« darzustellen. Sie können dies in jedem Eisenbahnwagen nachprüfen. Das Nichtraucherabteil ist mit einer durchgestrichenen Zigarette gekennzeichnet. Man muss also bildhaft darstellen, was man eigentlich nicht haben will.

Stellen Sie sich einmal einen Mann vor, der einen Baum pflanzt.
Wahrscheinlich ist Ihnen dies gut gelungen.
Nun stellen Sie sich einen Mann vor, der keinen Baum pflanzt. Schon schwieriger, nicht wahr?
Unser Unbewusstes muss sich immer zunächst ein Bild von dem machen, was nicht sein soll. Und hier liegt die Gefahr bei allen Suggestionen, in denen das Wort »nicht« vorkommt. Wenn Sie also mit Suggestionen oder Affirmationen arbeiten, dann müssen diese positiv formuliert sein. Sagen Sie das, was Sie wollen, anstatt das, was Sie nicht wollen, damit es in Ihr Leben tritt.

Ein junger Mann kam zu einer Wahrsagerin, um sie um Rat zu fragen. Nachdem beide gemeinsam herausgefunden hatten, was der Mann sich wirklich wünschte, sagte sie zu ihm:
»Damit all dies eintrifft, gehe in der nächsten Vollmondnacht in den Wald und suche eine alte Eiche. Gehe dann zwölf Mal im Uhrzeigersinn um diesen Baum herum. Nur denke dabei nicht an weiße Elefanten. Dann wird sich alles erfüllen.«

Die Vollmondnacht kam, und der junge Mann ging in den nahegelegenen Wald. Die Eiche war schnell gefunden, und schon begann er im Uhrzeigersinn um die Eiche herumzugehen. Plötzlich war der Wald voller weißer Elefanten ...

Hilfreiche Fragen im Prozess des Selbstcoachings:
Ein Coach arbeitet im Coaching mit seinem Klienten oft mit Fragetechniken, um somit den Coachee eigene Lösungen finden zu lassen. Viele dieser Fragen sind im Selbstcoaching ebenfalls hilfreich und können neue Impulse freisetzen. Wenn Sie also vor einem Problem stehen, denken Sie bitte: Probleme sind Lösungen in Arbeitskleidung und fragen Sie sich:
Wie oft (wie lange, wann, wo) ist das Problem nicht aufgetreten?
Was haben Sie und andere in diesen Zeiten anders gemacht?
Was würden Sie Ihrem besten Freund/Freundin raten, wenn diese das Problem hätten?
Wie können Sie mehr von dem machen, was Sie in Nicht-Problem-Zeiten gemacht haben?
Angenommen, heute Nacht käme eine Fee und würde Ihnen das Problem abnehmen, was wäre dann morgen anders?
Wer würde als erstes erkennen, dass das Wunder über Nacht geschehen ist, und woran?
Was würden die Menschen um Sie herum danach anders machen?
Was könnten Sie tun, um sich noch schlechter zu fühlen?
Was können Sie tun - angenommen Sie nähmen sich dies vor - um Ihr Problem absichtlich zu verschlimmern, zu behalten oder zu verewigen?
Wie können die anderen dabei helfen das Problem zu behalten?
Wie müssten Sie sich verhalten, damit die anderen denken würden, Ihr Problem sei zurückgekommen, obwohl es das gar nicht ist?
Wer würde als erster merken, dass Sie das Problem nicht mehr haben, wer zuletzt ...?

Zum Schluss

Danke, dass Sie bis hierher gelesen haben. Ich wünsche Ihnen, dass Sie das Beste aus Ihrem Leben machen, denn Sie haben es verdient - wer sonst? Als Anregung mögen Ihnen die Übungen im nächsten Kapitel hilfreich sein. Wenn Sie diese machen, sorgen Sie bitte dafür, dass Sie während dieser Zeit nicht gestört werden können - weder durch das Telefon, noch durch die Türklingel. Denken Sie daran: Übung macht den Meister!

Ich wünsche Ihnen, dass Sie herausfinden, was für Sie das Beste ist. Und bitte erinnern Sie sich: Sie sind Schöpfer!

Schon der Philosoph Gottfried Wilhelm Leibnitz hat gesagt: »Jeder Mensch besitzt Fähigkeiten zur vernünftigen Lebensführung.«

Sie haben Ihr Leben geschenkt bekommen - machen Sie was draus.

Mit den besten Wünschen
Klaus Biedermann

Die Übungen zu diesem Buch

Übung: Ein Ziel erreichen
Schritt 1:
Formulieren Sie Ihr Ziel

Die Formulierung muss positiv sein und als Prozess verstanden werden können. Mit Prozess meine ich Folgendes: Nehmen wir an, Sie wiegen 150 kg und möchten eigentlich 80 kg wiegen. Beim traditionellen »positiven Denken« würden Sie sich nun die Suggestion geben: Ich wiege 80 kg und fühle mich wohl.
Nun sitzt aber ein Zensor in Ihnen, der sich wahrscheinlich vor Lachen ausschüttet, wenn er solch einen Unfug hört, denn es ist eine glatte Lüge. Sie wiegen keine 80 kg.
In diesem Fall ist es also sinnvoller, sich zu sagen: Ich lerne, mein Essverhalten so zu steuern, dass ich am Tag X 80 kg wiege. Auch bei der Wahl des Datums sollten Sie realistisch sein, sich also nicht überfordern.
Ich habe dieses Beispiel gewählt, um Ihnen zu veranschaulichen, was ich mit »Prozess« meine: Die Entwicklung muss von Ihnen initiierbar sein und einen realistischen Zeitrahmen bekommen. Sie muss außerdem von Ihnen in Gang gehalten werden können.

Schritt 2:
Machen Sie sich ein genaues Bild von diesem Zielzustand

Wie werden Sie aussehen, wie werden Sie sich fühlen, wenn dieses Ziel erreicht ist?
Denken Sie daran: Sie sind der Regisseur!
Schwelgen Sie eine Zeitlang in diesem Bild, genießen Sie es.

Schritt 3:
Welche Ihrer vielen Fähigkeiten können Sie zum Erreichen Ihres Ziels einsetzen?

Bedenken Sie einmal, wie viel Sie in Ihrem Leben gelernt haben, von dem Sie vielleicht einmal geglaubt haben: Das lerne ich nie. Erinnern Sie sich nur einmal an Ihre ersten Schultage, als Sie die verwirrenden Buchstaben des Alphabets sahen. Heute lesen Sie und schreiben, ganz automatisch, ohne großartig über die Mechanik dieses Vorgangs nachzudenken.

Schritt 4:
Wenn Sie Ihr Ziel erreicht haben, wird jemand aus Ihrer Umgebung dagegen Einwände haben oder Schaden nehmen?

Dies ist ein sehr beachtenswerter Schritt, den Sie sehr genau bearbeiten müssen. Es kann zum Beispiel sein, dass Ihr Partner mit einer starken Veränderung nicht klarkommt. Viele Menschen haben schon aus Angst davor, nämlich aus Angst, nicht mehr geliebt zu werden, ihr Ziel aufgegeben bzw. hat ihr Unbewusstes dafür gesorgt, dass es nicht erreicht wurde.

Schritt 5:
Finden Sie drei negative Konsequenzen dieses Ziels

Allen Ernstes. Und hier stolpern die meisten, denn erst bei näherer Betrachtung wird der Schritt klarer. Es kann zum Beispiel sein, dass Sie erst neue Wege finden müssen, um sich die gewohnte Aufmerksamkeit zu besorgen.
Eine negative Konsequenz kann für manchen schon ein Wohnortwechsel sein. Ich erinnere mich an einen Seminarteilnehmer, der sehr viel Leid ertragen hat, nur, um an seinem geliebten Heimatort bleiben zu können.
Ein anderer Teilnehmer hatte das Ziel, ein wunderschönes

Gartenhaus zu bauen. Als eine der negativen Konsequenzen hatte er den Neid der Nachbarn herausgefunden.

Schritt 6:
Sind Sie bereit, diese Konsequenzen auf sich zu nehmen?

Oder finden Sie heraus, wie Sie diese Konsequenzen vermeiden können. Um bei dem Beispiel mit dem Gartenhaus zu bleiben: Der Mann lud seine Nachbarn ein, feierte ein kleines Fest und sprach dabei mit ihnen über das geplante Gartenhaus. Später hatte er, wie er mir erzählte, viele fröhliche Helfer.

Schritt 7:
Wenn es sich bei Ihrem Ziel um ein neues Verhalten handelt:
Wann und wo wollen Sie dieses Verhalten zeigen und wann und wo nicht?

Es ist wichtig, sich hierüber genau klar zu werden. Ruhe und Sanftmut sind sicherlich erstrebenswert, doch ist es im Falle einer versuchten Vergewaltigung bestimmt sinnvoller, sehr aggressiv zu sein. Sie müssen es wirklich so genau differenzieren, denn Ihr Unbewusstes nimmt Sie beim Wort.
Eine Heilpraktikerschülerin bereitete sich auf ihre Prüfung mit folgenden unterstützenden Suggestionen vor: »Ich lerne und behalte alles.« Die Prüfung kam, und sie konnte auf keine Frage eine Antwort geben, obwohl sie fleißig gelernt hatte. Ihr Unbewusstes hatte sie beim Wort genommen, sie behielt alles - für sich.
Im Übrigen: Beachten Sie, dass das Leben ein dynamischer Prozess ist. Die Dinge ändern sich, und Sie ändern sich auch. So können Sie morgen völlig neue Interessen haben.

Kybernetisches Mentaltraining
Phantasiereise: Garten des Lebens

Du kannst es dir ganz bequem machen, und wenn du magst, schließe die Augen ...

Links	Rechts
Und während du es dir viel-	
leicht noch bequemer machst,	spielt es keine Rolle,
ob	deine Augen jetzt
	schon
so dass dein Körper eine Zeit	geschlossen sind ...
lang ausruhen kann,	
hörst du die Musik und du	
hörst meine Stimme ...	und diese Stimme
kann wie eine eigene innere	
	Stimme
und du fühlst deinen Körper	sein, der du einfach
	zuhören kannst ...
auf der Unterlage oder der	
Sitzfläche.	
Du spürst deinen Atem,	und es mag sein, dass
	du
deinen Atem, wie er kommt	
und geht	das, was ich sage,
	nicht
	bewusst verstehst ...
in dich ein- und wieder aus-	
strömt ...	
wie sanfte Wellen kommen und	
gehen,	während dein Unbewusstes
und während du deinen Atem	frei ist ...

begleitest, dieses sanfte
Kommen und Gehen ...

kann dein Körper lockerer
werden, ganz von selbst
lockerer ...

und weicher ...

und du brauchst nichts zu
tun ...

kannst einfach daliegen
und spüren, wie dein Körper
gelöster und weicher wird ...

und es gibt Gefühle in deinem
Körper ... und diese Gefühle ...
verändern sich.

Es gibt Gefühle in deinen
Händen ... es gibt Gefühle
in deinen Armen ...

es gibt Gefühle in deiner
Brust und in deinem Bauch ...

und mit jedem Atemzug werden

die Gefühle angenehmer ...

die wesentlichen Dinge
zu sammeln und das zu
beachten, was im
jeweiligen Moment
wichtig ist ...

sei es die Entspannung
deines Körpers oder
deiner Gedanken ...

und du kannst dir
vorstellen, dass deine
Gedanken wie Wolken
sind ...

Wolken, die an dir
vorüberziehen ...

und diese Wolken
verändern sich ...

Es gibt kleine Wolken,

es gibt größere
Wolken ...
Wolken ganz nah
Wolken weiter weg ...

weiße Wolken kommen
von
irgendwoher und ziehen

Vielleicht spürst du, wie ein
angenehmes Gefühl der Ge-
löstheit und der Ruhe deinen
Körper durchströmt ...

oder wie du mit jedem Ausatmen
mehr und mehr loslassen kannst,
einfach loslassen ...

Manchmal hat man das Gefühl,
ganz leicht zu sein, leicht,
ganz locker und dabei voll-
kommen

geborgen ...

Und so entspannt kannst du
mit deiner Phantasie auf eine

Reise gehen ...

und du kannst dir ganz leicht
vorstellen ...

in einem wunderschönen Garten
zu sein ...
an einem himmlischen Tag ...

irgendwohin ... es ist
gleichgültig ...

Gedanken werden gleich-
gültig ...

Gedanken werden zu
Wolken ...

Gedanken zu Wolken ...
Gedankenwolken ...

und das Schöne daran ist,

dass das Unbewusste
Dinge versteht, die der
Verstand
nicht verstehen kann ...

und dass dieses
Verstehen
einem sehr wichtigen
Zweck
dient ...

nämlich der Absicht,
für
dich da zu sein ...

Dinge für dich zu tun,
zunächst auf dieser
Ebene

Im Garten deiner Seele,
ein Garten voller Leben ...
und stell dir bitte weiter vor,

dass du durch deinen Garten
gehst, wie du die Erde unter

deinen Füßen spürst ...

gewahr wirst, dass diese Erde
dich trägt ...

du fühlst die angenehme
Wärme der Sonne auf deiner

Haut ...
das Streichen des Windes,

hörst den Gesang der Vögel,
und dieser Garten ist groß ...

Es gibt dort eine Wiese ...
Es gibt dort Beete und
Sträucher, verschiedene Arten

von Bäumen ...

und später,
mit Hilfe deines
Bewusstseins ...

auf der materiellen
Ebene.
Zum Beispiel beim
Erreichen deiner Ziele ...

Wichtig ist nur,
dass du dein Ziel
kennst,
dass du weißt,
wie dein Ziel
aussieht ...

wie es sich anfühlt,
wie du bist, wenn du
dieses Ziel erreicht hast ...

Nimm dir einfach einen
Moment Zeit, dir dein
Ziel genau vorzustellen.

Mache dir ein Bild von
deinem Ziel ... Forme dir
ein Bild von dir selbst,
wie du aussiehst, wenn
du dein Ziel erreicht
hast ...

und dieser Garten ist einzig-
artig ...

Diesen Garten gibt es
seit Beginn deines Lebens.

Und diesen Garten wird es
immer geben ...

Alles, was in diesem Garten
wachsen soll, bestimmst du ...
und du kannst diesen Garten
zu einem Paradiesgarten werden
lassen ...

und du wirst erstaunt sein
und dich freuen ...

und wenn du die genauen
Vorstellungen von dir und
deinem Ziel hast, dann
kann dein Unbewusstes auf
eine wunderbare Art und
Weise mit deinem Verstand
zusammenarbeiten.
Am Anfang ist immer der
Gedanke.

Jeder Gedanke ist ein
Samenkorn ...
hierin ist die große
Idee
und der genaue Bauplan
des Ergebnisses enthalten.

Wichtig ist nur, dieses
Samenkorn vollkommen
bewusst in die Erde zu
legen ...
und dann kannst du damit
beginnen, dich zu freuen

darüber, dass du dein Ziel bereits erreicht hast.

Wie dein Garten sich immer
besser entwickelt ...
wenn du einmal den Samen
gelegt hast ... wie dort
alles blühen und wachsen
kann ...

Auf dieser Ebene ...

das Verwirklichen auf der
materiellen Ebene ...

Die Sonne wird dort scheinen,

es wird zur richtigen Zeit
regnen ...

Der Garten liebt die Sonne
und den Regen, den Wind ...
den Tag und die Nacht ...

Er liebt den Frühling ...

und den Sommer,

den Herbst

und den Winter

denn der Garten fühlt, dass
dies alles zu seinem Besten
ist und dass er sich nur so
entwickeln kann ...

Und stelle dir das Geschehen
der Jahreszeiten vor ...

und spüre innen, dass dies
alles sehr wichtig ist für
den Garten ...

ist lediglich die Frage
einer kurzen
Zeitspanne ...

Jedes Ziel braucht seine
Zeit ...

einmal die Zeit, um in
dein Bewusstsein zu
gelangen, meistens
als Wunsch ...
der dann mehr und mehr
Klarheit gewinnt ...
heranreifen kann ...

eine Zeit der Ruhe
braucht,
in der du vielleicht noch
einiges überprüfen
kannst.

Lasse vor deinem geistigen
Auge noch einmal ...
dein Ziel entstehen ...
du kannst es genießen,
dieses gute Gefühl,

etwas Wichtiges für dich

für dich

Dein Paradiesgarten ...
Erlebe die gute Energie
dieses Gartens,

die wohltuende Wärme der
Sonne ... das Rauschen des
Windes in den Ästen und
Zweigen ... den Gesang der
Vögel ...

und das Plätschern von
Wasser ...

getan zu haben ...

Genieße es in all seinen
Teilen ...

mit all deinen Sinnen

wie es ist: Ich habe mein
Ziel erreicht.

Und tief innen kannst du
dich über all das freuen.
Mit jeder Faser deines Körpers,
mit jeder Faser deines Bewusstseins
kannst du dich freuen über deinen Garten,
über das Erreichen deiner Ziele, über dein Leben ...

(Pause, ca. zwei Minuten leichte, beschwingte Musik)

Und während du
gleich allmählich erwachst,
in deinem eigenen Rhythmus,
wird dein Gefühl schrittweise
immer stärker des Wohlbefindens
und Behagens steigern und mehr,
mit jedem Einatmen mehr,
und mehr ...

Und wenn du wach bist,

fühlst du dich sehr wohl,
ausgeruht und ganz klar.
Mit jedem Einatmen
atmest du etwas mehr ein,
als du eigentlich brauchst,
wirst wacher und wacher.
Und du kannst dich bewegen, wann immer
du es magst, und ganz wach sein.

Im Hier und Jetzt.

Phantasiereise: Gesundheit

Links	Rechts

Mache es dir bitte im Sitzen oder im Liegen so bequem wie möglich, angenehm wird es sein, wenn du deine Augen schließt...

(ruhige Musik)

Links	Rechts
Du hörst die Musik und du hörst meine Stimme. Du spürst deinen Körper auf der Sitzfläche oder der Unterlage,	Und es ist gleichgültig, ob deine Augen noch geöffnet sind oder sich
und du fühlst deinen Atem ...	jetzt schon geschlossen haben ...
und während dein Atem in dich ein- und ausströmt, hörst du weiterhin meine Stimme,	und diese Stimme kann wie eine eigene innere Stimme sein,

und du brauchst nicht bewusst
darauf zu achten,
du kannst mit jedem deiner
Atemzüge ruhiger werden.

Und während du gelöster und

lockerer wirst,
kommt und geht dein Atem,
und du bemerkst vielleicht,
wie es dir mehr und mehr gelingt,
loszulassen, geschehen zu
lassen, zu entspannen.

Du kannst in deinem Körper
fühlen, wie du immer lockerer

wirst, ruhiger und weicher ...

du entspannst auf deine eigene
Art und Weise.

Jeder Mensch hat seinen eigenen
Rhythmus.

Manchmal geht man schneller in
Trance,

der du zuhörst ...

du kannst dich aber auch
mit etwas ganz anderem
beschäftigen,

mit Gedanken,

die kommen und gehen ...

mit Gedanken, die an dir
vorüberziehen ...

und du kannst dir einmal
vorstellen,

dass deine Gedanken
Blätter sind,
Blätter, die im Herbst
von den Bäumen fallen ...

langsam zur Erde
schweben, vom Wind
getragen ...

Jedes Blatt hat seine
eigene Form,

und jedes Blatt ist
anders ...
Es gibt große Blätter,
es gibt kleine Blätter,

manchmal vertieft sich die
Trance ...

gelbe Blätter und rote
oder braune Blätter,

und während all dies geschieht

manche Blätter schweben
langsam, manche fallen
schneller,

kannst du noch gelöster sein,
jetzt schon entspannter,

und manchmal verändert
sich etwas,
und man ist überrascht
und erstaunt,

und du kannst in deinem Körper
fühlen,

und oft bemerkt man erst
später,

dass es dort ein entspanntes
Gefühl gibt,

dass sich etwas verändert
hat,

ein Gefühl der Gelöstheit, mag
sein, jetzt schon,

und du bemerkst
vielleicht, dass einige
dieser Blätter schneller
zu Boden sinken ...

aber du brauchst nicht besonders
darauf zu achten, denn die
Entspannung kann einfach da sein,
überall in deinem Körper

und vielleicht bemerkst
du, dass es immer weniger
Blätter werden, dort an
den Bäumen, nun auf der
Erde überall Blätter,

und es interessiert dich immer
weniger,

Blätter, die von Bäumen
gefallen ...

wo du in deinem Körper mehr
entspannt bist,

und es genügt, einfach dazu-
liegen

und zu fühlen,
zu atmen,
zu spüren,
zu genießen,
und du kannst dich immer
behaglich fühlen,

und es ist ein Zustand, in dem
man nichts tun möchte,

in dem du einfach nur noch
genießen kannst -
dieses Gefühl der Entspannung,
unendlich,

bis nur noch ein großes Gefühl
übrig bleibt.

Genieße das, da zu sein.
Das Bewusstsein, zu existieren,
zu sein.

Du bist einfach da,

Gedanken sind wie
Blätter

Gedanken - Blätter

Gedankenblätter,
und es interessiert dich
immer weniger,
ob sie groß sind

oder klein ...

und langsam verlieren
sie ihre Form,

haben alle die gleiche
formlose Form ...

nur noch Bewegung,
unendlicher Raum, unend-
liche Bewegung ...

unendliche Weite ...

Im Laufe deines Lebens

und du darfst dich noch mehr
erholen ...
und du hast die Fähigkeit,

dir vorzustellen, als Phantasie,
in einer schönen Landschaft zu
sein,

an einem wundervollen Tag.

Die Sonne scheint angenehm warm,
und es weht ein sanfter Wind,
die Luft ist ganz klar,

und du hast einen freien Blick

nach allen Seiten,
in jede Richtung ...

und du findest einen Weg dort,
einen Weg, der dich zu einem
sehr wichtigen Ort führen wird ...

wurde dein Verstand
unablässig programmiert,
beabsichtigt oder nicht.

In diesem Zustand
kannst du deinen Verstand ganz bewusst programmieren,

kannst ihm beibringen,
wie er zu denken hat,
was er zu denken hat,
denn dein Verstand ist
für dich da, so wie
alles

für dich da ist ...
In deinem Leben hast
du Dinge gelernt, du
hast Fähigkeiten erworben, und alles hatte

seinen Sinn.

Alles, was in deinem
Leben war, hat dich zum
Jetzt geführt, zu diesem
Moment, in dem du vollkommen bewusst bist,

deine Gedanken ganz
konzentriert, auf einen
bestimmten Zustand zu

lenken,

Während du die gesamte Umgebung wahrnimmst,

beginnst du hier und
heute damit, deine
Gesundheit bewusst zu
verursachen ...

gehst du weiter,
bis du in einiger Entfernung

Du hast bereits alle
Fähigkeiten, die du
brauchst ...

ein wunderschönes, helles
Gebäude siehst,
eine Art Tempel ...

du kannst deine Gesundheit bewusst verursachen,

und auf diesen Tempel
gehst du zu, während dich
eine wunderbare Stimmung
durchströmt ...

kannst dir heute Raum
geben, dir und deinen
Mitmenschen,

ein immer erahntes Gefühl ...
du spürst die Energie, die von
diesem Ort ausgeht ...

deiner gesamten Umgebung,

und wenn du ganz nah bist,
kannst du erkennen, dass über
der Eingangstür

und du kannst jetzt
schon wissen,

etwas geschrieben steht

dass du dein Ziel
erreicht hast.
Du kennst dein Ziel.

In goldenen Buchstaben steht dort:

TEMPEL DER GESUNDHEIT

Und während du dich vielleicht
noch ein wenig wunderst,

Weißt du, wie du dich
fühlst, wenn du gesund
bist?

gehst du auch schon in diesen
Tempel hinein,

Du weißt, wie du aus-
siehst, wenn du gesund
bist ...

in einen sehr hellen Raum.

und du weißt, dass du
heute damit beginnst,
diesen Zustand zu ver-
wirklichen ... jetzt, von
diesem Moment an ...

In der Mitte dieses Raumes

steht ein sehr bequemer Sessel,
in den du dich setzt, während
von oben ein angenehmes warmes,
goldenes Licht strömt,

denn aus Gedanken wird
Materie ...

eine sehr reine Energie, und
während du es dir in deinem
Sessel noch bequemer machst,

ein uraltes Wissen
bewusst gelebt ...

strömt diese Energie bereits
in dich ein, und du spürst
mehr und mehr, dass dieses Licht
das Licht der Gesundheit ist.

Goldenes Licht vollkommener
Gesundheit ...

und du kannst dich
bereits innerlich darauf
freuen,

und du kannst dein Bewusstsein
mehr und mehr öffnen für das
goldene Licht, das durch deinen
Körper strömt.

Und auch hierauf brauchst du
nicht bewusst zu achten, denn
es geschieht von alleine ...

Dieses Licht strömt in dich ein,
in jede deiner Körperzellen,
und du bemerkst, wie du harmo-
nischer und gelöster bist ...

Du atmest ruhig und gelassen,
und mit jedem deiner Atemzüge
strömt mehr von diesem sehr
angenehmen Licht in dich ein,

und du spürst, wie du dich noch
mehr öffnen kannst
für dieses Licht und
damit für die Gesundheit ...

Du lässt Gesundheit in deinen
Körper hinein, in jede Faser
deines Körpers,
das Licht der Gesundheit.

dass aus deinen Gedanken
und Bildern Wirklichkeit
wird ...

dass du dich schon in
einem Zustand vollständi-
ger Gesundheit siehst ...

und du bemerkst, dass du
dich freust und dass
andere sich mit dir
freuen ...

und dass es vollkommen in
Ordnung ist,

wenn du gesund bist ...
und alle, die daran
beteiligt sind, ob direkt
oder indirekt, profi-
tieren davon.

und deines Bewusstseins

Und du meditierst für deine
Gesundheit, während das Licht
sich in dir ausbreitet,
sagst du innen die Worte:
Ich bin vollkommen gesund.
Gesundheit erfüllt mein ganzes Sein.
Mein Körper, mein Geist und meine Seele
sind gesund. Ich begrüße und
empfange das goldene Licht der
Gesundheit.
Ich freue mich, dass ich teilhaben kann
an dieser göttlichen Energie.

bist du gesund,
bist du geheilt ...

(jetzt für ca. zwei Minuten nur Musik, z.B. Pachabel)

Ganz erfüllt, in einer
wunderbaren Stimmung, erhebst
du dich aus diesem Sessel
in der Mitte des Tempels.

Und du bist dir sicher,
dass du die Kraft und die
Fähigkeit hast, gesund
zu sein.

Du verlässt nun den Tempel
mit einem Gefühl tiefer Dankbarkeit und kommst wieder in
diese Landschaft, weißt gleichzeitig, dass du jederzeit zurückkehren kannst ...

Du kannst jede Aufgabe,
die du erhältst, auch
lösen.

und du findest den Weg, der
dich zurück an die Oberfläche
des Seins führt ...

Du erreichst dein Ziel

und auch wenn du jetzt
allmählich
zurückkehrst,
mit deinem Bewusstsein
in diesen Raum,
hierher ...
in das Wachbewusstsein,

kannst du wissen,
dass diese Licht in dir ist
und bleibt.
Wenn du gleich ganz wach bist,
fühlst du dich sehr wohl,
ausgeruht und klar.
Mit jedem Einatmen wirst du
wacher und klarer.

Du kannst dich bewegen, wann
immer du es magst,
dich recken und strecken
und ganz wach sein,
im HIER und JETZT.

Ende der Mentalübungen.

Übung zur Anrufung des Traumbewusstseins

Nehmen Sie sich die Zeit für eine kurze Übung. Am besten abends, kurz vor dem Einschlafen. Setzen oder legen Sie sich hin, und meditieren Sie zu folgendem Text:

Ich bin vollkommen ruhig und angenehm entspannt,
ich atme ruhig und fühle mich mit jedem Atemzug wohler ...
ich kann spüren, wie jeder meiner Atemzüge
mich tiefer und angenehmer entspannt ...
Alles, was ich brauche, ist bereits vorhanden,
jetzt und immer ...

Ich entdecke mehr und mehr die Weisheit
meines Traumbewusstseins.
Ich vertraue mehr und mehr
der Kraft meiner inneren Stimme.
Ich nehme die Botschaften meines Traumbewusstseins wahr und lasse sie in mein Leben einfließen,
ganz selbstverständlich ...
dies tue ich voller Freude und Dankbarkeit.

Übungen zum Kapitel Krankheit

Fragen:

1. Wann in Ihrem Leben haben Sie welche Krankheit gehabt?
2. Was hat Ihnen diese Krankheit ermöglicht?
3. Was hätten Sie damals getan, wenn Sie gesund gewesen wären?
4. Welche Konsequenzen hätte dies damals gehabt?
   (Phantasieren Sie ruhig einmal!)

Übungen zu den Schatten

Schritt 1:
Nehmen Sie einfach an, Sie haben diese »negativen« Anteile in sich (zum Beispiel Wut, Hass, Aggressionen, Neid, Eifersucht und Ähnliches).

Schritt 2:
Erkennen und spüren Sie die einzelnen Teile (eine Möglichkeit dazu ist die kreative Trancereise der Übung am Ende dieses Kapitels).

Schritt 3:
Werden Sie sich der Kraft dieser Teile bewusst. Diese Energie können

Sie für sich nutzen, indem Sie sich erlauben, sie im Tanz oder in dynamischen Meditationsformen auszudrücken.
Oft habe ich von Teilnehmern meiner Seminare gehört, dass sie Angst hätten, »verrückt« zu werden, wenn sie z. B. toben oder schreien. Meiner Meinung nach werden Sie eher verrückt, wenn Sie es nicht tun. Unsere psychiatrischen Anstalten sind voll von Leuten, die, aus welchen Gründen auch immer, nie die Möglichkeit hatten, sich so auszudrücken, deshalb haben sie dazu diese Möglichkeit gewählt (meist unbewusst). Sie haben sich »verrückt«.

Kreative Trancereise zu Ihren Schatten
(Mit Schatten meine ich Ihre »unerwünschten« Seiten.)

Zunächst möchte ich Ihnen die kreative oder aktive Trancereise beschreiben. In diesem Buch finden Sie passive Trancereisen. Das heißt, Sie sitzen oder liegen entspannt und hören sich eine Phantasiereise an, die Sie in Ihrer Vorstellung nachvollziehen.
Die aktive Trance geht einen Schritt weiter. Sie beginnt meistens im Stehen. Setzen Sie sich am besten eine Augenbinde auf, das erleichtert es Ihnen, die Augen geschlossen zu halten. Auch sollten Sie genügend Platz um sich herum haben, und Ihr Partner, der Ihnen diese Reise vorliest, muss aufpassen, dass Sie sich nirgendwo anstoßen.
Bei der aktiven Trance wird nämlich Ihr Körper miteinbezogen. Das heißt, Sie führen die Bewegungen in der Reise tatsächlich aus. Wenn es zum Beispiel heißt, Sie gehen eine Treppe hinunter, so bewegen Sie Ihre Beine bitte so, als würden Sie wirklich eine Treppe hinabgehen. Wenn es heißt, Sie öffnen eine Tür, so tun Sie so, als würden Sie wirklich eine Tür öffnen, Sie drücken also mit der Hand eine imaginäre Tür auf.

Diese Methode hat sich als sehr sinnvoll erwiesen, zum Beispiel kommen Menschen, die mit Visualisierungen Schwierigkeiten haben, viel schneller und besser in die Phantasiereise hinein. Diese

Erfahrung ist außerdem »ganzheitlicher«, als wenn sie sich nur »im Kopf« abspielen würde. Die hier beschriebene Technik bezieht sich auf alle aktiven Trancereisen, die Sie in diesem Buch finden.
Doch nun zur Reise zu Ihren Schatten. Während der Reisen werde ich als Anrede das »Du« benutzen. Auch das hat sich als sehr sinnvoll herausgestellt.

Reise zu den Schatten

(Diese Reise ist am besten in einer Gruppe mit einem qualifizierten Leiter durchzuführen. Für diese Phantasiereise eignet sich z. B. eine Musik von Vangelis gut, wie: L'Apocalypse des Animaux)

Stelle dich ganz bequem hin und verteile dein Gewicht gleichmäßig auf beide Füße.
Atme gleichmäßig in deinen Bauch ein und aus, während du deine Schultern lockerst. Lockere und löse deine Rückenmuskeln soweit es dir in dieser Position möglich ist.
Stelle dir bitte Folgendes vor: Du gehst durch diesen Raum, in dem du dich befindest ... und entdeckst eine Tür, die du vorher noch nie gesehen hast ...
Während du vielleicht darüber noch erstaunt bist, gehst du auch schon auf diese Tür zu und öffnest sie. Es geht ganz leicht.
Jetzt erkennst du, dass du am oberen Rand einer Treppe stehst. Breite Stufen führen nach unten. Du kannst dich an einem Geländer festhalten und langsam nach unten gehen, Stufe für Stufe ... in deinem Tempo ... tiefer und tiefer ... Du spürst diese Treppe unter deinen Füßen und bemerkst, ob sie mit einem Teppich ausgelegt ist, oder ob es sich um eine Holztreppe handelt ... In jedem Fall gehst du vollkommen mühelos Stufe für Stufe tiefer ... bis du zu einer Plattform kommst, wo du dich einen Moment ausruhen kannst ...

Dann, nach einer kurzen Zeit, gehst du immer noch tiefer ... und

irgendwie weißt du, dass du schon unter der Erde sein musst, und richtig, die Stufen dieser Treppe sind inzwischen aus Stein oder Erde..., aber immer ist das Licht hier unten so, dass du noch etwas sehe kannst.
Auch die Temperatur ist hier unten angenehm ... Die Treppe ist gleich zu Ende, und du bemerkst einen Gang, der in die Erde hinein weiterführt ... Dieser Gang wird dort vorne, wo du hinschauen kannst, weiter, aber jetzt musst du etwas gebückt gehen, um nicht anzustoßen, manchmal ist es auch enger, dann hast du wieder mehr Raum, es ist ein ganz natürlicher Gang ...
In einiger Entfernung kannst du Schatten durch Gänge und Räume huschen sehen, auch irgendwelche Geräusche hörst du von dort ...
Aber weil du weißt, dass dies ein sehr wichtiger Ort für dich sein wird, gehst du weiter ... Und jetzt siehst du, wie einer dieser Schatten auf dich zukommt und deutlicher wird, sodass du seine Gestalt erkennen kannst ... und auch wenn du eben vielleicht noch erschrocken warst, jetzt bei näherem Hinsehen fällt es dir immer leichter, diesem Wesen zu begegnen ...
Und wenn du jetzt ganz nah vor ihm stehst, verwandelst du dich allmählich in dieses Wesen. Du wirst vollkommen zu diesem Wesen ... in seiner Gestalt, seinen Geräuschen ... und während du dich verwandelst, kannst du auch seinen Namen wissen ... vielleicht ist sein Name Wut oder Hass oder Eifersucht oder anders ... jedenfalls wirst du für eine Zeit lang vollkommen dieses Wesen, du bewegst dich so, du machst die gleichen Geräusche oder sagst einen Satz, der typisch für dieses Wesen ist ...

(In einer Gruppe ist es jetzt sinnvoll, wenn die Teilnehmer ihre Augenbinden abnehmen und miteinander als diese Wesen kommunizieren, agieren, diese Wesen spielen, bis der Leiter fortfährt)

Und nachdem du jetzt weißt, wie dieses Wesen ist und welche Kraft es hat und welchen Drang sich auszudrücken, kannst du dich zurückverwandeln und weitergehen, immer weiter in die Erde ... bis du vor

einem neuen Wesen stehst ...
(kurze Pause)

Auch dieses neue Wesen erkennst du jetzt ganz deutlich, und vielleicht weißt du jetzt schon seinen Namen ... auch in dieses Wesen verwandelst du dich und bist für eine kurze Zeit dieses Wesen ... mit seinen Bewegungen ... seinen Geräuschen ... und vielleicht auch mit seinem typischen Satz ...

(Auch hier lässt der Leiter die Teilnehmer miteinander agieren.)

Und nachdem du auch weißt, wie dieses Wesen ist, kannst du dich wieder zurückverwandeln in dich, so wie du bist ...beim Weitergehen durch diese unterirdischen Räume spürst du auch die Kraft, die hier wohnt ... bis wieder ein Wesen vor dir steht ... vielleicht jetzt schon ganz deutlich, und da du schon Übung hast, gelingt es dir immer leichter, dich zu verwandeln, so zu sein, wie dieses Wesen, mit einem typischen Satz und mit der typischen Sprechweise dieses Satzes ...

Und du kannst es immer mehr auskosten, so zu sein wie dieses Wesen, das so lange im Verborgenen gelebt hat ...
Und nachdem du dies eine Zeitlang gewesen bist, verwandelst du dich allmählich wieder zurück in dich selbst, du spürst aber ganz deutlich die Kraft und Energie dieser Wesen in dir ...
Und wenn du dich jetzt umschaust, siehst du all diese Wesen, in die du dich verwandelt hast, um dich herumstehen, aber sie sind freundlicher geworden, und wenn du jetzt eine Musik hörst ...
(Der Leiter kann nun eine passende Musik einspielen - es eignet sich z. B. ein Stück von Cusco)
... erkennst du, dass diese Wesen anfangen zu tanzen und dich auffordern, mit ihnen zu tanzen ... und du beginnst mit ihnen zu tanzen, dich mit ihnen nach dieser Musik zu bewegen ... und wenn der Tanz zu Ende ist, verabschiedest du dich von diesen Wesen, und wenn du jetzt weitergehst, bemerkst du, dass der Weg ein wenig ansteigt und wie es

langsam heller wird und du immer besser gehen kannst ...
und jetzt merkst du, dass du irgendwie anders gehst als vorhin, leichter, beschwingter, mit mehr Kraft in dir ...

(kurze Pause)

Schon bald siehst du wieder das untere Ende deiner Treppe ... und du gehst jetzt diese Treppe wieder nach oben, aber sehr entspannt und gleichzeitig kraftvoll ... Stufe für Stufe ... bis du wieder bei der Plattform bist, auf der du dich noch einmal ausruhen kannst, bevor du weitergehst, immer weiter nach oben ... du findest hier oben wieder die Tür zu diesem Raum, öffnest sie und betrittst diesen Raum hier, mit dem Gefühl, etwas sehr Wichtiges und Wertvolles getan zu haben...
Und jetzt kannst du wieder ganz hier sein, an der Oberfläche des Seins, ausgeruht und mit einem guten Gefühl ...

(In der Gruppe sollte nach einiger Zeit eine Nachbesprechung stattfinden.)

Rosenmeditation

Eine schöne Möglichkeit der Vergebung ist die folgende Phantasiereise, die ich Rosenmeditation nenne:
Setzen Sie sich dazu in einen bequemen Sessel, und entspannen Sie sich. Lassen Sie sich den Text vorlesen, oder besprechen Sie eine Kassette mit folgendem Text:

Du hörst meine Stimme und du spürst deinen Atem ... dein Atem strömt ruhig und gleichmäßig ein und aus ...
Du entspannst deinen Schultergürtel und deine Oberarme ... deine Arme bis hinunter in deine Hände ... ruhig kommt und geht dein Atem... und während du deinen Atem spürst, kannst du immer ruhiger

werden, immer besser loslassen ... in deinem eigenen Rhythmus ... Du entspannst deinen Brustkorb mit den Atemmuskeln ... deine Rückenmuskeln ... deinen ganzen Oberkörper ... und die Ruhe und Gelöstheit strömt durch deinen ganzen Körper, auch in deine Beine, hinunter bis in deine Füße ...

Und nun lasse bitte vor deinem geistigen Auge das Bild einer schönen Landschaft erscheinen, einer Landschaft im Sommer an einem klaren Tag ... die Sonne scheint, und es ist angenehm warm ...

Stelle dir bitte weiter vor, dass du unter einem starken Baum sitzt, der dir mit seiner weitausladenden Krone Schatten spendet ... an dem Stamm dieses Baumes bist du angelehnt und fühlst dich sehr wohl ... der Blick in diese Landschaft ist frei und weit ... du hörst den Gesang der Vögel, die in den Ästen und Zweigen spielen, sowie das leise Rauschen des warmen Sommerwindes ...

(kurze Pause)

Schließlich bemerkst du, dass du einen Strauß roter Rosen in deinen Armen hältst ... sehr schöne, langstielige rote Rosen ...

Du atmest den süßen Duft der Rosen ein ... und dabei geht dein Blick wieder in die Landschaft, und du siehst einen Weg, der gerade an dir vorbeiführt ...

Auf diesem Weg werden gleich Menschen zu dir kommen, Menschen aus deinem Leben, die dich in irgendeiner Art und Weise verletzt haben, über die du dich einmal geärgert hast, von denen du dich ungerecht behandelt fühlst ..., unabhängig davon, ob sie noch leben oder nicht, denn in deinem Bewusstsein leben sie noch ...

(kurze Pause)

Der oder die erste kommt schon auf dich zu, durch diese Landschaft ... kommt immer näher und setzt sich schließlich zu dir hin ... und du schaust diese Person an, schenkst ihr eine Rose und vergibst ihr ... nur dies ...

(Pause)

Dann schaust du dieser Person nach, wie sie mit deiner Rose weggeht, einfach ihren Weg weitergeht und dem nächsten Menschen Platz macht ...

(Pause)
Du wiederholst das gleiche Ritual mit diesem Menschen ... du schenkst ihm eine Rose und vergibst ihm, wenn du kannst, bedanke dich bei ihm für das, was du durch ihn lernen konntest...
(Pause)
Und wenn auch dieser Mensch gegangen ist, hast du Zeit, allen Menschen, die vielleicht noch kommen, eine Rose zu schenken ... und dafür hast du alle Zeit, die du brauchst ...
(Pause)
Nach einiger Zeit bist du wieder allein mit dir in dieser Landschaft unter deinem Baum, an den du dich noch einmal ganz bewusst anlehnst ... Spüre seine Kraft in dich einströmen ... seine Ruhe ... seine Gelassenheit ...(Pause)
Und mit dieser Kraft, dieser Ruhe und Gelassenheit kehrst du allmählich wieder zurück in diesen Raum in deinen Sessel ... Nach wenigen Atemzügen spürst du deinen Körper wieder mehr und mehr, orientierst dich zurück an die Oberfläche des Seins, hierher in diesen Raum... und wenn du jetzt wach bist, fühlst du dich sehr wohl und ausgeruht, ganz im Hier und Jetzt.

Ende der Rosenmeditation

(Vers aus der Bibel: Was ihr dem geringsten meiner Brüder getan habt, habt ihr mir getan.)

Partnermeditation - Ich bin ein Fluss

Diese Phantasiereise sollten Sie gemeinsam mit Ihrem Partner durchführen. Den Text lassen Sie sich vorlesen oder sprechen ihn vorher auf Kassette.
Setzen Sie sich bequem hin, sodass Sie Ihren Partner anschauen können. In der Nähe sollte eine Kerze brennen.
Fassen Sie sich an den Händen, und schließen Sie nach einigen

Atemzügen ihre Augen. (Sehr gut eignet sich die Musik CASCADE von Terry Oldfield, aber auch leichte klassische Musik oder Mantras.)

Ich halte meine Augen geschlossen und atme ruhig und gleichmäßig ein und aus. Ich atme im Rhythmus meines Partners.
Ich spüre die Hände meines Partners in meinen Händen.
Ruhe strömt zu mir und von mir.
Durch unsere Hände und unseren Atem haben wir eine intensive Verbindung für die Dauer dieser Meditation.

Ich entspanne mich auf eine angenehme Art und Weise jetzt noch tiefer, noch ruhiger ...
Ich beginne zu ahnen, dass mein Bewusstsein grenzenlos ist, dass ich eintauchen kann in die Dinge, eintauchen kann in die Natur, ja selbst in andere Wesen, in das gesamte Universum ...
Innere Ruhe erfüllt mein ganzes Sein, mehr und mehr ...
Alle Grenzen waren Fiktionen meines Verstandes, meines begrenzten Intellekts ...
Ich erahne mehr und mehr die wahren Dimensionen meines Seins. So kann ich mit einem Teil meines Bewusstseins in diesem Raum bleiben, mit einem anderen Teil diesen Raum verlassen ...

Ich bin in einer wunderschönen Landschaft ...
Ein Fluss fließt durch diese Landschaft, durch Wiesen und Felder, vorbei an blühenden Bäumen ...
Ich tauche nun mit meinem Bewusstsein in diesen Fluss, ich werde zu diesem Fluss ...
Ich bin dieser schöne Fluss, der durch die Landschaft fließt ... mein Wasser ist klar ... mal fließe ich schnell, mal langsam, so wie es die Landschaft zulässt. Es macht Freude, zu fließen ... während ich fließe, spüre ich die Kraft in meiner Weichheit ... intuitiv erspüre ich meine Richtung, es ist wie ein sich-treiben-lassen und doch genau wissen, dass ich richtig ankomme ... es ist wie ein ewiges Loslassen ...
Ein ewiges Vertrauen ist diese Existenz ...

Ich verbinde mich mit anderen Flüssen und gemeinsam strömen wir weiter, dem großen Ziel entgegen ...
Mächtiger jetzt ... und ruhiger ...
In diesem Fluss ist ein große Kraft, die ich mit jedem Atemzug deutlicher spüren kann ...
Auch wenn ich es nicht sehen kann, ahne ich das große Ziel:
Einssein mit allem.
Auf eine wunderbare Art und Weise erlebe ich dies jetzt mit meinem Hineinfließen in das Meer ...
gleichzeitig weiß ich, dass ich angekommen bin ...
Jetzt bin ich ein Teil des Ziels, ich bin das Ziel.
Aus diesem Bewusstsein komme ich, und in dieses Bewusstsein darf ich wieder eintauchen nach meinem langen Weg.

Auch wenn ich jetzt gleich mit meinem Bewusstsein wieder vollständig zu meinem Körper zurückkehre,
kann dieses Wissen in mir sein.
Aus diesem uralten Wissen
schöpfe ich Kraft und Klarheit.

Diese Kraft und Klarheit fließen auch zwischen meinem
Partner und mir ... hin und zurück ...
ich spüre die Hände meines Partners
und komme allmählich zurück in diesen Raum des Bewusstseins, an die Oberfläche des Seins.

In das Hier und Jetzt.

(Nach dieser gemeinsamen Meditation legen Sie sich einfach hin und ruhen sich aus.)

Übung zur Entprogrammierung

(passive Phantasiereise)
Musikbegleitung: Barockmusik oder Musik von Deuter

Sorge zunächst dafür, dass du weder durch Telefon noch Sonstiges gestört werden kannst. Lege dich dann auf eine bequeme Unterlage und lockere deine Kleidung, so dass du frei atmen kannst.
Vielleicht nimmst du von irgendwo aus deiner Umgebung Geräusche wahr ... Hier in diesem Raum hörst du die Musik und meine Stimme ... Du spürst deinen Körper auf der Unterlage ... und du fühlst deinen Atem ... mit jedem deiner Atemzüge wirst du ruhiger und gelöster ... Stelle dir vor, du atmest Ruhe ein ... und Spannung aus ..., so entspannst du nach jedem Ausatmen ein wenig tiefer ... und tiefer ...
Ein sehr angenehmes Gefühl der Gelöstheit und der Ruhe durchströmt deinen Körper, wenn du damit beginnst, deine Muskeln zu lockern ... vielleicht zunächst deinen Schultergürtel mit den Nackenmuskeln ...
lockere auch deine Arme, ... deine Hände bis in die Fingerspitzen ... spüre dann, wie deine Rückenmuskeln noch weicher werden können ... deine Gesäßmuskeln ...deine Oberschenkel ... und die Entspannung strömt deine Beine hinunter bis in deine Füße und Zehen ... dein Körper ist wohlig warm und entspannt ... vollkommen ruhig ...
So entspannt kannst du dich auf deine Reise begeben, die sehr wichtig für dich sein wird ...

(kurze Pause)

Stelle dir bitte vor, um dich herum ist es ganz dunkel ... du bist in einem Gang tief unter der Erde ... es ist angenehm warm, und du tastest dich an den Wänden des Ganges entlang, durch den du einfach weitergehst ...

(kurze Pause)

Inzwischen gewöhnen sich deine Augen auch an die Dunkelheit, und du beginnst, mehr und mehr von deiner Umgebung zu sehen ... die Wände des Ganges ... den Boden, auf dem du gehst ...
Immer weiter gehst du diesen unterirdischen Gang entlang ... und nach einiger Zeit wird es heller ... und du kannst erkennen, dass sich dir von dort vorne eine Person nähert, die gebeugt geht ... und wenn du noch näher kommst, siehst du, dass dieser Mensch in Lumpen gehüllt ist und dass er Narben und Wunden an seinem Körper hat ...
Du kommst diesem Menschen näher ... und stößt auf einmal gegen etwas Hartes, und im gleichen Moment weißt du, dass du vor einem Spiegel stehst und dass du dieser andere Mensch selbst bist ... du betrachtest dich in diesem Spiegel ... du siehst deine Verletzungen ... deine Narben ...

(kurze Pause)

Etwas später tastest du dich an diesem Spiegel entlang ... und gehst schließlich um ihn herum, weiter durch den Gang, der jetzt leicht ansteigt ... und heller wird es auch dort vorne ... immer noch gebeugt gehst du diesen Gang weiter, immer heller wird es, bis du weißt, dass du dich dem Ausgang näherst ... noch ein paar Schritte, und du gelangst ins Freie ... in eine wunderschöne Landschaft ... zunächst bist du ein wenig geblendet von der Sonne ... aber auch hieran gewöhnen sich deine Augen schnell ... und du nimmst deine wunderschöne Umgebung immer mehr wahr ... die Wiese, die Bäume, den Weg auf dem du weitergehst ...
Und du gelangst zu einem kleinen Gewässer, einem See oder einer Quelle ... ganz klares Wasser ... am Rand kniest du nieder und schöpfst mit deiner Hand Wasser ... und wenn du es kostest, merkst du, wie dich dieses Wasser erfrischt und stärkt, mit jedem Schluck strömt neue Kraft in dich ein ... und du spürst, dass dieses Wasser dich heilt ...

(Pause)

Schließlich beginnst du deine Lumpen auszuziehen ...
und dann steigst du in dieses heilende Wasser ...
Es ist ein wunderbares Gefühl,
das Wasser um deine Haut zu spüren,
warm und weich ... ganz hinein gehst du ...
vielleicht kannst du ein wenig schwimmen
oder dich einfach hineinlegen ...
aber du spürst bereits jetzt,
dass dieses Wasser deine Wunden heilt ...
wenn du deine Arme aus dem Wasser hebst, siehst du,
dass deine Haut geheilt ist ...genieße es, dort in diesem Wasser zu sein...

(Pause)

Irgendwann kommst du aus dem Wasser heraus und siehst neben neuen, schönen Kleidern ein Tuch liegen, mit dem du dich abtrocknest, bevor du deine neuen Kleider anziehst ... und so erfrischt und geheilt weitergehst durch diese Landschaft, die dir nun noch schöner erscheint als vorher ... klarer und vielleicht weiter ... in jedem Fall nimmst du von jetzt an viel mehr wahr als vorhin ... und du weißt, du bist geheilt ...
Mit diesem Gefühl kehrst du allmählich zurück in diesen Raum, an die Oberfläche des Seins ... mit jedem Atemzug wirst du wacher und klarer ... bis du ganz wach bist ... im Hier und Jetzt.

Ende der Phantasiereise

Mobbingtest

Sind Sie ein Opfer von Mobbing?

Mobbing fängt meist in kleinen Dosierungen an und steigert sich immer mehr. Wenn Sie es bemerken, ist es oft schon zu spät. Dieser Test kann Ihnen helfen, zu erkennen, ob an dem Platz, an dem Sie sind, gemobbt wird.
Addieren Sie die Punkte der 31 Aussagen. Je höher die Punktzahl am Ende des Tests, umso sicherer sind Sie ein Opfer von Mobbing.

Ihre Möglichkeiten, sich frei zu äußern sind stark eingeschränkt. 20P
Sie gehören einer anderen Nationalität oder Religion an, als die meisten anderen in der Firma. 15P
Sie werden öfter angeschrien oder ausgeschimpft als andere, obwohl Sie Ihrer Meinung nach gut arbeiten. 10P
Sie sind von Kollegen noch nie privat eingeladen worden. 5P
Sie werden mit Telefonterror belästigt. 20P
Die Kollegen verstummen, wenn Sie den Raum betreten. 10P
Man lacht über Sie. 10P
Man spricht nicht mehr mit Ihnen. 20P
Sie werden ständig kritisiert. 15P
Man verbreitet Gerüchte über Sie. 15P
Sie haben eine Behinderung. 10P
Man greift Ihre politische oder religiöse Meinung an. 10P
Bei der letzten Beförderung sind Sie übergangen worden. 15P
Sie sind sexuellen Belästigungen verbal oder tätlich ausgesetzt. 20P
Man zwingt Sie Arbeiten auszuführen, die Ihr Selbstbewusstsein verletzen. 20P
Man stellt Ihre Entscheidungen in Frage. 10P
Man imitiert Sie, Ihren Gang, Ihre Stimme, Ihr Lachen ... 20P
Sie bekommen sinnlose Aufgaben. 15P
Man gibt Ihnen Aufgaben weit unter Ihrem Können. 10P
Man gibt Ihnen Aufgaben, die Ihre Qualifikation übersteigen. 10P

Man verdächtigt Sie, psychisch krank zu sein. 15P
Sie haben keine Freude mehr an Ihrer Arbeit. 15P
Sie waren in letzter Zeit öfter krank. 15P
Sie sind in letzter Zeit gereizt. 10P
Man zwingt Sie, gesundheitsschädliche Aufgaben zu übernehmen. 15P
Sie gehen nicht zur Betriebsfeier. 10P
Ihnen wurde schon einmal körperliche Gewalt angedroht 15P
Sie haben schon öfter den Arbeitsplatz gewechselt. 10P
Sie gehen weniger aus als früher. 10P
Kollegen werden gegen Sie aufgestachelt. 20P
Man macht Witze auf Ihre Kosten. 20P
Kollegen, zu denen Sie früher engeren Kontakt hatten, ziehen sich zurück. 15P
Sie leiden an Schlafstörungen. 10P

Auflösung:
Gesamtpunktzahl unter 40 Punkte:
Sie brauchen sich keine Sorgen zu machen. Eine Auseinandersetzung oder ein Konflikt ist noch kein Mobbing und sollte in einem ruhigen Gespräch beigelegt werden können. Wenn Konflikte gut gelöst werden, wird die Erfahrung daraus sogar eine Bereicherung sein. Unter Umständen bitten Sie eine neutrale Person zu Ihrem Gespräch dazu.

Gesamtpunktzahl 40 - 80 Punkte:
Es kann der Anfang von einem Mobbing sein, kann aber auch andere Ursachen haben, wie Konflikte zu Hause oder im Freundeskreis. In jedem Falle sollten Sie Ihre Lebenssituation hinterfragen. Aber auch hier sollte es noch möglich sein, mit der betroffenen Person ein klärendes Gespräch zu führen. Machen Sie keine Vorwürfe, sondern sprechen Sie über Ihre Gefühle. Fragen Sie, ob der andere an einer Klärung der Situation interessiert ist. Achten Sie darauf, ob Sie ein eindeutiges Ja bekommen. Wenn nicht, bitten Sie eine neutrale

Person dazu. In vielen Betrieben gibt es schon einen internen Coach.

Gesamtpunktzahl 80 - 165 Punkte:
Sie sind Mobbing ausgesetzt, müssen aber nicht »das Handtuch werfen«.
Durch selbstbewusstes Auftreten und mutiges Ansprechen der Situation, sollten Sie das Schiff noch wenden können. Wenden Sie sich an eine Person Ihres Vertrauens, oder nehmen Sie professionelle Hilfe in Anspruch. Sprechen Sie in jedem Falle auch mit Ihrem Vorgesetzten. Es gehört zu dessen Aufgaben, für das Wohl der Mitarbeiter zu sorgen.

Gesamtpunktzahl über 165 Punkte:
Sie sind Opfer von Mobbing. Die Situation ist für Sie unerträglich, und Sie sollten sich nicht scheuen, Hilfe von außen zu holen. Auch sollten Sie unbedingt Ihren Vorgesetzten informieren. Ist der Vorgesetzte selbst der Mobber, scheuen Sie sich nicht, zu dessen Vorgesetztem zu gehen. Aber auch hierfür stehen wir Ihnen gerne als qualifizierte Systemische Coachs zur Seite. Wenn Sie nicht direkt beteiligt sind, hilft Coaching unter dem systemischen Ansatz Ihrem Unternehmen weiter.
Das Phänomen Mobbing ist nicht durch einzelne Ursachen, sondern durch einen Komplex aus vielen miteinander in Wechselwirkung stehenden Wirkungsmechanismen zu erklären.
Überträgt man die Prinzipien des systemischen Coachings auf Mobbingsituationen, bedeutet dies eine ganzheitliche Beratung der beteiligten Personen. Bearbeitet werden sowohl konkrete Arbeitszusammenhänge, Verhaltensmuster, Steuerungsprozesse und Kultur im Unternehmen als auch die kommunikativen Prozesse zwischen den agierenden Personen in ihrer Wechselwirkung.
Die Akteure im Mobbingprozess sind in diesem Sinne nicht die Ursache eines Problems, sondern die Mobbingaktionen selbst werden als Symptome für zugrunde liegende betriebliche und kommunikative Prozesse verstanden. So kann Mobbing z. B. ein

Indikator dafür sein, dass Mitarbeiter während Veränderungsprozessen im Unternehmen wie Umstrukturierungen oder Fusionen keine oder nur ungenügende Begleitung in Form von Informationen, Organisationsentwicklung oder Ähnlichem erfahren haben.

Quellenverzeichnis

Das schöpferische Universum - Rupert Sheldrake - Ullstein
Sieben Experimente, die die Welt verändern könnten - Rupert Sheldrake - Fischer
Vom Schlechten im Guten - Paul Watzlawick - Piper
Der Meineid des Hippokrates - Julius Hackethal - Bastei
Wie das Selbst sein Gehirn steuert - John C. Eccles - Piper
Die Quelle braucht nicht nach dem Weg zu fragen - Bert Hellinger - Carl Auer Systeme Verlag
Tao der Führung - John Heider - Sphinx
Denk nicht an Blau - Jürgen Wippich - Junfermann
Jores praktische Psychosomatik - Hrsg. Adolf-Ernst Meyer - Hans Huber Verlag
Das Orangene Buch und *Take it easy*, Band 2 - Osho
Das Einhorn bin ich - Karl Heinz Mallet - dtv
Banken Brot und Bomben - Stefan Erdmann - amadeus-verlag
Wer hat Angst vorm schwarzen Mann - Jan van Helsing - amadeus-verlag
Illusionen - Richard Bach - Goldmann Verlag
Das Drama des begabten Kindes - Dr. Alice Miller - Suhrkamp
Am Anfang war Erziehung - Dr. Alice Miller - Suhrkamp
Kinder brauchen Märchen - Bruno Bettelheim - dtv
Das Tor zur Unendlichkeit - Ruby Nelson - Aquamarin
A Complete Guide to Guys - Dave Berry
Die offene Ehe - George O`Neill - Rowohlt
Gespräche mit Gott - Neale Donald Walsch - Goldmann
Der Prophet - Kahlil Gibran dtv
Wenn Liebe zum Wahn wird - Rasso Knoller - Schwarzkopf
Reichtumsbewusstsein-Beratung - Leonard Orr
Wasserkristalle - Masaro Emoto - Koha
Die Botschaft des Wassers - Masaro Emoto - Koha
Der Froschkönig oder der Eiserne Heinrich - Märchen der Gebrüder Grimm

Dr. phil. Klaus D. Biedermann

Jahrgang 1950, bildet an seiner Privaten Akademie Coaches aus und ist als Dozent an der Akademie Deutscher Genossenschaften in Montabaur tätig. Er lebt mit seiner Frau im Chiemgau in Bayern.

Klaus Biedermann leitet Persönlichkeits-Seminare zu den Themen: Spirit in Business, Systemische Aufstellungen und »Die Führungskraft als Coach« im In- und Ausland und begleitet als Coach Führungskräfte und Unternehmen. Zwei Mal im Jahr leitet er ein Seminar speziell zu diesem Buch: »Die Kunst des Seins - Kreative Lebensgestaltung«. Jährlich findet seit 25 Jahren ein Seminar auf der Insel Korfu statt.

Nach seinen Büchern ›Tarot, Ihr innerer Spiegel‹, ›Die Kunst des Seins‹ und ›Meditieren‹, legte er mit ›Steine brennen nicht‹ im Frühjahr 2005 den ersten Band seiner Romantriologie vor.
Die Phantasiereisen aus diesem Buch gibt es auch auf CD und MC.

Mehr über Klaus D. Biedermann erfahren Sie im Internet auf seiner Webseite: www.ascoach.de

Klaus D. Biedermann

Tarot - Ihr innerer Spiegel

ISBN 3-937883-12-6

Der Leser erhält einen Überblick über dieses alte Kartenorakel. Jede der 78 Karten ist abgebildet und beschrieben.
Der Leser erhält zu jeder Karte Deutungsmöglichkeiten als Anregung für eigene Gedanken.
Legebeispiele geben Tipps für dieses schöne Spiel. Raum und Zeit wird zum Meditieren gegeben, Phantasiereisen und geführte Meditationen geben hierzu Anleitungen.

Steine brennen nicht - Roman

ISBN 3-937883-08-8

Im Jahr 2166 beginnt die Welt sich neu zu ordnen. Grund dafür sind Katastrophen wirtschaftlicher, politischer und natürlicher Art.
Die Welt teilt sich und besiegelt die Trennung mit einem *Ewigen Vertrag*. Der eine Teil lebt weiter mit dem Fortschritt der Technik und der Wissenschaften, der andere Teil besinnt sich auf natürliche Ressourcen, alte Werte und lebt in Einklang mit der Natur.
700 Jahre später begegnen sich beide Welten in Gestalt einer Frau und eines Mannes.
Der Roman beschreibt die Heldenreise zweier Menschen, die unterschiedlicher nicht sein können.
Bei der Erfüllung ihrer Mission, in der sie Gegner sind, erhalten beide Hilfe. Und dennoch sind sie im entscheidenden Moment auf sich alleine gestellt.

EchnAton-Verlag

Klaus D. Biedermann

In Chirons Höhle und In Morpheus Armen

Meditations-CD

ISBN 3-937883-10-X

Eine Phantasiereise zu einem inneren Ratgeber und eine Phantasiereise zum besseren Ein- und Durchschlafen.
Sie werden nach einer ausführlichen Entspannung in die Welt der inneren Bilder geführt. Sie hören eine weibliche und eine männliche Stimme im abwechselnden Rhythmus. Dies erleichtert dem schon geübten Anwender die Entspannung und das Loslassen vom Alltag.
In tiefer Entspannung begegnen Sie Ihrem inneren Weisen, dem Sie Fragen stellen können und der Ihnen antworten wird.
Der Track 2 führt Sie zu einem angenehmen und gesunden Schlaf. Sie legen die CD ein und sind nach kurzer Zeit eingeschlafen.

EchnAton-Verlag

Maya Storms

Das letzte Siegel
ISBN 3-937883-15-0

Fühlen Sie sich auch manchmal allein bei Ihrer Suche nach dem Licht Gottes? Voller Liebe, Demut, Humor und Weisheit nimmt die Autorin ihre Leser wie eine gute Freundin an die Hand und erzählt ihre ganz persönliche und doch allgemeingültige Geschichte.
Ausführlich und voller Hochachtung und Ehrfurcht zeigt das Buch, welchen Weg Jesus Christus ging, welche Inkanationen er durchlebte und was sie ihn lehrten. Besonders wertvoll sind die Informationen darüber, wie man sich schützt und wie man von der geistigen Welt geschützt wird, wenn man sich als Lichtarbeiter auch mit seelischen Schattenreichen beschäftigt. Welche Aufgabe die Machthaber in unserer Zeit haben, wie wir uns als Lichtwesen hin zum Menschen mit festen Körpern entwickelten und wozu, was uns die Energien der Planeten lehren wollen, der Umgang mit dem Tod und welches das letzte Siegel ist.

EchnAton-Verlag

Kilian Bodhi Ameen

Meditations-CDs

Die Verbindung zu Mutter Erde und Vater Himmel
ISBN 3-937883-03-7

Eine wunderschöne und tief entspannende Meditation. Die zwei Urkräfte der Schöpfung werden oft als polar und gegensätzlich erfahren. Weiblich - Männlich, Mikrokosmos - Makrokosmos, Materie - Geist. Die persönliche Verbindung zu Mutter Erde und Vater Himmel ermöglicht es dem Zuhörer, sich mit diesen Kräften in einer ergänzenden, ernährenden und erfüllenden Dreieinheit zu erfahren.

Die Verbindung zum Inneren Kind
ISBN 3-937883-04-5

Eine spielerische und kraftvolle Begegnung mit der Ebene, in der wir noch Kind sind. Dieser für spirituelles Wachstum sehr wichtige Kontakt führt den Zuhörer zurück in die liebevolle Unschuld, mit der jeder Mensch seinen Lebensweg einst angefangen hat. Eine Meditation, die auf berührende Art und Weise zeigt, wie man sanft und verantwortungsvoll mit sich selbst umgehen kann.

EchnAton-Verlag

Kilian Bodhi Ameen

Meditations-CDs

Die Reise zum Krafttier und Inneren Führer
ISBN 3-937883-05-3

Schon vergessen, wie sich pure Kraft anfühlt? Kannst du dir vorstellen, mit wilder Lust dein Ziel zu erreichen? Lass dich überraschen! Dein Krafttier zeigt dir ohne Umwege, welche Kräfte und Gaben in dir wohnen und noch in diesem Leben an das Tageslicht möchten. Trau dich aus dem Schatten heraus und stürze dich voller Freude in die Möglichkeiten deines Lebens.

Die Verbindung zum Höheren Selbst
ISBN 3-937883-06-1

Das Höhere Selbst steht für den Gottesfunken in uns, das Christusbewusstsein in jedem Menschen. Die Ebene in uns, wo wir bedingungslos von dem Licht umhüllt werden, von Gott geliebt sind und in der Einheit aufgehen. Diese heilige Reise führt den Zuhörer in Stille und Demut an den Ort, wo sich ihm die ewige Essenz seines Seins offenbaren kann.

EchnAton-Verlag

Najma Marcian

Tscharrkan und Lollebai

Eine Einweihungsgeschichte

ISBN 3-937883-01-0

Diese Geschichte ist ein Geschenk von zwei Hütern der Erde an die kleinen und großen Kinder unseres blauen Juwels im Weltall.
Die Hüter sind Tscharrkan, die Wölfin, und Lollebai, die Fee.
Schon während der ersten Zeilen wird man von beiden verzaubert und durch ein Zeitfenster in andere Dimensionen getragen. Wir begeben uns mit Tscharrkan und Lollebai auf eine Reise zu den Hütern der vier Himmelsrichtungen, um mit ihrer Hilfe eine wesentliche Thematik der Menschen zu lösen: Mangel an Vertrauen, Mangel an Zärtlichkeit, Mangel an Güte und Toleranz - zusammengefasst - Mangel an Liebe.

Sternenstaub-CD

ISBN 3-937883-02-9

Begleitend zum Buch 'Tscharrkan und Lollebai' ist diese CD erschienen.
Ein kurzer Einleitungstext trägt uns, vom Rauschen der Meereswogen untermalt, zum Tanz und Gesang der Wale.
Die sanfte und doch gleichzeitig eindringliche Meditationsmusik, komponiert von Robert Kohlmeyer, berührt zutiefst.

EchnAton-Verlag